Introduction to Social Welfare

사회복지학개론

박용오 현영렬 조성상 이동영 이상철 백혜영 양유진 공저

SJ 신정

머리말

사회복지학개론은 사회복지학의 입문서로서 사회복지사가 되기 위하여 대학에 들어온 학생들이 가장 먼저 접하는 교과목이며 법정 필수 이수과목이다. 이 교과목은 사회복지학을 전공하는 학생들에게 사회복지의 학문적 연구와 실천에 관한 지식과 가치를 개괄적으로 소개하고 이해시키는 데 목적이 있다.

이 책은 사회복지학의 방대한 내용을 체계화하여 전반적인 내용들을 개괄적으로 보다 쉽게 이해하고 배울 수 있도록 돕는 안내서이다. 항해를 할 때는 반드시 지도와 나침판이 있어야 한다. 학생들이 방대한 범위의 사회복지학을 체계적이고 효과적으로 학습할 수 있도록 지도와 나침판과 같은 교재를 만들고 싶어서 공저자들이 뜻을 모았다.

최근에는 사회복지를 둘러싼 국내·외의 다양하고 급격한 사회환경 변화가 일어나고 있으며, 이와 아울러 국내의 사회복지와 관련된 법, 제도, 사회서비스 전달체계 등에서도 많은 변화가 일어나고 있다. 이 책에서는 이러한 다양한 사회복지실천 현장의 변화들을 반영하고자 가급적이면 최신 자료와 정보를 사용하였다.

이 책은 한국사회복지교육협의회의 사회복지학 교과목지침서(2021~2022)를 기반으로 하여 총 14장으로 내용을 구성하였다. 제1장은 사회적 욕구와 사회복지, 제2장은 사회복지의 가치와 윤리, 제3장은 사회복지발달사, 제4장은 사회복지실천, 제5장은 사회복지정책과 사회복지행정, 제6은 사회보장, 제7장은 지역사회복지, 제8장은 아동복지, 제9장은 노인복지, 제10장은 장애인복지, 제11장은 가족복지, 제12장은 학교사회복지, 제13장은 다문화복지, 제14장은 의료 및 정신건강 사회복지로 되어 있다.

사회환경, 법, 제도, 사회서비스 전달체계, 국민들의 복지욕구, 사회문제 등은 살아있는 생물처럼 끊임없이 변화·발전하고 있다. 사회복지학은 실천학문이자 응용학문으로서 이러한 변화·발전 내용을 신속하게 반영하고 전파해야 한다. 앞으로 이 책을 사회복지학의 입문서 교재로 사용하면서 부족한 부분들과 함께 사회복지 실천현장에서 일어나는 변화들을 신속하게 반영해 나갈 것을 약속한다. 끝으로 이 책의 출판을 독려하고 도와주신 신정출판사 최용구 대표님과 직원들에게 감사드린다.

2023년 2월

저자 일동

차례

CHAPTER 04 | 사회복지실천

CHAPTER 05 | 사회복지정책과 사회복지행정

CHAPTER 06 | 사회보장

CHAPTER 07 | 지역사회복지

CHAPTER 08 | 아동복지

CHAPTER 12 | 학교사회복지

CHAPTER 13 | 다문화복지

CHAPTER 14 | 의료 및 정신건강 사회복지

CHAPTER

01

Introduction to Social Welfare

사회적 욕구와 사회복지

1. 사회복지의 개념
2. 사회문제와 사회복지
3. 사회문제로서 사회적 욕구
4. 사회적 욕구 충족을 위한 사회적 자원
5. 전달체계

CHAPTER 01

사회적 욕구와 사회복지

1. 사회복지의 개념

사회복지의 개념은 국가에 따라 다르고, 시대에 따라 변화되며, 사회복지 관련 학자들의 관점도 다양하다고 말할 수 있다. 아울러 급격하게 변화해왔고, 지금도 변화의 속도가 빠른 현대사회에서 사회복지의 양상과 그 범위는 매우 복잡하고 다양한 형태로 나타난다. 이는 각 사회의 발전 과정, 구성원의 철학과 이념, 사회·경제·정치·역사·문화적 맥락과 상황이 다르고, 이와 같은 환경적 변화에 효과적으로 대응하고 적응하는 사회복지의 개념 역시 달라지기 때문이다. 그럼에도 불구하고 사회복지에 대한 개념화를 포괄적으로 시도함으로써 사회복지에 대한 이해를 도모하고자 하는 노력은 필요하다고 말할 수 있다(김상균 외, 2013).

사회복지를 이해하기 위해 용어의 의미를 탐색해보기 위해 어의적으로 접근해보면 다음과 같다. 사회복지의 한자적 표기인 社會福祉는 社會와 福祉의 복합어이다. 사회(社會)의 어원은 고대 중국에서 25가구 단위를 사(社)라는 용어를 사용했고, 이 사(社)들이 많이 모인 것을 사회(社會)라고 불렀다. 즉 사회(社會)는 많은 사람들이 함께 모여 사는 물리적인 공간 및 관계를 의미한다. 복지

(福祉)에서 복(福)을 살펴보면 우선 시(示)는 신에게 공물을 얹어 놓은 상을 옆에서 본 형태로서, 이는 농경문화에서 매우 중요한 햇살과 비, 그리고 바람을 관장하는 하늘의 신(神)에게 지내는 제사를 의미한다. 또한 복(福)의 오른쪽 一은 하늘을 뜻하고, 그 밑의 口는 고(高)자의 약자로 곡물이 높이 쌓여 있는 모습을 상징한다. 그 밑의 전(田)은 곡물을 수확하는 밭을 의미한다. 따라서 이는 하늘 아래 밭에서 곡물을 많이 생산하여 쌓아놓는 물질적인 풍요를 의미한다. 따라서 복(福)의 의미를 전반적으로 해석해보자면 신으로부터 받은 선물로서 물질적인 풍요를 의미한다. 복지(福祉)에서 지(祉)는 신에게 마음의 안정을 기원하는 자세로서, 지(止)는 과도한 욕망을 버리고 마음을 비우는 심리적 안정의 길을 의미를 나타낸다. 정리하자면 복지(福祉)는 물질적인 풍요와 더불어 심리적인 안정을 추구한다는 의미라고 말할 수 있다. 이와 같은 맥락에서 사회복지(社會福祉)는 더불어 함께 살아가는 공동체에서 안정적으로 삶을 영위해나가기 위해 필요한 물질적인 풍요를 추구함과 동시에 물질적인 풍요에 있어서 과도한 욕심을 자제함으로써 함께 더불어 살아가기 위한 건강한 삶과 관계를 지향한다고 말할 수 있다.

한편 사회복지의 영어식 표현은 social welfare이다. 우선 영어의 social은 서로 다른 성향과 생각을 가진 3인 이상으로 구성된 집단을 의미하고, 사람과 사람 간 건강한 관계를 강조한다. 또한 복지를 의미하는 welfare는 well과 fare의 합성어로서, well은 '만족스러운', '성공적으로', '적절하게' 등의 의미이고, fare는 '살아가다', '지내다' 등의 의미를 나타낸다. 따라서 'welfare'는 만족스럽고, 성공적이며, 적절하게 살아가는 상태 또는 건강하고 행복하며 안락한 상태라고 말할 수 있다. 정리하자면 복지(welfare)만을 강조한다면 각 개개인의 기대를 충족시킴으로써 만족스럽게 살아가는 상태라고 정의내릴 수 있으나, 사람간의 건강한 관계를 의미하는 '사회(social)'가 복지 앞에 위치함으로써 사회적인 관계 속에서 사회구성원 모두 평안하고 만족스러운 상태를 지향하는 의미로 정리할 수 있다.

그러나 사회복지에서 지향하는 평안하고 만족스러운 상태는 결코 물질적인 조건이나 환경적인 상황에 의해서만 충족되는 것은 아니다. 신체적·사회적·심리적·정신적·영적 조건 등의 복잡한 영향에 의해 통합적으로 이루어질 수 있다. 따라서 현대사회에서 사회복지는 부자와 가난한 자 모두를 포함하여 다양한 연령대와 특성을 반영한 사회구성원들의 사회적·경제적인 욕구, 신체적·정신적 건강에 대한 욕구, 또한 다양한 사회참여 욕구를 충족시켜 주고자 노력하는 것을 의미한다.

사회복지는 전통적인 농업경제시대에서 주목받기 보다는 현대 산업사회 발전과정에서 파생된 빈곤, 질병, 고통, 사회해체 등의 다양한 사회문제를 감소시키거나 효과적으로 대응하기 위해 나타났다. 따라서 대부분의 산업화된 사회에서 사회복지는 매우 중요한 사회제도와 사회서비스로 정착되어 있다. 우리나라 헌법 제31조 제1항의 경우 "모든 국민은 인간다운 생활을 할 권리를 갖는다"라고 명시하고 있으며, 이는 권리로서 국민들의 사회복지를 보장하고 있음을 알 수 있다. 따라서 우리나라에서 사회복지의 개념은 모든 국민의 인간다운 생활을 영위하기 위해 정부영역과 민간영역, 즉 정부영역과 영리영역, 그리고 비영리영역 모두에서 소득보장, 보건, 주택, 교육과 인적자원개발, 교정, 재활 등 모든 사회정책, 사회서비스 및 프로그램 등을 포괄하고 있다고 말할 수 있다.

이상과 같이 논의한 사회복지의 개념을 종합해 보자면, 사회복지는 다함께 행복을 추구하기 위해 사회구성원인 인간들이 서로를 돕고 도움을 받기 위한 공동체적인 노력을 제도 및 서비스로 체계화한 전문화된 영역이라고 정의할 수 있다. 이와 같은 사회복지가 추구하고자 하는 목적은 첫째, 빈곤, 불평등, 차별 등 사회문제의 해결과 예방, 둘째 삶의 질 향상, 셋째, 성숙한 대인관계를 유지하게 하는 인간의 사회적 기능 활성화라고 말할 수 있다. 즉, 사회복지란 인간 개개인의 전 생애에 걸친 행복과 안정되고 바람직한 삶을 추구하는 인간의 사회적 노력이라고 말할 수 있다.

2. 사회문제와 사회복지

인간은 전 생애에 걸쳐 생존과 인간다운 삶의 질을 위협하는 다양한 위험 또는 문제들을 경험하게 된다. 이 중 사회구성원 대부분에게 보편적으로 발생할 가능성이 많고, 위험의 발생과 그 결과가 특정 개인이 아닌 사회구성원에게 영향을 미치는 경우가 존재한다. 이를 사회적 위험(social risk) 또는 사회문제라고 부른다. 즉 사회문제는 개인 수준에서 노력해도 해결할 수 없는 수준의 사회적 위험이다. 따라서 사회문제는 사회가 공동체 차원에서 공동으로 대처하기로 명시적 혹은 암묵적 승인을 받은 위험이라고 말할 수 있다.

예를 들어 1952년 국제노동기구(ILO)에서 "사회보장의 최소기준에 관한 조약"에 의하면 현대 산업사회에서 국가가 보장해야하는 9가지 사회문제로서 의료, 질병, 실업, 노령, 산업재해, 자녀양육, 직업능력의 상실, 임신과 분만, 부양자 또는 가장의 사망 등을 제시하였고, 각각의 사회문제에 대해 사회보장급여를 제공할 것을 권고한 바 있다. 또한 베버리지 보고서에서도 영국사회의 거대 악으로서 빈곤, 질병, 무지, 불결한 거주환경, 실직 등을 사회문제로 정의하고, 해결방안으로서 국가사회보장제도 등을 통해 사회문제 해결방안을 마련해야한다고 보았다.

사회복지는 현대 산업사회의 개인, 가족, 집단, 공동체 구성원 등에게 나타나는 사회문제를 진단 및 정의하고, 사회문제를 경감 또는 해결하기 위해 필요한 서비스를 제공하는 것을 궁극적인 목표로 삼는다. 이를 위해서는 사회복지서비스의 공급자인 정부나 민간기관이 사회복지서비스의 수급자가 지닌 욕구나 문제를 파악해야 한다. 아울러 이를 충족하고 해결해줄 수 있는 적합한 사회적 자원을 동원해야 한다. 그리고 그러한 사회적 자원이 가장 효율적으로 전달될 수 있는 전달체계를 설계해야 한다. 이와 같이 욕구, 욕구해결에 필요한 자원, 그리고 욕구와 자원을 연결시켜주는 전달체계를 사회복지의 3대 구성요소라고 한다. 사회복지의 3대 구성요소에 대한 구체적인 설명은 아래와 같다.

3. 사회문제로서 사회적 욕구

1) 욕구

욕구는 목적을 달성하기 위해 필요하거나 필수적인 것이 결여 또는 결핍된 상태를 의미한다. 욕구의 목적은 생존과 자율적인 삶(Plant, 1980), 삶을 영위해나가기 위한 계획(Miller, 1979) 등으로서 인간의 생존, 자율, 일상생활을 영위해나가기 위한 계획 등을 일컫는다. 따라서 욕구는 사회적인 삶을 영위하기 위해 욕구는 충족되어야하고, 해결되어야하는 문제로 볼 수 있다. 따라서 사회복지학에서는 욕구는 해결되지 않은 문제라는 의미로 사용되기도 한다.

사회복지학은 욕구학(needology)이라고 표현할 정도로(Williams, 1978), 욕구는 사회복지학이 시작된 배경이자 출발선이라고 말할 수 있을 정도로 중요하다. 즉, 사회복지학은 욕구를 정의하고, 진단하며, 욕구충족을 위한 다양한 방안 도출을 위해 사회구성원들의 공동체적인 도움과 노력을 연구주제로 삼는 학문분야라고 말할 수 있다.

한편 사회복지학은 인간의 모든 욕구를 대상으로 삼지는 않는다. 사회복지학에서 주목하는 욕구는 무엇인지를 살펴보기 위해서는 욕구를 인간의 욕구(human needs), 기본적인 욕구(basic needs), 그리고 사회적 욕구(social needs)로 구분하여 살펴보는 것이 필요하다. 욕구를 세분화하여 살펴보는데 있어서 이해를 돕기 위해 아래의 [그림 1-1]과 같은 매슬로우(Maslow)의 욕구단계이론에 근거하여 논의를 해보고자 한다.

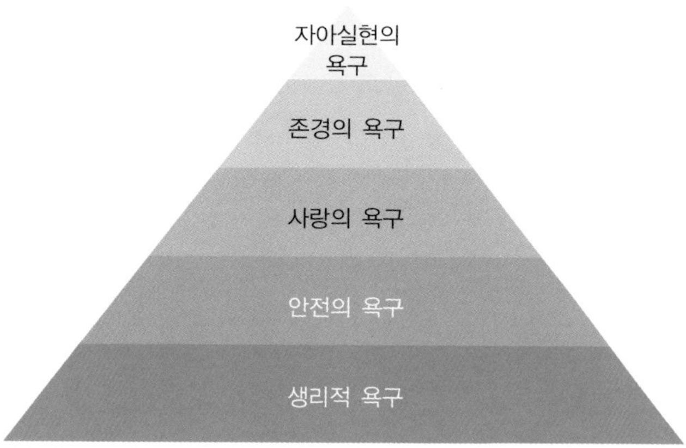

[그림 1-1] 매슬로우의 욕구단계이론

매슬로우는 인간의 욕구를 단계별로 다섯 가지로 분류한 욕구단계이론의 특징에 대해 설명하자면 다음과 같다. 첫째, 욕구는 강도와 중요성에 따라 생리적 욕구, 안전의 욕구, 애정 또는 사랑 및 소속감에 대한 욕구, 존경 및 자아존중의 욕구, 자아실현의 욕구와 같은 다섯 단계로 분류된다. 또한 생리적 욕구에서 자아실현의 욕구로 갈수록 위계서열이 높은 상위욕구이다. 둘째, 위계서열이 낮은 욕구일수록 강도와 우선순위가 높다. 즉, 자아실현의 욕구에 비해 가장 위계서열이 낮은 생리적 욕구의 강도와 우선순위가 가장 높다고 말할 수 있다. 셋째, 하위단계의 욕구가 일정정도 충족이 되면 상위욕구에 대한 동기가 유발되고, 다섯 가지 욕구는 동시에 발생할 수 없다. 따라서 단계별로 상위의 욕구가 차례로 나타나는 경향이 존재한다. 넷째, 상위의 욕구는 인생의 후반기에 나타나는 경향이 존재한다. 즉 생리적 욕구와 안전의 욕구는 유년기에, 소속과 존경의 욕구는 청년기에 나타나고, 자아실현의 욕구는 인생의 중반에 접어들기 전까지는 나타나지 않는다. 다섯째, 상위 욕구의 만족은 하위 욕구의 만족보다 더 좋은 외적환경 즉 사회적, 경제적, 정치적 환경이 조성되었을 때 충족될 수 있다. 여섯째, 욕구단계에서 상위 욕구로 올라갈수록 욕구 충족 비율이 낮아진다. 따라서 가장 상위단계인 자아실현의 욕구를 충족하는 사람은 극소수에 해당할 수 있다.

매슬로우 욕구단계이론의 다섯 단계를 하위단계부터 설명하자면 다음과 같다. 첫째 생리적인 욕구는 인간의 욕구 중에서 가장 기본적이고 강한 생물학적 생존의 욕구이다. 배고픔, 갈증, 수면, 성욕, 피로 등 가장 기본적이고 강하며 분명한 욕구로서 생물학적 유지와 직접적으로 관련되는 특성이 존재한다. 둘째, 안전의 욕구는 조직화되고, 예측가능한 환경에서 생활하고자 하는 욕구로서, 개인의 환경 내에서 안전성, 안락함, 평정, 평온 등으로 적절히 보상받고자 하는 욕구이다. 예를 들어 성인에 대한 아동의 의존, 재정적 안정, 종교, 의식주를 해결할 수 있는 직업, 저축, 보험가입 등이 안전의 욕구에 해당한다. 한편 사회의 법·제도와 사회질서 및 권위에 대한 위협이 존재할 경우 안전의 욕구가 증가하게 되고 불안과 두려움을 느끼게 된다. 안전의 욕구는 생리적 욕구가 충족된 이후에 새롭게 등장하는 욕구이다. 셋째, 애정과 소속감에 대한 욕구를 나타내는 사랑의 욕구는 타인과의 우정 또는 애정에 해당하는 관계를 형성하고, 가족과 집단에 소속되고 싶은 욕구를 의미한다. 넷째 존경과 자아존중의 욕구는 자기 자신과 다른 사람들로부터 존경을 받고 싶은 욕구이다. 구체적으로는 자신의 능력에 대한 신뢰감과 성취 등을 통한 자기로부터의 존중과 다른 사람으로부터 존경받고 주목받으며 명예 등을 누리는 다른 사람으로부터의 존경 모두를 포함한다. 매슬로우는 타인으로부터 받는 존경보다 자신에 대한 자아존중 욕구가 더 중요하다고 보았다. 다섯째, 하위욕구가 모두 충족될 경우 자아실현의 욕구가 발생하는데, 자아실현은 자신이 성취할 수 있는 모든 것을 이루려는 욕구를 의미한다. 즉 자신의 잠재력을 최대한 발휘하여 자신이 원하는 사람이 되는 것을 의미한다.

(1) 인간의 욕구(human needs)

인간이 어떠한 목적을 위하여 필요하거나 필수적인 것이 결핍될 때 갖는 공통적인 욕구를 인간의 욕구라고 한다. 따라서 인간의 욕구는 이상적이고 보편적인 인간형을 전제로 하기 때문에 개인차가 무시될 수 있는 한계가 존재한다. 정리하자면 인간의 욕구는 모든 인간의 목적달성을 위해 결핍되고 해결되지 않은 문제를 통칭한다고 말할 수 있다.

따라서 인간의 욕구는 매슬로우가 주장한 욕구단계이론의 다섯 가지 모든 욕구에 해당한다고 말할 수 있다. 이렇게 인간의 욕구는 다양하지만 사회복지를 논할 때의 욕구는 인간이 원하는 어떤 것이나, 혹은 모든 것을 뜻하는 것이 아니다.

사회복지에서 논의하는 인간의 욕구는 두 개의 정련 과정을 거치게 된다. 첫 번째 과정은 인간 욕구들 중에서 기본적인 욕구를 걸러내는 과정이고, 두 번째 과정은 기본적인 욕구들 중에서 사회적 욕구를 가려내게 된다. 욕구에 대한 정련과정을 거쳐 최종적으로 가려낸 사회적 욕구를 우리는 사회문제라고 부른다. 사회복지학은 개인이 아무리 해결하려 노력해도 해결할 수 없는 사회문제 즉 사회적 욕구를 그 대상으로 삼는다.

(2) 기본적 욕구(basic needs)

기본적인 욕구는 세 가지의 특징을 갖는다(김상균, 1987). 첫째 기본적 욕구는 모든 인간에게 공통적이다. 둘째, 기본적 욕구는 인간성 유지에 필수적이다. 셋째, 기본적 욕구는 해결을 목적으로 하는 사회적 서비스의 양과 질에서 일정한 수준이 정해진다.

이와 같은 기본적 욕구의 세 가지 특징을 정리해보자면, 사회구성원이라면 누구나 사회적·경제적으로 삶을 영위하기 위한 최저선이 존재하고, 그 수준 이하로 떨어져서 생활해서는 안 된다는 일종의 규범적인 기준선이 있다는 것을 내포하고 있다고 말할 수 있다. 즉 국민 모두가 생존 가능하고 빈곤이 제거되는 수준으로서, 이에 대해 국가가 충족시킬 책임을 져야 함을 강조하는 국민최저선(national minimum) 개념은 기본적인 욕구에 해당하는 개념이라고 말할 수 있다(Webb, 1911). 이와 같은 국민최저선 개념은 오늘날 복지국가 또는 국가행정의 기본 개념으로 자리 잡았다. 예를 들어 최저임금, 최저생계비, 의무교육 연한 등의 개념은 모두 국민최저선 개념에서 비롯되었다고 말할 수 있다.

따라서 매슬로우의 욕구단계이론에 비추어볼 때, 기본적인 욕구는 의식주와 같은 생존과 관련되는 생리적인 욕구와 안전의 욕구가 이에 해당한다고 말할 수 있다.

(3) 사회적 욕구(social needs)

사회복지에서 다루는 욕구는 우선 다양한 인간의 욕구에서 일차적으로 기본적 욕구에 해당하는 욕구를 선별하게 된다. 사회복지는 기본적 욕구에서 이차적으로 사회적 욕구를 선별하여 사회복지에서 다루는 욕구 즉 사회문제로 선정하게 된다.

욕구불만 상태의 개인은 우선 자신의 개인적인 자원과 힘으로 욕구를 해결하고자 시도한다. 만약 개인수준에서 욕구를 해결할 수 있다면, 사회복지가 개입할 필요가 없게 된다. 그러나 욕구해결에 필요한 개인의 자원 즉 재정적 자원(현금 또는 현물), 시간적 자원, 인적 자원, 조직, 법·제도적 자원 등은 충분하지 못하고 한계가 존재하기 때문에 항상 욕구해결에 성공할 수는 없다.

개인의 기본적 욕구 충족이 개인 차원에서 해결이 여의치 않을 경우, 집단 또는 공동체 차원에서 욕구해결을 도모하는 사회체계가 사회복지의 등장배경과 필요성이라는 점은 우리에게 중요한 시사점을 제공한다. 사회구조가 상대적으로 단순하고 엄격한 계급구조에 의한 사회질서가 강조되던 농업경제사회에서 복잡하고 다원화된 산업사회로 전환되면서 개인, 가족 또는 소규모 집단을 통한 상부상조체계는 더 이상 기본적 욕구 충족에 기여하지 못하게 되었다. 한편 현대산업사회의 시민들은 농업경제사회와 달리 더 많은 자율성을 갖게 된 반면, 새로운 사회적 위기와 사회문제들로 인해 기본적 욕구 충족이 어려워지게 되었다. 이는 현대산업사회의 구조적 특성에 기인하는 바가 크다고 말할 수 있다. 예를 들어 대량실업, 경기침체, 직업병, 환경오염, 전염병, 교통사고, 이혼증가, 저출산, 인구고령화, 성인병으로 인한 만성질환, 노인빈곤 등과 같은 사회문제는 산업화 이전 농업경제사회에서는 발생하지 않았던 것들이다. 이와 같은 새로운 사회적 위기로 인해 개인의 기본적 욕구를 충족시키지 못하는 사람들의 숫자가 많아지게 되면, 기본적 욕구는 사회적 욕구가 된다. 달리 표현하자면 기본적 욕구를 개인적으로 충족하고 해결할 수 있다면 사회적 욕구가 되지는 않지만, 기본적 욕구를 개인 수준에서 해결할 수 없고 그 원인이 개인에게 보다는 사회 전체에 있을 경우 사회적 욕구가 된다고 말할 수 있다.

이와 같은 사회적 욕구는 두 가지 중요한 의미를 갖는다. 첫째, 사회적 욕구의 해결방법이 개인 수준이 아닌 사회적 또는 공동체의 수준으로 올라간다는 점이다. 사회가 산업화될수록 사회적 위험은 증가하게 되고, 그 사회적 위험이 발생하였을 경우 그 원인이 모호하고 특정하기가 힘들다는 것이다. 예를 들어 1997년 IMF 외환위기로 인해 가정이 붕괴된 경우, 가정파탄의 책임은 실업자 개인에게 돌릴 수 있을 것인가, 그를 해고한 고용주에게 손해배상을 청구할 수 있을 것인가? 아니면 외환위기를 관리하지 못한 정부에게 책임을 물을 수 있는 것인가? 국가적인 외환위기로 인한 가정파탄의 책임을 누구에게도 묻기 어려울 것이다. 이와 같은 사회문제 즉 사회적 욕구에 대해서는 결국 사회가 공동으로 책임을 져야한다는 결론에 도달할 가능성이 높을 것이다. 즉 사회적 욕구가 발생한 원인을 묻고 책임을 지우기 위한 대상을 특정하기 힘들다보니 사회의 공동책임으로 결론 내는 것이 사회적 욕구의 해결방법이다.

사회적 욕구가 갖는 두 번째의 의미는 욕구해결의 주된 동기를 이윤추구로 삼아서는 안 된다는 점이다. 사회적 욕구의 충족 및 해결은 최소한의 기본적인 삶을 영위하기 힘들어 인간성 상실이라는 중대한 위기에 처해있는 사람들이 주된 대상이 되므로 제삼자의 이윤추구의 장이 되어서는 안 되고, 이는 시장에서 상품을 거래하고 이윤을 창출하는 행위와는 달리 기본욕구의 충족이 일차 목표가 되는 공공재의 성격을 띠기 때문이다. 구체적으로 논의하자면 자본주의 사회에서는 대부분의 기본적 욕구를 해결하기 위해 시장에서 다양한 유형의 사회서비스 중에서 본인에게 적절한 사회서비스를 선택하고 비용을 지불하는 형태의 거래 및 매매행위를 통해 충족된다. 이와 같은 경우에는 사회복지가 개입하지는 않는다. 그러나 기본적 욕구 충족을 원하는 많은 사람들은 시장에서 사회서비스를 선택하고 그에 적절한 비용을 지불할 수 없는 사회적 취약계층일 가능성이 높다. 따라서 시장에서 해결되지 못한 기본적 욕구가 사회문제로 비화되어 사회적 욕구가 된다. 결국, 사회서비스의 대상이 되는 욕구는 기본적 욕구들 중에서도 시장 매커니즘이 적절히 해결할 수 없는 욕구들로 제한되는 것이다.

이와 같이 인간의 욕구들 중에서 기본적 욕구로 1차 걸러낸 후 사회서비스의 개념으로 2차 걸러낸 결과가 사회적 욕구가 되며, 이로써 사회복지는 사회적 욕구 충족을 위한 방안 모색에 나서게 된다고 말할 수 있다.

4. 사회적 욕구 충족을 위한 사회적 자원

일반적으로 자원(resource)은 사회복지대상자인 개인, 가족, 공동체 구성원 그리고 국민 전체의 사회적 욕구를 충족시키거나 그들이 당면한 사회문제를 해결해주기 위한 수단을 의미한다. 사회적 욕구를 충족하기 위해서는 충분한 수준의 자원이 확보되어야 한다. 사회복지에 필요한 자원을 구분하는 방법은 다양하다. 첫째, 자원을 부담하는 주체의 성격에 따라 크게 공공(정부)자원과 민간자원으로 구분할 수 있다. 둘째, 자원 자체의 성격에 따라 유형자원(현금, 현물)과 무형자원(서비스), 혹은 인적자원과 물적자원 등과 같이 자원의 형태에 따라 구분할 수 있다.

그러한 의미에서 한 국가의 복지수준을 가늠하는 지표로서 그 국가의 경제 여건에 비추어 투입하는 사회복지자원의 총량 비중이 자주 쓰이기도 한다. 이와 같은 지표를 총사회복지지출비율이라고 하고, 국내총생산(GDP) 중 사회복지에 쓰인 총액수의 비율로 계산한다. OECD 주요국의 공공사회복지지출 현황 보고서에 따르면, 우리나라의 GDP 대비 복지지출비율은 2019년 기준 12.2%이다. 즉 우리나라는 국내총생산의 12.2%를 사회복지에 필요한 자원으로 사용하고 있다는 것이다. 한편 2019년 기준 OECD 국가들의 평균 공공사회복지지출 비율은 20.0%임에 비추어보았을 때, 우리나라의 사회복지에 투입하는 자원의 비율이 상대적으로 낮은 수준임을 알 수 있다.

사회적 자원의 종류는 아래와 같이 크게 공공자원과 민간자원으로 구분할 수 있다

1) 공공자원

현대 복지국가의 복지자원 측면에서 공공자원의 역할은 가장 중요하다. 실제로 복지선진국들에서는 공공자원이 사회복지 자원의 거의 대부분을 차지한다(김태성, 성경륭, 1993; 김상균 등, 2013 재인용). 우리나라의 경우에도 아직 복지자원의 총량은 상대적으로 적지만, 총자원 중 공공부문이 차지하는 비율은 최근 급격히 증가하고 있다. OECD 통계에 의하면 우리나라 공공자원의 비중은 1990년에는 국민총생산의 2.9%에 불과하던 것이 2005년에는 6.9%, 2019년에는 12.2%로 비교적 짧은 시간에 약 4배가량 증가하였다(OECD, 2019).

공공부문이 제공하는 공공자원은 크게 정부의 일반예산, 사회보장성 조세, 조세지출 등으로 나눌 수 있다. 한편 정부의 일반예산과 사회보장성 조세에 대한 상대적 의존도는 국가에 따라 차이가 있다. 정부의 일반예산이나 사회보장성 조세의 규모가 크면 클수록 사회복지에 사용할 수 있는 재원은 커져 사회복지발달에 기여하는 경향이 존재한다.

(1) 일반예산

일반예산은 정부가 다양한 조세제도를 통하여 거두어들인 세금으로 이루어진다. 전 국민을 대상으로 하는 조세제도를 통해 이루어지는 일반예산은 그 안정성과 지속성이 높으며, 조세제도에 누진적 성격을 가미함으로써 소득재분배 효과도 거둘 수 있기 때문에 복지자원 중 그 중요성이 매우 크다

일반적으로 사회복지의 확대를 지지하는 사람들은 다음과 같은 세 가지의 이유로 정부의 일반예산의 규모가 확대되어야한다고 주장한다. 첫째 정부의 일반예산을 통한 재원이 다른 재원에 비하여 사회복지가 추구하는 가장 중요한 목표인 평등이나 사회적 적절성을 구현하기가 용이하기 때문이다. 즉 정부의 일반예산을 구성하는 조세들이 사회보장성 조세나 자발적 기여와 같은 다른 재원들에 비하여 더 재분배적이고 누진적이어서 소득이 높은 사람들의 조세부담률이 낮은 사람들에 비하여 높기 때문이다. 둘째, 급여의 보편성 때문이다. 정부의 일반예산 재원은 다른 재원들에 비하여 사회복지의 대상을 넓힐 수 있고, 급여내용의 보편성을 이룰 수 있다. 셋째, 재원의 안정성과 지속성 측면에서도 정부의 일반예산이 다른 재원에 비하여 유리하다. 정부의 일반예산은 경기침체 등으로 조세수입의 양에 다소 변동이 있다고 하더라도, 국가가 붕괴되지 않는 한 국가의 공권력에 의해 조세부과가 이루어지므로 재원이 안정적이고 지속적으로 공급될 수 있다.

(2) 사회보장성 조세(사회보험료)

사회보장성 조세는 사회보험을 위한 보험료 즉 기여금을 사용자나 피고용자에게 강제로 부과하여 일종의 세금과 같은 기능을 한다. 사회보험은 자본주의 사회의 시장에서 결정된 사회계층상의 위치를 변화시키지 않으면서 사람들이 노령, 실업, 장애 등 사회적 위험에 당면하여 소득이 상실될 때 각자의 이전 시장소득 수준을 유지할 수 있도록 한다. 이를 위해 부분적으로 보험수리의 원칙 즉 보험료를 많이 납부한 사람에게 높은 급여를 지급하는 원칙을 적용한다.

사회보장세를 통한 사회복지의 재원은 일반예산에 비하여 수직적 소득재분배 효과가 크지 않다. 그 이유는 정률의 보험료를 부과하고, 소득의 일정한 상한액 내에서만 부과하기 때문에 상한액 이상의 고소득층의 조세부담을 저소득층에 비하여 상대적으로 낮추는 효과가 있어 소득재분배에 역진적으로 작용한다. 또한 사회보장세는 주로 근로소득에 부과하므로 재산소득을 갖고 있는 사람들에게 유리할 수 있다.

우리나라에서는 국민연금, 건강보험, 고용보험, 산재보험의 4대 보험에서 기여금을 부과하여 사회보험 제도를 운용하기 위한 자원을 만들고 있다.

한편 사회보장성 조세 즉 사회보험료는 조세보다 징수에 대한 저항이 적은 특징이 존재한다. 이는 사회보험의 경우 권리성이 강하기 때문이다. 즉 사회보험은 기여 즉 보험료 납부에 따른 보상이 존재한다는 인식이 조세보다 상대적으로 강하기 때문이다. 또한 사회보험료는 일반 조세에 비해 쓰이는 용도가 상대적으로 명확하므로 징수에 대한 저항이 덜한 측면도 존재한다.

(3) 조세지출

조세지출(tax expenditure)은 조세를 거두어들여 직접적인 사회복지 급여를 제공하는 대신 사람들이 내야하는 조세를 감면시켜 사회복지의 목표를 이룰 수 있는 방법이다.

조세지출의 장점은 조세를 부과하고 이것을 다시 대상자를 선별하여 급여를 지급하는데 드는 많은 시간적·물질적·인적 비용을 줄임으로써 운영의 효율성을 높이는데 있다. 그러나 일반적으로 고소득층일수록 누진세율이 높기 때문에, 조세지출 혜택의 대부분은 고소득층에게 돌아간다. 특히 세금을 내지 못하는 저소득층은 이러한 조세지출제도를 통하여 아무런 혜택도 받지 못한다. 따라서 소득재분배의 역진성을 야기하는 조세지출을 대폭 줄이거나 없애고 과세대상을 넓히게 되면, 정부의 일반예산이 증가하고 늘어난 예산으로 사회복지정책을 확대하는 것이 소득재분배 효과를 높이는데 있어서 더 효과적인 방법이라고 말할 수 있다. 예를 들어 우리나라의 조세제도의 경우 자녀수에 따라 자녀양육비에 대한 일정 금액의 소득을 징수 대상에서 감면해주고 있다. 이 경우 정부가 직접 자녀양육비를 제공하지는 않지만, 감세된 금액만큼 자녀양육의 욕구를 가진 가구가 자녀양육에 대한 자원으로 사용할 수 있게 되는 효과를 거둔다고 말할 수 있다.

2) 민간자원

최근 복지국가의 위기에 따른 정부재정 압박으로 인해 민영화 등이 강조되는 상황에서, 민간자원은 이전보다 더욱더 중요한 역할을 할 수 있다고 말할 수 있다. 민간자원은 사용자 부담에 해당하는 이용료, 기부와 같은 자발적 기여, 기업복지, 그리고 가족·친척·이웃 등의 비공식 자원으로 구분할 수 있다.

(1) 사용자 부담(이용료)

사회복지가 발달한 국가들에서도 어떤 사회복지가 제공하는 재화나 서비스를 받을 때는 수급자에게 일정한 액수의 이용료를 부담하게 한다. 이러한 사용자 부담의 필요성은 다음과 같다. 첫째, 사용자 부담을 통하여 사회복지서비스의 남용을 막을 수 있다. 둘째 사용자 부담은 과도한 정부부담의 한계를 극복하는 방법이 된다. 셋째 사회복지의 품질에 대한 관심을 높일 수 있다. 넷째 서비스 이용시 본인이 일부라도 비용을 부담하게 되면 수치와 치욕을 줄일 수 있고, 자아존중감을 높일 수 있다.

그러나 사용자 부담은 기본적으로 역진적이어서 저소득층의 부담이 고소득층에 비하여 상대적으로 클 수 있기 때문에 소득재분배를 악화시킬 수 있다. 그리고 저소득층이 부담을 느껴 필요한 서비스를 이용하지 않을 수 있어, 저소득층의 서비스 접근성을 낮출 수 있는 위험성이 존재한다.

사용자 부담 즉 이용료 부과방식은 세 가지가 존재한다. 첫째는 정액제로서 소득수준에 관계없이 서비스 이용에 대한 일정액을 본인이 부담하는 방식이다. 둘째는 정률제로서 소득수준에 관계없이 서비스 비용의 일정 비율을 본인이 부담하는 방식이다. 셋째는 연동제(sliding scale)로서 소득수준에 연동하여 본인부담을 차등화하는 방식이다. 즉 저소득층에게는 본인부담을 물리지 않거나 낮게 책정하고, 소득이 높은 사람일수록 본인 부담을 크게 하는 방식이다.

(2) 자발적 기여(기부금)

자발적 기여는 국가에 의한 사회복지가 발전하기 이전에는 중요한 역할을 수행했으나, 복지국가와 같이 국가에 의한 사회복지 비중이 커지기 시작한 이후로 점차 그 중요성이 감소되었다. 자발적 기여의 형태는 크게 개인, 재단, 기업의 기부, 그리고 최근에는 유산기부의 형태도 나타나고 있다.

한편 시장의 실패와 국가의 실패를 모두 해결하기 위해서는 사회복지의 자원이 국가도, 시장도 아닌 제3의 방법으로 제공될 필요성이 존재하고, 자발적 기여에 의한 방법이 여기에 속한다. 그러나 자발적 기여에 의한 자원은 불안정하여 지속적이고 체계적이지 못하다는 한계점 역시 존재한다.

(3) 기업복지

기업의 복리후생이라고 일컫는 기업복지는 기본적으로 공공부문의 사회복지를 보충하는 기능을 수행하기 때문에 공공부문의 사회복지가 발전하게 되면 기업복지의 역할을 상대적으로 적어진다고 말할 수 있다.

사용자의 입장에서 보면, 피고용자들에게 직접적인 임금 대신에 기업복지의 형태로 지급하는 것이 세제상 유리하다. 또한 사용자는 양질의 근로자를 고용 및 유지하기 위한 근로의욕 고취 및 생산성 향상을 위해서도 기업복지가 필요하다. 기업복지는 노사관계의 안정화에 기여하고, 기업에 대한 사회적 이미지를 높이는 기능도 존재한다.

국민들의 총 사회복지 즉 정부영역 및 민간영역의 사회복지를 책임지고 있는 국가의 입장에서는 기업복지의 확대로 국가복지에 사용될 수 있는 재원을 줄일 수 있다. 일반적으로 기업복지 형태의 급여는 과세대상에서 제외되기 때문에, 피고용자의 입장에서도 임금 대신 기업복지의 형태로 보상받는 것이 유리하다.

하지만 기업이 직원에게 제공하는 기업복지는 소득역진적 성격이 강하다. 즉, 기업복지의 대상이 주로 고소득층에게 집중되고, 또한 급여도 고소득층에게 집중적으로 돌아가기 때문에 기업복지를 통하여 소득재분배가 악화될 수 있는 문제가 있다.

(4) 비공식부문의 자원

가족, 친척, 이웃에 의한 사회복지는 국가복지가 발전하기 이전에는 가장 중요한 역할을 수행했으나, 국가 복지가 발전하기 시작하면서 점차 그 역할이 줄어들었다.

다만 국가복지가 발전하더라도 그 사회의 문화적인 관습과 규범에 의해 비공식부문이 계속 중요한 역할을 담당할 수 있다. 예를 들어 우리나라와 같은 유교문화권의 사회에서는 비공식부문의 사회복지가 국가복지의 발전에도 불구하고 여전히 중요하다. 또한 비공식부문은 다른 사회적 자원들에 비해 시간적, 공간적 차원에서 복지욕구를 상대적으로 신속하게 해결할 수 있다는 장점이 존재한다.

5. 전달체계

사회적 욕구를 파악하고 나아가 그것을 해결하는데 소요될 사회적 자원을 확보하는 일은 실제 상황에서 별개로 진행되는 것이 일반적이다. 한편 사회복지의 궁극적 성과는 사회적 욕구와 사회적 자원이 적재·적소·적시에 연결되는 것에 달려있다고 해도 과언이 아니다. 이는 사회적 욕구와 사회적 자원의 연결이 우리가 기대하는 바와 달리 원활하게 이루어지지 않는다고 말할 수 있다.

본 장에서는 전달체계의 개념과 원칙, 그리고 개선전략에 대해 살펴보고자 한다.

1) 전달체계의 개념

전달은 명령, 물품 등을 다른 사람이나 기관에 전하는 것을 말하며, 단순히 전하는 것 보다는 누가 어떻게 전하는가가 더 중요하다. 사회복지를 실천할 때 클라이언트에게 급여나 서비스를 제공하는 것이 바로 이 전달이다. 이때 전달하는 조직과 방법을 전달체계라고 한다. 어떠한 전달체계를 선택하느냐에 따라 클라이언트에게 제공되는 서비스의 질이 달라진다. 따라서 사회복지서비스 전달체계는 어떤 방법을 활용하였을 때 가장 효과적이고 효율적으로 클라이언트의 욕구를 충족시킬 수 있는지를 판단하는 과정이라고 말할 수 있다. 즉, 사회복지서비스 공급자와 클라이언트를 연결시키기 위한 체계적이고 조직적인 장치가 전달체계를 의미한다.

사회복지서비스 전달체계는 정부나 공공기관이 직접 관리·운영하는 공공 전달체계와 민간단체나 기관이 작접 관리·운영하는 민간전달체계로 구분된다. 예를 들어 보건복지부, 서울특별시 복지정책과, 종로구청 복지지원과 등은 공공전달체계에 해당하고, 사회복지관, 청소년쉼터, 정신건강복지센터, 노인장기요양시설 등은 민간전달체계에 속한다.

2) 분석 차원

(1) 구조·기능적 분석

사회복지서비스 전달체계는 구조·기능적인 면에서 행정체계와 집행체계로 구분된다. 행정체계를 서비스를 기획, 지시, 지원, 관리하는 기능을 수행하고, 집행체계는 클라이언트와 직접 대면하여 서비스를 전달하는 기능을 수행한다. 국민기초생활보장제도의 전달체계를 예로 들면, 연계된 조직체계 구성이 '보건복지부 → 시·도 → 시·군·구 → 읍·면·동 → 국민기초생활수급자'이다. 보건복지부에서 시·군·구까지는 행정체계라고 할 수 있고, 읍·면·동과 국민기초생활수급자 간 체계는 집행체계라고 할 수 있다. 행정체계와 집행체계는 상호 연계되어 서로가 서로를 보완하면서 하나의 총체적인 전달체계를 이루고 있는 것이다.

(2) 운영주체별 분석

사회복지서비스 전달체계의 운영주체는 공공과 민간으로 구분된다. 공공 전달체계는 사회보험과 공공부조와 같이 지속적이고 안정적인 서비스를 제공하거나 공공재적 성격과 외부효과가 강하고 표준화가 용이한 서비스를 담당한다. 따라서 중앙정부, 지방정부, 공공기관이 직접 전달체계를 관리·운영한다.

공공전달체계는 국민의 세금으로 운영되므로 재정적으로 안정되어 있다는 장점이 존재하고, 기본적·보편적인 욕구충족에 강점이 있다. 그러나 관료적이고 외부환경에 상대적으로 둔감하다는 한계점 역시 존재한다.

민간전달체계는 주로 대인 서비스를 담당한다. 따라서 민간기관이나 단체가 직접 전달체계를 관리·운영한다. 민간 부문은 다시 영리조직과 비영리조직으로 구분된다. 영리조직과 비영리조직은 모두 영리활동 즉 수익을 창출한다. 다만 영리조직은 주주 등 구성원들에게 수익을 배분하지만, 비영리조직은 주주가 존재하지 않으므로 수익을 배분하지 않고 설립목적인 미션(mission)을 위해 재투자한다는 점에서 서로 구분된다고 말할 수 있다. 영리조직은 일반 회사 또는 기업과 같은 조직이라고 말할 수 있고, 비영리조직은 사회복지기관을 운영하는 각종 법인이나 사회공헌을 목적으로 하는 각종 재단 등이 대표적이라고 말할 수 있다. 우리나라의 사회복지서비스 분야는 1950년 이래 대부분 민간 비영리조직에 의해 운영되어 왔다. 한편 최근 사회복지서비스가 확대되어가는 과정에서 영리조직이 활발하게 진입하고 있다. 이로 인해 공공과 민간의 역할이 점점 불분명해지고 있는 추세라고 말할 수 있다. 최근에는 민관협력과 민관네트워크가 강조되고 있으며, 최근 민관협력을 법제화하는 추세이기도 하다.

민간전달체계는 사회변화에 민감하게 반응할 수 있어 융통성이 높고 창의적으로 업무를 수행할 수 있다는 점에서 강점이 존재한다. 민간전달체계는 다양한 서비스 제공이 가능하고, 서비스의 선도적 개발 및 보급에 있어서도 유리하다. 하지만 재정적으로 불안정성이 존재한다는 한계점이 존재한다.

(3) 서비스별 분석

사회복지서비스 전달체계는 서비스의 종류와 성격에 의해 구분될 수 있다. 위에서 논의한 구조·기능적 분석과 운영주체별 분석은 서비스 제공자를 중심으로 한 구분이다. 그러나 서비스 제공자 중심의 논의는 서비스 이용자의 입장을 직접적으로 반영하지 못한다는 한계를 내포하고 있다. 클라이언트의 욕구를 중심으로 사회복지서비스 전달체계의 대표적인 예를 들어보자면 다음과 같다.

아동복지서비스 전달체계의 경우 사회복지전담공무원, 시·군·구, 보육시설, 드림스타트, 지역아동센터, 가출청소년일시보호소, 청소년쉼터, 종합사회복지관, 소년원, 그룹홈 등이 존재한다. 노인복지서비스 전달체계의 경우, 사회복지전담공무원, 시·군·구, 노인주간보호센터, 치매단기보호센터, 요양시설, 노인종합복지관, 경로관 등이 대표적이다. 또한 정신건강서비스 전달체계는 사회복지전담공무원, 시·군·구, 정신병원, 종합병원, 정신건강복지센터, 사회복지시설, 자살예방센터, 가족치료센터 등이 존재한다.

3) 전달체계 구축의 원칙

(1) 전문성의 원칙

전문성은 사회복지서비스 관련 핵심 업무를 반드시 전문가가 담당해야 한다는 원칙이다. 전문가는 자격시험 등을 통해 자격 요건을 객관적으로 인정받은 사람이다. 전문가는 자신의 전문 업무에 대한 권위와 자율적 책임을 지녀야 한다. 일반적으로 사회복지 업무수행 과정에서 업무의 성격상 전문성을 덜 요하는 것은 준전문가가 담당하고, 비숙련 업무 및 일반 행정 업무는 비전문가나 자원봉사자가 담당하도록 되어 있다.

(2) 통합성의 원칙

통합성은 클라이언트의 문제가 많은 경우에 복합적이고 상호 연관되어 있기 때문에 이러한 문제를 해결하기 위한 서비스도 서로 연계되어야 한다는 원칙이다. 통합성을 갖추기 위해서는 클라이언트에게 여러 서비스들이 누락되지 않고 제공될 수 있도록 해야 한다. 프로그램이 제각기 대상 인구나 특정 지역으로 쪼개져 세분화되어 있을 경우, 지역사회내 유사한 서비스 영역들간에도 중복된 프로그램이 서로 연결되지 않은 채 전달체계에 존재할 수 있다. 게다가 특정 문제나 욕구에 서비스가 치우치게 되면 어떤 문제에 대해서는 아예 서비스가 존재하지 않을 수도 있다. 이를 파편성이라고 한다. 따라서 서비스를 통합적으로 제공하기 위해서는 사례관리자와 같은 행정책임자가 필요하고, 서비스 제공 장소가 지리적으로 가깝고, 서비스 조직 간에 유기적인 협조체제를 갖추어야 한다.

(3) 포괄성의 원칙

포괄성은 다양한 욕구해결을 위해 필요한 서비스를 종합적으로 제공하는 것을 의미한다. 클라이언트의 욕구는 다양한 뿐만 아니라 한가지의 문제는 다른 여러 가지 문제들과 관련되어 있는 것이 일반적이다. 따라서 클라이언트의 다양한 욕구를 동시에 또는 순차적으로 해결하기 위해서는 다각적인 접근이 필요하며, 다양한 서비스를 제공해야 한다.

포괄성의 원칙을 준수하기 위한 네 가지 접근방법은 다음과 같다. 첫째, 일반화 접근 방법(generalistic approach)으로서 한명의 전문가가 다양한 서비스를 제공하는 방법이다. 둘째, 전문화 접근방법(specialistic approach)으로서 다수의 전문가가 한 사람이 가지고 있는 다수의 문제 중 자신의 전문분야에 해당하는 문제를 담당하는 방법이다. 셋째, 집단접근방법(team approach)으로서 다수의 전문가가 팀을 구성하여 문제를 해결하는 방법이다. 넷째 사례관리접근방법(case management)은 한 개인의 복합적이고 다양한 문제를 해결하는데 있어서 한 전문가가 책임을 지고 계속적으로 필요한 서비스를 연결시켜주고 적절한 서비스를 받을 수 있도록 하는 방법이다(Moore, 1990).

(4) 적절성의 원칙

적절성의 원칙은 클라이언트의 욕구충족이나 문제해결, 서비스의 목표달성을 위해서는 충분한 양과 질적으로 서비스가 제공되어야 한다는 원칙이다. 따라서 필요한 서비스의 양과 질이 부족하다면 적절성이 결여된 것이다. 적절성을 갖추기 위해서는 지역사회의 재정자원과 인적자원이 충분해야하는데, 지역사회가 관련 문제를 해결하기 위한 뚜렷한 의지를 가지고 있는 경우 일반적으로 적절성이 충족된다고 말할 수 있다.

(5) 연속성의 원칙

연속성은 클라이언트가 필요로 하는 각종 서비스를 지속적으로 제공해야 한다는 원칙이다. 이를 지속성의 원칙이라고 한다. 예를 들어 직업훈련 프로그램이 취업알선 프로그램과 연계되어 있어야 클라이언트의 고용에 대한 욕구가 충족될 수 있다. 만약 프로그램이 서로 연계되어 있지 않으면 서비스 전달체계의 비연속성이 발생하는 것이다. 연속성의 원칙을 잘 적용하기 위해서는 같은 조직 내 서비스 프로그램 간 상호협력이 잘 이루어져야할 뿐만 아니라 지역사회 내 사회복지서비스 조직 간에도 유기적인 연계가 잘 이루어져야 한다.

(6) 평등성의 원칙

사회복지서비스는 기본적으로 성별, 연령, 소득, 지역, 종교, 지위 등에 관계없이 모든 국민에게 평등하게 제공되어야 한다. 소득이나 연평 등에 따라 서비스 이용 자격을 제한하는 경우를 제외하고는 국가는 모든 사회구성원들에게 사회복지서비스를 평등하게 제공해야 한다.

(7) 책임성의 원칙

책임성은 사회복지조직이 서비스 전달에 책임을 져야한다는 원칙이다. 사회복지조직은 국가 또는 사회가 시민의 권리로 인정한 사회복지서비스를 전달하도록 위임받은 조직이기 때문이다. 책임져야할 내용은 서비스가 클라이언트의 욕구에 적절히 대응하는지, 전달절차가 적합한지, 서비스가 효과적이고 효율적인지에 관한 것이다. 책임져야 할 대상은 클라이언트나 서비스 공급자이다. 이용자 불만이나 불평을 표시, 파악할 수 있는 절차를 마련함으로써 책임성을 강화할 수 있다.

(8) 접근성의 원칙

접근성은 사회복지서비스를 필요로 하는 사람이라면 누구든지 쉽게 서비스를 받을 수 있도록 아무런 장벽이 없어야한다는 원칙이다. 클라이언트의 서비스에 대한 접근성을 저하시키는 주요 요인으로는 서비스에 대한 정보 결여나 부족, 원거리 또는 교통의 불편, 자신의 문제 노출에 대한 두려움과 수치심과 같은 심리적 장벽, 수급요건의 까다로움, 이용절차의 어려움 등이 존재한다.

4) 사회복지 전달체계 개선전략

사회복지 전달체계의 궁극적인 목적은 서비스를 효과적이고 효율적으로 전달하는 것이다. 이와 마찬가지로 사회복지 전달체계를 개선하려는 궁극적인 목적도 서비스를 효과적이고 효율적으로 전달하는데 있다.

사회복지전달체계가 가지는 문제 중 가장 두드러지게 발생하는 것은 서비스의 비연속성과 파편성이다. 이에 대한 해결방안으로 가장 많이 거론되는 것이 서비스 통합이다. 서비스 통합은 클라이언트의 욕구를 종합적으로 충족시켜주기 위해 둘 이상의 서비스 공급자를 함께 묶는 것이다.

이러한 서비스 통합은 완전 통합과 단순 조정이라는 두 가지 방법으로 구분할 수 있다. 완전통합은 각각의 조직에 의해 제공되던 서비스를 통합하기 위해 새로운 단일 조직 구조를 만들어내는 것이다. 단순조정은 서로의 독립성을 유지하면서 조직간 관계를 더욱 긴밀하게 연결시키는 것이다.

일반적으로 사회복지조직에서는 완전통합보다는 단순조정을 더 많이 활용한다. 현실적으로 이미 분리되어 제각기 발달해 온 조직을 하나의 조직구조를 묶는 것이 그렇게 쉬운 일은 아니기 때문이다.

적절한 서비스 통합이 이루어지지 않을 경우, 굳이 서비스를 이용하지 않아도 되는 사람이 서비스를 이용하는 서비스 과활용, 성공가능성이나 효과성 또는 효율성을 우선시하여 성공가능성이 높은 클라이언트를 선별하여 프로그램의 대상으로 선택하는 크리밍(creaming) 현상과 같은 문제점이 나타나기도 한다.

따라서 전달체계 내 서비스 기관이나 프로그램을 통합하기 위해서는 다음과 같은 다섯 가지의 방법을 활용할 수 있다. 첫째 종합서비스센터 구축으로서, 하나의 서비스 분야에 대해 지역 내 관련된 모든 서비스를 한곳에 모아 제공할 수 있도록 하는 것이다. 예를 들어 종합사회복지관, 노인종합복지관 등을 설립 운영하는 방법이다. 둘째 인테이크(intake)의 단일화이다. 이는 전달체계 내 서비스 조직이 인테이크를 전담하는 창구를 공동으로 개발하는 것이다. 이 창구는 클라이언트의 다차원적인 욕구를 종합적으로 평가하며, 그에 따른 적절한 서비스 계획을 개발하는 것이다. 셋째, 종합적인 정보와 의뢰를 위한 시스템을 구축하는 것이다. 조직들 간 구조적인 통합을 하지 않고 조직들 각자의 독립성을 유지한 상태에서 클라이언트의 의뢰나 서비스들 간 연결만을 목적으로 정보와 의뢰 시스템을 강화하는 것이다. 이는 단순 조정 방법에 속하면서도 비교적 강력한 통합효과를 갖는다. 넷째, 사례관리이다. 클라이언트의 욕구를 충족하기 위해 사례관리자가 중심이 되어 개별 조직에 분산되어 있는 서비스를 연결하여 클라이언트의 복합적인 욕구를 충족시키는 것이다. 아동복지 분야에서 실시하는 '드림스타트' 사업이 대표적이라고 말할 수 있다. 드림스타트 사업은 취약계층 아동을 대상으로 하는 통합사례관리로서 지역사회 내 자원연계를 통해 맞춤형 통합서비스를 제공하여 아동의 건강한 성장과 발달을 도모하고 공평한 출발기회를 보장함으로써 건강하고 행복한 사회구성원으로 성장할 수 있도록 지원하는 사업이다. 다섯째 트래킹(tracking) 방법을 활용하는 것이다. 서로 다른 기관과 프로그램에서 다루어왔던 클라이언트의 정보를 전산정보시스템을 통해 서로 공유함으로써 클라이언트가 그동안 제공받은 서비스 이력을 추적해서 파악하는 것이다.

위에서 논의한 전달체계 통합을 위한 다섯 가지 방법 중 어느 방법이 가장 효과적인지에 대해서는 말하기 힘들다. 상황이나 조건에 따라 가장 적절한 방법을 선택하여 대응하는 것이 바람직하다고 말할 수 있다.

본 장에서는 사회복지에 있어서 가장 핵심적인 사회적 욕구와 이를 충족 및 해결하기 위한 사회적 자원, 그리고 사회적 욕구와 사회적 자원을 적재·적소·적시에 연결시키기 위한 전달체계에 대해 논의하였다. 따라서 사회복지를 이미지화하여 이해하기 위한 전반적인 그림을 그려보자면 [그림 1-2]와 같다.

[그림 1-2] 사회복지의 구조

CHAPTER

02

Introduction to Social Welfare

사회복지의 가치와 윤리

1. 사회복지의 가치와 윤리
2. 사회복지실천 현장의 윤리적 갈등
3. 윤리강령

CHAPTER 02

사회복지의 가치와 윤리

사회복지학은 사회과학의 다양한 학문분야들에 비해 가치와 윤리의 문제에 보다 밀접히 관련되어 있다(홍선미, 2011). 또한 사회복지실천이 전문화될수록 사회복지실천의 가치와 윤리에 대한 중요도도 높아진다. 이는 사회복지는 가치중립이나 가치편향적인 아닌 가치지향적인 특성을 가지고 있기 때문이다. 즉 사회복지실천에 있어서 모든 의사결정의 배후에는 의사결정에 참여한 사람들의 가치가 여러 과정을 거쳐서 개입하고 있기 때문에, 사회복지실천은 이론이나 지식, 기술적 차원을 넘어서 철학적이고, 도덕적인 성격을 갖고 있는 이는 사람의 의식구조는 그가 지닌 가치관에 뿌리를 두고 있기 때문이다. 여기에서 중요한 것은 가치관의 핵심이 윤리의식에 토대를 두고 있다는 점이다. 따라서 사회복지실천현장에서 사회복지전문가로서의 사회복지사는 사회복지윤리와 가치에 대한 개념 확립은 매우 중요하다고 말할 수 있다.

사회복지사는 사회복지가치와 윤리를 체화하고, 사회복지 전문지식과 기술을 활용하여 상황판단에 따른 의사결정을 내려야하는 직업군에 해당하는 특수성을 지니고 있다. 따라서 사회복지사는 다양한 상황과 사건에 관련되어 있으며, 실천현장에서 윤리적 이슈와 딜레마에 적절하게 대처할 수 있어야 한다. 예를 들어 한국사회의 구성원이자 사회복지사로서 자유와 평등 가운데 무엇이 더 중요한지, 성장과 분배를 어떻게 조절할 것인지, 임신중절이나 안락사는 허용될 수 있는 것인지, 인간복제는 도덕적으로 정당화될 수 있는지 등의 문제에 직면하여 사회복지전문가는 어떠한 태도와 입장을 취해야만 최선의 도덕적 판단을 내렸다고 평가 받을 수 있을지에 대해 여러분의 판단은 어떠하신가요? 사회복지전문가들의 역할이 증대될수록 가치, 윤리 또는 이념과 관련한 이슈들은 더욱더 늘어나고, 의사결정을 내려야하는 사회복지전문가의 입장에서는 곤혹스러울 수밖에 없다.

본 장에서는 사회복지의 가치와 윤리의 개념과 특성, 그리고 사회복지실천 현장의 윤리적 갈등에 대해 살펴보고자 한다.

1. 사회복지의 가치와 윤리

1) 사회복지의 가치

가치(value)는 다수의 사회구성원이 좋거나 바람직하다고 여기는 것이다. 사회복지 윤리학 분야에서는 일반적으로 가치를 '인간의 삶과 관련된 특정 수단, 목적, 조건들에 대한 보편적 선호'라고 정의한다(김용석, 고은정, 2014).

가치란 문화, 집단 혹은 개인이 바람직한 것으로 여기는 신념이다. 가치에는 '좋다(good)'는 의미와 '중요하고 소중하다(valuable)'는 의미가 포함된다. 즉 가치는 '무엇이 좋은가'에 관련된 의미일 뿐 '무엇이 옳은가?'에 해당하는 의미는 아니다. 한편, 가치는 선하고 바람직한 것인데, 왜 그것이 선하고 바람직한 것인지에 대해서는 경험적으로 증명될 수 없는 특성이 존재한다.

사회복지의 핵심가치는 인간의 존엄성, 자기결정권, 자율성, 평등, 사회정의, 기회의 균등성, 사회적 책임성 등 다양하다. 사회복지의 핵심 가치는 사회복지사의 일상적 활동에 반영되어 전문직으로서의 실천방향을 제시한다.

2) 레비(Levy)의 사회복지 전문직의 가치

전문직의 가치란 어떠한 직업이 사회의 전문직으로 인정되는 과정에서 그 전문직의 독특한 실천활동과 관련하여 요구되는 가치로서, 해당 전문직 활동의 평가와 책임 소재의 근거가 된다. 레비는 사회복지전문직의 가치를 세 개의 범주로 구분하여 설명하였다(Levy, 1973).

(1) 사람 우선 가치

사람 우선 가치는 전문직 수행의 대상인 클라이언트에 대하여 전문직이 갖추어야하는 가치이다. 즉 클라이언트를 인격을 갖춘 인간으로서 존엄하고 고귀한 존재로 인정해주는 가치를 의미한다. 따라서 인간에 대한 바람직한 태도로서 사람우선가치를 지향할 경우 클라이언트의 능력을 인정해주고, 그에 따라 권한을 인정해주는 임파워먼트(empowerment)를 적극적으로 구현하는 가치가 될 수 있다.

예를 들어 사람 우선 가치를 지향할 경우 인간의 타고난 가치와 존엄성에 대한 믿음, 건설적인 변화 의지와 능력에 대한 믿음, 소속감에 대한 욕구, 개별성에 대한 인정, 인간의 공통된 욕구 등 인간에 대한 바람직한 생각을 토대로 이를 인정하고 지지하는 의사결정을 내릴 수 있다.

(2) 결과 우선 가치

결과우선가치는 인간에게 바람직한 결과가 무엇인지를 알려주는 가치이다. 즉 인간이 인간답게 살 수 있게 하고, 삶의 질을 높이는 결과를 가져오게 하는 가치이다. 따라서 사회복지서비스 제공 이후 바람직한 성취를 이루기 위해 필요한 가치라고 말할 수 있다.

결과우선가치에 대한 예를 들어보자면, 부적절한 교육과 주택문제 등 사회적 문제를 제거하고, 평등한 기회부여와 차별금지 등을 통해 인간다운 삶의 질을 높이는 의사결정을 내릴 수 있다.

(3) 수단 우선 가치

수단우선가치는 사회복지서비스를 수행하는 방법과 수단, 도구에 대한 가치이다. 인간을 존중하고 존엄성을 인정하여 다루어야 한다는 가치로서 사회복지사가 클라이언트를 대하는 태도와 방법과 관련되는 가치이다. 정리하자면 수단우선가치는 인간을 존엄하고 고귀한 존재로 인정해주는 사람우선가치를 실현하는 방법론에 해당하는 가치라고 말할 수 있다.

수단우선가치의 예를 들어보자면, 자기결정권을 존중하고, 비심판적인 태도를 유지하는 등의 사람우선가치를 지향하기 위해 클라이언트를 대하는 태도를 결정하는 가치가 바로 그것이다.

레비가 제시한 사회복지전문직의 가치를 정리하자면 〈표 2-1〉과 같다.

〈표 2-1〉 레비가 제시한 사회복지전문직의 가치

구분	내용	가치의 예
사람 우선 가치 (인간에 대한 바람직한 생각)	전문직 수행의 대상인 사람 자체에 대해 전문직이 갖추어야 할 가치	– 인간의 타고난 가치와 존엄성에 대한 믿음 – 건설적인 변화 의지와 능력에 대한 믿음 – 소속의 욕구 – 개별성에 대한 인정 – 일반적인 인간의 욕구
결과 우선 가치 (인간을 위한 바람직한 결과)	인간에게 바람직한 결과가 무엇인지를 알려주는 가치	– 인간의 기본욕구 충족 – 부적절한 교육과 주택문제 등 사회문제 제거 – 평등한 기회부여와 차별금지
수단 우선 가치 (인간을 다루는 바람직한 도구)	사회복지서비스를 수행하는 방법과 수단, 도구에 대한 가치	– 자기결정권 존중 – 비심판적인 태도 유지

3) 윤리

윤리는 어떤 행동의 유형이 적절하고 부적절한지를 규정짓는 규칙이다. 즉 윤리는 옳고 그름에 관한 도덕적 원칙과 인식의 체계이며, 개인, 집단, 전문직 또는 문화에 의해 실천되는 행동원리이다. 따라서 윤리는 어떤 행동이 옳은지 그른지를 판단하는 기준이 되기에, '행동화된 가치'라고도 한다. 즉 가치가 행동으로 표현되었을 때 그 행동의 옳고 그름을 판단하는 기준이 된다(오혜경, 2004; 최명민, 2009).

가치가 '무엇이 좋고 바람직한가'에 관한 것이라면, 윤리는 '무엇이 맞고 옳은가'에 관한 것이다. 윤리는 가치를 토대로 하므로, 가치와 윤리는 조화를 이루어야 한다. 사회복지 윤리에서 가치의 문제가 중요한 이유는 사회복지의 가치에서 사회복지실천 원칙이 나오기 때문이다. 즉 윤리를 생각할 때 가치를 배제할 수 없다. 따라서 사회복지는 사회과학의 타학문분야와 달리 가치지향적인 학문이자 실천영역이라고 말할 수 있다(최명민, 2009). 가치와 윤리와의 관계를 정리하자면 아래의 〈표 2-2〉와 같다.

〈표 2-2〉 가치와 윤리의 특성 및 관계

가치	윤리
- 믿음, 신념, 선호 - 어떤 것이 바람직한가, 바람직하지 않은가	- 행동에 대한 판단 기준 - 어떤 것이 옳은가, 그른가

사회복지실천 윤리는 사회복지사들이 복잡한 실천 분야에서 직면할 수 있는 다양한 윤리적 쟁점에 대하여 올바른 판단을 내릴 수 있도록 도와주는 준거틀이다. 즉 사회복지 실무자에게 무엇이 윤리적으로 올바른 실천 방법인지 인식할 수 있게 도와주며 전문적인 사회복지 실천 상황에서 초래되는 윤리적 측면과 관련된 올바른 실천 행위를 결정하고 행동에 옮길 수 있도록 도와주는 지침이다.

사회복지실천 윤리의 기능과 필요성에 대해 논의해보자면 다음과 같다. 사회복지실천 윤리는 전문직을 보호하는 기능을 한다. 사회복지사가 올바른 행동을 했는지 스스로 판단을 내림으로써 자기규제를 하도록 한다. 이를 통해 사회복지전문직의 전문성을 확보하고 외부로부터 전문직을 보호하는 기능을 한다.

사회복지실천 윤리는 사회적 취약계층의 권리를 보호하기 위해서도 필요하다. 사회복지사의 자기규제는 전문직을 보호하기도, 실천 과정에서 윤리적 실천을 가능하게 함으로써 클라이언트의 권리도 보호할 수 있다. 사회복지실천 윤리는 전문가의 가치관, 클라이언트의 가치관, 사회의 가치관 사이에 존재하는 공통점과 차이점을 확인하고, 서로 다른 가치관 사이의 관계를 정립하기 위해서도 필요하다.

윤리적 결정의 철학적 근거를 윤리이론에 근거해서 논의하자면 아래와 같이, 윤리적 절대주의와 윤리적 상대주의로 구분할 수 있다. 윤리적 절대주의는 도덕적 가치판단의 보편원리, 즉 어떤 행동의 옳고 그름을 말해주는 보편적, 절대적, 객관적 법칙이 존재한다고 보는 관점이다. 이는 이미 정해진 고정불변의 도덕률을 강조하는 것으로 선과 악이나 옳고 그름을 그 행위의 결과와는 별개로 판단한다. 한편 윤리적 상대주의는 어떠한 행위가 도덕적으로 옳고 그른지에 대한 판단은 사회에 따라 다양하다고 보는 철학적 관점이다. 모든 시대, 모든 사람에게 적용될 수 있는 절대적이고 보편적인 도덕률은 결코 존재할 수 없다고 보고, 따라서 어떤 개인이 특정한 방식으로 행동하는 것이 올바른 것인가 아닌가에 대한 판단은 그 사람이 속해있는 사회에 따라 전적으로 달라진다고 주장한다.

2. 사회복지실천 현장의 윤리적 갈등

윤리적 갈등은 사회복지사가 전문직으로서 지켜야 하는 윤리적 의무들이 서로 충돌하여 어떻게 행동하는 것이 윤리적으로 올바른 것인지 판단하기 힘든 상태를 의미한다.

사회복지사를 비롯한 전문가들은 전문직 가치에 맞는 행동을 해야 한다. 그러나 사회복지사의 행동이 어떤 측면에서 보면 윤리적인 반면, 다른 측면에서 보면 비윤리적인 경우가 종종 발생한다. 이로 인해 윤리적 갈등이 발생하다. 이러한 경우 두 가지 이상의 의무나 가치, 원칙이 동등하게 유용하다고 여겨지지만, 이 원칙들이 서로 모순되거나 충돌하는 상황이 발생하기 때문에 어떤 결정을 내려야 할지 판단하기 어려운 윤리적 갈등 상황에 놓이게 된다(오혜경, 2004).

1) 윤리적 갈등이 발생하는 상황

윤리적 갈등이 발생하는 다양한 상황 혹은 유형은 가치상충, 의무상충, 클라이언트 체계의 다중성, 결과의 모호성, 힘 또는 권력의 불균형 등이 존재한다. 이에 대해 설명해 보자면 아래와 같다.

(1) 가치상충

사회복지사가 두 개 또는 그 이상의 대립적 가치 혹은 경쟁적 가치에 직면했을 때 어떤 가치를 우선적으로 선택해야할지 결정하지 못하는 경우 겪게 되는 윤리적 갈등을 말한다. 윤리적 문제에서 상충되는 가치뿐만 아니라 전문가의 가치와 개인적 가치 사이의 상충, 클라이언트의 가치상충 등이 있을 수 있다. 가치상충으로 인한 윤리적 갈등은 가장 빈번하게 발생하는 상황이다.

가치상충의 사례 중 두 가지 예를 들어보자면 다음과 같다. 첫 번째는 불치병으로 인해 극심한 고통을 호소하고 있는 클라이언트의 자기결정권 가치와 인간의 생명보호라는 가치 사이에서 결정을 내려야 하는 상황이 존재할 수 있고, 두 번째는 보호시설 입소를 원하지 않는 클라이언트와 입소가 클라이언트에게 도움이 된다고 여겨서 입소를 권하는 사회복지사 간에 자기결정권 존중의 가치와 온정주의 가치[1]가 상충되는 상황이 존재할 수 있다.

(2) 의무 상충

사회복지사가 자신이 속한 기관에 대해 지켜야 할 의무와 클라이언트에 대해 지켜야 할 의무 사이에서 겪게 되는 윤리적 갈등을 말한다. 사회복지사는 자신이 속한 기관의 정책을 지켜야 할 의무뿐 아니라 클라이언트를 위해 행동해야 할 의무도 있는데, 이 두 가지 의무가 상충되면 윤리적 갈등을 겪을 수 있다.

의무상충의 예를 들어보자면, 00구청으로부터 재정지원을 받는 지역사회복지관의 사회복지사가 주민들로부터 00구의 화장시설 설립 반대운동에 협조해 달라고 요청받은 경우, 주민들을 위해 00구에 대항해야 할지, 00구의 재정 지원을 계속 받기 위해 주민의 협조요청을 거절해야 할지 두 가지 의무 사이에서 윤리적 갈등을 겪을 수 있다.

(3) 클라이언트 체계의 다중성

클라이언트 체계의 다중성이란 클라이언트가 여러 명일 경우 누구를 클라이

---

1) 온정주의(paternalism)는 자유와 자율성을 억압당하는 사람의 복지, 행복, 욕구, 이익, 가치 등을 위해 그 개인의 자유로운 행위에 대해 간섭하는 것을 정당화하는 것이다. 예를 들어 클라이언트가 자해하는 것을 막기 위해 사회복지사가 클라이언트의 자기결정권을 제한하는 것은 온정주의에 근거한 행위라고 말할 수 있다.

언트로 보고 누구의 이익을 우선적으로 고려하여 개입해야 하는지를 판단하기 어려워 겪게 되는 윤리적 갈등을 말한다. 누구의 이익을 우선시할 것인가의 문제는 개입의 우선순위와 내용에 중요한 영향을 미친다. 또한 특정 클라이언트를 위한 선택이 다른 클라이언트에게는 부정적 결과를 가져올 경우에도 윤리적 갈등이 발생한다.

예를 들어 아동학대, 부부폭력, 남편의 정신질환 등 다양하고 복합적인 문제를 가진 가족에게 개입하는 경우가 이에 해당할 수 있다. 또한 시설에서 퇴소하기를 원하는 장애인의 욕구와 퇴소 후 그가 집에 들어올 경우 그를 부양할 만한 경제적인 여력이 없는 가족의 욕구 사이에서 장애인의 욕구가 우선시되지만 가족에게 큰 부담이 되기 때문에 누구의 욕구를 우선시해야 할지 갈등하는 경우도 이에 해당한다고 말할 수 있다.

(4) 결과의 모호성

결과의 모호성이란 사회복지사가 내린 결정의 결과가 불투명할 경우, 어떤 결정을 내려야 할지에 대한 윤리적 갈등을 말한다. 예를 들어 부모의 경제적인 이유로 인해 아이를 해외로 입양시키는 것이 그 아이를 위해 최선의 결정인지 확신할 수 없어서 의사결정을 하지 못하는 경우가 이에 해당한다.

(5) 힘 또는 권력의 불균형

힘 또는 권력의 불균형은 사회복지사와 클라이언트의 관계가 권력적으로 평등하지 않기 때문에 생기는 갈등을 말한다. 클라이언트는 도움을 받는 입장이고, 사회복지사는 전문가로서 도움을 주는 입장이기 때문에 클라이언트가 전문가에게 의존하기 쉬운 가운데 발생하는 갈등이다. 예를 들어 의사결정을 내리기 어려워하거나 문제해결 능력이 부족한 아동이 자신의 결정과 선택을 전문가에게 의존함으로써 클라이언트의 자기결정권이 포기되는 경우가 이에 해당한다.

2) 사회복지실천에서 윤리적 갈등이 발생할 수 있는 가치와 윤리적 쟁점

사회복지실천 과정에서 윤리적 갈등을 발생시키는 대표적인 가치와 윤리적인 쟁점은 아래와 같다(정연정, 2014). 이와 같은 가치들은 윤리적 갈등을 발생시키기도 하지만 한편으로는 윤리적 갈등을 해결하는 기준이 되기도 한다.

(1) 클라이언트의 자기결정권

클라이언트의 자기결정권이란 클라이언트가 외부의 강요 없이 자기의 행동이나 상황을 자유롭게 선택할 수 있는 권리를 말한다. 사회복지사는 클라이언트의 자기결정권을 행사할 수 있도록 필요한 정보를 제공해주고, 선택한 결과를 이해할 수 있도록 도와야 한다. 또한 사회복지사는 전문적 지식, 경험, 기술에 근거하여 자신의 생각이나 이념을 클라이언트에게 강요할 수 없다.

클라이언트의 자기결정권과 관련된 윤리적 쟁점은 다음과 같다. 클라이언트의 자기결정권은 온정주의와 관련되어 복잡한 윤리적 쟁점을 야기할 수 있다. 사회복지사가 클라이언트의 자기결정권을 따를 경우 클라이언트에게 부정적인 결과가 나타난다면 바람직한 결과를 가져다주기 위해 어느 정도 클라이언트의 권리나 자유를 제한할 수 있기 때문이다.

(2) 클라이언트의 비밀보장

클라이언트의 비밀보장은 사회복지사가 클라이언트의 동의 없이 클라이언트에 대한 정보를 누설하지 않는 것이다. 비밀보장의 대상이 되는 정보는 클라이언트의 신원, 명백하게 말로 표현한 내용, 클라이언트에 대한 전문가 의견, 기록된 자료 등이다.

클라이언트의 비밀보장 원칙과 관련된 윤리적 쟁점은 다음과 같다. 일반적으로 사회복지사가 클라이언트와 나눈 정보는 비밀이 지켜져야 한다. 그러나 클라이언트가 자신 또는 타인을 해칠 위험이 있다고 판단되는 경우 사회복지사는 비밀을 지키지 않고 위험을 막아야 하는지, 끝까지 비밀을 지켜야 하는지 갈등할 수 있다. 또한 사회복지사가 법정으로부터 클라이언트의 정보를 공개하라는 명령을 받았을 때 공개해야 하는지 윤리적 갈등을 겪을 수 있다.

한편 클라이언트의 비밀보장 원칙과 관련한 윤리적 쟁점이 발생하는 이유는 비밀보장이 절대적인 원칙이 아니라 비밀보장을 지킬 수 없는 예외적인 상황이 있기 때문이다. 클라이언트가 자신이나 타인을 위협할 경우 법적으로 비밀보장을 지킬 의무는 없다.

(3) 진실을 말할 의무

사회복지사는 클라이언트에게 사회복지실천 내용을 정직하게 말할 의무가 있다. 이는 자신이 제안한 서비스나 정보 유출의 의미와 특성, 발생할 수 있는 위험과 혜택, 클라이언트 자신이나 친척에게 미칠지도 모르는 영향, 그리고 가능한 대안과 예상되는 비용 등에 대해 클라이언트가 충분히 알고 있어야 한다는 것을 의미한다.

이는 고지된 동의(informed consent)와 밀접한 관련성이 존재한다. 고지된 동의는 정보를 수집하거나 서비스를 제공하고자 할 때, 클라이언트로부터 반드시 사전 동의를 얻어야 한다는 원칙이다. 이는 사회복지실천 과정에서 클라이언트는 자신이 받는 서비스의 내용이나 선택에 대해 사전에 설명받고, 이해한 상태에서, 동의해야 한다는 것으로 클라이언트의 알 권리에 바탕을 둔 것이다.

진실을 말할 의무와 관련된 윤리적 쟁점은 다음과 같다. 어떤 사람이 사회복지사에게 클라이언트에 관한 정보를 제공했을 때, 그 사실을 클라이언트에게 알려주는 것이 좋을지, 만약 알려준다면 그 사람의 비밀보장은 어떻게 되는지 등과 관련 있는 쟁점이다. 클라이언트에게 진실을 말하지 않거나, 잘못된 정보를 제공하는 일은 없어야 한다. 하지만 진실한 정보가 클라이언트에게 해가 된다고 판단될 때, 사회복지사는 클라이언트에게 진실을 말해야 하는지 말아야 하는지 윤리적 갈등을 겪을 수 있다. 이 경우 진실을 말할 의무와 클라이언트의 알 권리 간에 윤리적 갈등이 발생한다.

(4) 제한된 자원의 공정한 분배

제한된 자원의 공정한 분배는 공평하게 자원을 분배해야 함을 의미한다. 문제 해결을 위해 필요한 한정된 자원을 모든 대상자에게 똑같이 제공해야 한다는 형평성 기준을 찾는 것을 현실적으로 매우 어렵기 때문에 윤리적 갈등이 발생할 수 있다.

(5) 전문적 동료관계

전문적 동료관계는 동료 사회복지사가 전문가로서 권위를 남용해 클라이언트나 전문직에 해를 끼치는 행동을 했을 때, 또는 기관이 규정을 위반하고 부정한 수단이나 속임수를 사용했음을 발견하였을 때, 이러한 사실을 알게 되나 사회복지사는 그 사실을 보고해야 하는지에 대해 윤리적 갈등이 발생할 수 있다.

(6) 전문적 관계의 유지

사회복지사는 클라이언트와 다양한 형태로 관계를 형성할 수 있다. 즉 하나 이상의 관계가 형성될 수 있는데, 이를 이중관계라고 말한다. 사회복지실천에서 이중관계는 '사회복지사가 자신의 성적·경제적·사회적 욕구를 충족시키기 위해 클라이언트와의 관계에서 서비스 제공자라는 전문가 역할 이외의 또 다른 역할에 관여하고 있는 상태'를 의미한다. 한편 상담가, 사회복지사, 심리치료사 등 원조전문직(helping professional)에서는 클라이언트와의 이중관계를 금지하고 있다. 그 이유는 원조전문가들이 자신의 이득을 취하기 위해 클라이언트에게 영향력을 행사하고 그를 조정하며 해를 입힐 가능성이 있기 때문이다. 따라서 사회복지사는 클라이언트와 이중관계가 형성될 수 있으나, 전문적 관계를 유지해야 한다.

3) 윤리적 갈등의 조정

Loewenberg와 Dolgoff(2012)는 윤리적 문제해결을 위해 윤리적 결정모델을 제시하였다. 이는 기본적으로 윤리규칙심사와 윤리원칙심사로 구성된다. 윤리규칙심사의 적용과정은 다음과 같다.

첫째, 윤리강령을 검토하고, 어떤 기준들이 적용되는지를 결정한다. 이 기준들은 사회복지사의 개인적 가치보다 우선한다.

둘째, 적용 가능한 한가지나 그 이상의 윤리강령 기준들을 따른다.

셋째, 특정한 문제에 대해 강령이 적용되지 않거나, 여러 개의 강령기준들이 상충되는 지침들을 제공하는 경우에는 윤리원칙 심사를 적용한다.

Loewenberg와 Dolgoff(2012)는 윤리적 갈등 상황에서 어떤 원칙이나 의무를 우선적으로 적용해야하는지 결정할 수 있도록 '윤리적 원칙 준거틀(EPS: Ethical Principles Screen)'을 제시하였다. 이 원칙은 특정 문제에 대해 윤리강령 등으로 해결되지 않는 경우, 최후의 수단으로도 고려된다. 또 이 원칙은 우선순위가 존재하므로, 여러 가지 원칙들이 충돌하는 경우 상위의 원칙을 가장 먼저 적용한다. 윤리적 원칙 준거틀에 대한 세부적인 내용은 〈표 2-3〉과 같다. 예를 들어 〈표 2-3〉과 같이 생명보호의 원칙과 비밀보장의 원칙 사이에서 갈등하는 경우 원칙 1인 생명보호의 원칙을 우선적으로 적용하여 결정을 내린다.

〈표 2-3〉 윤리원칙심사 우선순위

우선순위	내용	설명
윤리원칙 1	생명보호의 원칙	인간의 생명보호가 다른 모든 것에 우선한다.
윤리원칙 2	평등과 불평등의 원칙	관계가 동등한 사람들은 평등하게 대우받아야 하고, 동등하지 않은 관계 자체로 인해 문제가 발생한다면 불평등하게 처우 받아야 한다.
윤리원칙 3	자율과 자유의 원칙	사회복지실천 과정에서 개인의 자율성과 자유를 존중하는 결정을 내려야 하지만, 개인의 자율성과 자유도 자신이나 타인의 생명을 위협하는 경우에는 허용되지 않는다.
윤리원칙 4	최소 해악(손실)의 원칙	손실만 초래될 가능성이 높은 선택에서 비록 손실이 발생하더라도, 손실이 최소화되거나 쉽게 회복될 수 있는 것을 선택한다.
윤리원칙 5	삶의 질 원칙	인간의 삶의 질을 더 향상시키는 기회를 선택해야 한다.
윤리원칙 6	사생활 보호와 비밀보장의 원칙	사회복지사는 클라이언트의 사생활을 보호하고, 클라이언트에 대해서 알게 된 사실을 다른 사람에게 공개해서는 안 된다.
윤리원칙 7	진실성과 정보공개의 원칙	클라이언트 및 관련자에게 오직 진실만을 이야기하며, 관련 정보를 충분히 공개해야 한다.

3. 윤리강령

윤리강령은 전문직이 윤리적 실천을 수행할 수 있도록 행동기준과 원칙을 정해놓은 구체적인 지침이다.

윤리강경의 기능은 전문가들이 자신의 전문직 가치에 맞게 실천할 수 있는 판단 기준을 제공하는 것이다. 전문직 실천가들에게 전문가로서 지켜야 할 기본 윤리적 행위가 무엇인지, 전문가로서 하지 말아야 할 비윤리적 행동이 무엇인지를 판단하는 기준을 제시한다. 윤리강령은 전문직을 외부의 규정으로부터 보호하는 기능과 전문직 실천 대상을 보호하는 기능을 갖는다.

윤리강령은 사회의 가치관과 개인의 가치관 및 윤리관이 급격하게 변화하면서 이전에는 나타나지 않았던 다양한 갈등이 발생하게 되었고, 이를 해결하기 위해 윤리강령이 나타났다.

1) 사회복지사 윤리강령

사회복지사 윤리강령은 사회복지 가치 기준에 맞게 실천해야 할 행동기준과 원칙을 정해놓은 지침이다(한국사회복지사협회). 사회복지사 윤리강령은 2023년 4월 11일 5차 개정이 되었다.

사회복지사 윤리강령의 기능은 사회복지실천 현장에서 윤리적 갈등이 생겼을 때, 사회복지사가 사회복지 전문직 가치 기준에 맞는 행동이 어떤 것인지를 판단할 수 있는 지침과 기준을 제공하는 것이다. 사회복지사 윤리강령은 스스로 자기규제기능[2)]을 가짐으로써 사회복지전문직의 전문성을 확보하고 외부로부터 전문직을 보호하고 클라이언트 역시 보호한다.

우리나라 사회복지사 윤리강령은 전문, 윤리강령의 목적, 윤리강령의 가치와 원칙, 그리고 사회복지사의 윤리기준으로 구성되어 있다. 아울러 사회복지사의 윤리기준은 기본적 윤리기준, 클라이언트에 대한 윤리기준, 사회복지사의 동료에 대한 윤리기준, 기관에 대한 윤리기준, 사회에 대한 윤리기준에 관한 내용으로 구성되어 있다. 우리나라 사회복지사 윤리강령의 구조는 [그림 2-2]와 같다.

---

2) 윤리강령의 자기규제 기능은 전문직이 윤리적 실천을 수행할 수 있도록 행동기준과 원칙을 정해놓음으로써, 전문가 스스로 전문직 가치와 윤리에서 벗어나지 않도록 스스로를 조절하는 것을 의미한다.

[그림 2-2] 한국 사회복지사 윤리강령의 구조

(1) 한국 사회복지사 윤리강령의 전문

> 사회복지사는 인본주의·평등주의 사상에 기초하여, 모든 인간의 존엄성과 가치를 존중하고 천부의 자유권과 생존권의 보장 활동에 헌신한다. 특히 사회적·경제적 약자들의 편에 서서 사회정의와 평등·자유와 민주주의 가치를 실현하는 데 앞장선다. 또한, 도움을 필요로 하는 사람들의 사회적 지위와 기능을 향상시키기 위해 저들과 함께 일하며, 사회제도 개선과 관련된 제반 활동에 주도적으로 참여한다. 사회복지사는 개인의 주체성과 자기 결정권을 보장하는 데 최선을 다하고, 어떠한 여건에서도 개인이 부당하게 희생되는 일이 없도록 한다. 이러한 사명을 실천하기 위하여 전문적 지식과 기술을 개발하고, 사회적 가치를 실현하는 전문가로서의 능력과 품위를 유지하기 위해 노력한다. 이에 우리는 클라이언트·동료·기관 그리고, 지역사회 및 전체사회와 관련된 사회복지사의 행위와 활동을 판단·평가하며 인도하는 윤리기준을 다음과 같이 선언하고 이를 준수할 것을 다짐한다.

(2) 윤리강령의 목적

한국사회복지사 윤리강령은 사회복지 전문직의 가치와 윤리적 실천을 위한 기준을 안내하고, 윤리적 이해가 충돌할 때 고려해야 할 사항을 제시하고자 한다. 한국사회복지사 윤리강령의 목적은 다음과 같다.

① 윤리강령은 사회복지 전문직의 사명과 사회복지 실천의 기반이 되는 핵심 가치를 제시한다.
② 윤리강령은 사회복지 전문직의 핵심 가치를 실현하기 위한 윤리적 원칙을 제시하고, 사회복지 실천의 지침으로 사용될 윤리기준을 제시한다.
③ 윤리강령은 사회복지 실천 현장에서 발생하는 윤리적 갈등 상황에서 의사 결정에 필요한 사항을 확인하고 판단하는 데 필요한 윤리 기준을 제시한다.
④ 윤리강령은 사회복지사가 전문가로서 품위와 자질을 유지하고, 자기 관리를 통해 클라이언트를 보호할 수 있도록 안내한다.
⑤ 윤리강령은 사회복지의 전문성을 확보하고 외부 통제로부터 전문직을 보호할 수 있는 기준을 제공한다.
⑥ 윤리강령은 시민에게 전문가로서 사회복지사의 역할과 태도를 알리는 수단으로 작용한다.

(3) 윤리강령의 가치와 원칙

사회복지사는 인간 존엄성과 사회정의라는 사회복지의 핵심 가치에 기반을 두고 사회복지 전문직의 사명을 다하기 위해 노력해야 한다. 이러한 핵심가치와 관련해 사회복지 전문직이 준수해야 할 윤리적 원칙을 제시한다.

① 핵심 가치 1. 인간 존엄성

• 윤리적 원칙: 사회복지사는 인간의 존엄성과 가치를 인정하고 존중한다.

- 사회복지사는 개인적·사회적·문화적·정치적·종교적 다양성을 고려하며 개인의 인권을 보호하고 존중한다.
- 사회복지사는 클라이언트의 자율성을 존중하고, 자기 결정을 지원한다.
- 사회복지사는 클라이언트가 역량을 강화하고, 자신과 환경을 변화시킬 수 있도록 지원한다.
- 사회복지사는 사회복지 실천 과정에서 클라이언트의 개입과 참여를 보장한다.

② 핵심 가치 2. 사회정의

• 윤리적 원칙: 사회복지사는 사회정의 실현을 위해 앞장선다.

- 사회복지사는 개인적·집단적·사회적·문화적·정치적·종교적 차별에 도전하여 사회정의를 촉진한다.
- 사회복지사는 개인, 가족, 집단, 지역사회의 다양성을 존중하는 포용적 지역사회를 만들기 위해 노력한다.
- 사회복지사는 부적절하고 억압적이며 불공정한 사회제도와 관행을 변화시키기 위해 사회의 다양한 구성원들과 협력한다.
- 사회복지사는 포용적이고 책임 있는 사회를 만들어 가기 위해 연대 활동을 한다.

(4) 사회복지사의 윤리기준

Ⅰ. 기본적 윤리기준

1. 전문가로서의 자세

① 인간 존엄성 존중

가. 사회복지사는 모든 인간의 존엄, 자유, 평등을 위해 헌신해야 하며, 사회적 약자를 옹호하고 대변하는 일을 주도해야 한다.

나. 사회복지사는 모든 인간의 고유한 존엄성과 가치를 인정하고 존중하며, 이를 기반으로 사회복지를 실천한다.

다. 사회복지사는 클라이언트의 성, 연령, 정신·신체적 장애, 경제적 지위, 정치적 신념, 종교, 인종, 국적, 결혼상태, 임신 또는 출산, 가족 형태 또는 가족 상황, 성적 지향, 젠더 정체성, 기타 개인적 선호·특징·조건·지위 등을 이유로 차별을 하지 않는다.

라. 사회복지사는 다양한 문화의 강점을 인식하고 존중하며, 문화적 역량을 바탕으로 사회복지를 실천한다.

마. 사회복지사는 문화적으로 민감한 실천을 제공하기 위해, 사회복지 실천 과정에서 자신의 개인적·사회적·문화적·정치적·종교적 가치, 신념과 편견이 클라이언트와 동료 사회복지사에게 미칠 수 있는 영향을 고려하여 자기 인식을 증진하기 위해 힘쓴다.

② 사회정의 실현

가. 사회복지사는 사회정의 실현과 클라이언트의 복지 증진에 헌신하며, 이를 위한 국가와 사회의 환경 변화를 위해 노력한다.

나. 사회복지사는 사회, 경제, 환경, 정치적 자원에 대한 평등한 접근과 공평한 분배가 이루어지도록 노력한다.

다. 사회복지사는 개인적·집단적·사회적·문화적·정치적·종교적 특성에 근거해 개인이나 집단을 차별·억압하는 것을 인식하고, 이를 해결 또는 예방하기 위해 노력해야 한다.

2. 전문성 개발을 위한 노력

① 직무 능력 개발

가. 사회복지사는 클라이언트에게 최상의 서비스를 제공하기 위해, 지식과 기술을 개발하는 데 최선을 다하며 이를 활용하고 공유할 책임이 있다.

나. 사회복지사는 사회적 다양성의 특징(성, 연령, 정신·신체적 장애, 경제적 지위, 정치적 신념, 종교, 인종, 국적, 결혼 상태, 임신 또는 출산, 가족 형태 또는 가족 상황, 성적 지향, 젠더 정체성, 기타 개인적 선호·특징·조건·지위 등), 차별, 억압 등에 대해 교육을 받고 이에 대한 이해를 증진하기 위해 노력한다.

다. 사회복지사는 변화하는 사회복지 관련 쟁점에 대응할 수 있도록 실천 기술을 향상하고, 새로운 실천 기술이나 접근법을 적용하기 위해 적절한 교육, 훈련, 연수, 자문, 슈퍼비전 등을 받도록 노력한다.

라. 사회복지사는 사회복지 실천에 필요한 정보통신 관련 지식과 기술을 습득하기 위해 노력하며, 이를 사용하는 과정에서 발생할 수 있는 윤리적 문제를 인식하고 정보통신 관련 지식과 기술을 활용하도록 한다.

② 지식기반의 실천 증진

가. 사회복지사는 사회복지 실천 과정에서 평가와 연구 조사를 함으로써, 사회복지 실천의 지식 기반형성에 기여하고, 궁극적으로 사회복지 실천의 질적 향상을 위해 노력한다.

나. 사회복지사는 평가나 연구 조사를 할 때, 연구 참여자의 권리를 보장하기 위해, 연구 관련 사항을 충분히 안내하고 자발적인 동의를 얻어야 한다.

다. 사회복지사는 연구 과정에서 얻은 정보를 비밀 보장의 원칙에서 다루며,

비밀 보장의 한계, 비밀 보장을 위한 조치, 조사자료폐기 등을 연구 참여자에게 알려야 한다.

라. 사회복지사는 평가나 연구 조사를 할 때, 연구 참여자의 보호와 이익, 존엄성, 자기 결정권, 자발적 동의, 비밀 보장 등을 고려하며 「생명윤리 및 안전에 관한 법률」 등 관련 법령과 규정에 따라 연구윤리를 준수한다.

3. 전문가로서의 실천

① 품위와 자질 유지

가. 사회복지사는 전문가로서의 품위와 자질을 유지하고, 자신이 맡고 있는 업무에 대해 책임을 진다.

나. 사회복지사는 자신의 이익을 위해 사회복지 전문직의 가치와 권위를 훼손해서는 안 된다.

다. 사회복지사는 전문가로서 성실하고 공정하게 업무를 수행한다.

라. 사회복지사는 부정직한 행위, 범죄행위, 사기, 기만행위, 차별, 학대, 따돌림, 괴롭힘 등 불법적이고 부당한 일을 행하거나 묵인해서는 안 된다.

마. 사회복지사는 자신의 소속, 전문 자격이나 역량 등을 클라이언트에게 정직하고 정확하게 알려야 한다.

바. 사회복지사는 클라이언트, 학생, 훈련생, 실습생, 슈퍼바이지, 직장 내 위계적 권력 관계에 있는 동료와 성적 관계를 형성해서는 안 되며, 이들에게 성추행과 성희롱을 포함한 성폭력, 성적·인격적 수치심을 주는 행위를 해서는 안 된다.

사. 사회복지사는 한국사회복지사협회 등 전문가 단체의 활동에 적극적으로 참여하여, 사회정의 실현과 사회복지사의 권익 옹호를 위해 노력한다.

② 자기 관리

가. 사회복지사는 정신적·신체적 건강 문제, 법적 문제 등이 사회복지 실천 과정에서의 전문적 판단이나 실천에 부정적 영향을 주거나 클라이언트의 이익을 저해하지 않도록, 동료, 기관과 함께 적절한 조치를 하도록 노력한다.

나. 사회복지사는 클라이언트에게 최상의 사회복지서비스를 제공하기 위해 사회복지사 자신의 정신적·신체적 건강, 안전을 유지·보호·관리하도록 노력한다.

③ 이해 충돌에 대한 대처

가. 사회복지사는 클라이언트의 이익을 우선으로 고려하고, 이해 충돌이 있을 때는 아동, 소수자 등 취약한 자의 이해와 권리를 우선시한다.

나. 사회복지사의 개인적 신념과 사회복지사로서 직업적 의무 사이에 이해 충돌이 발생할 때 동료, 슈퍼바이저와 논의하고, 부득이한 경우 클라이언트가 적절한 지원을 받을 수 있도록 클라이언트를 다른 사회복지사에게 의뢰하거나 다른 사회복지서비스로 연결한다.

다. 사회복지사는 전문적 가치와 판단에 따라 업무를 수행하는 과정에서, 기관 내외로부터 부당한 간섭이나 압력을 받아서는 안 된다.

④ 경제적 이득에 대한 실천

가. 사회복지사는 클라이언트의 지불 능력에 상관없이 복지 서비스를 제공해야 하며, 이를 이유로 차별해서는 안 된다.

나. 사회복지사는 필요한 경우에 제공된 서비스에 대해 공정하고 합리적으로 이용료를 책정할 수 있다.

다. 사회복지사는 업무와 관련해 정당하지 않은 방법으로 경제적 이득을 취해서는 안 된다.

Ⅱ. 클라이언트에 대한 윤리기준

1. 클라이언트의 권익옹호

사회복지사는 클라이언트의 이익을 최우선의 가치로 삼고 이를 실천하며, 클라이언트의 권리를 존중하고 옹호한다.

2. 클라이언트의 자기 결정권 존중

① 사회복지사는 사회복지 실천 과정에서 클라이언트의 자기 결정을 존중하고, 클라이언트를 사회복지 실천의 주체로 인식하여 클라이언트가 자기 결정권을 최대한 행사할 수 있도록 돕는다.

② 사회복지사는 의사 결정이 어려운 클라이언트에 대해서는 클라이언트의 이익과 권리를 보장하기 위한 적절한 조치를 취해야 한다.

3. 클라이언트의 사생활 보호 및 비밀 보장

사회복지사는 클라이언트의 사생활을 존중하고 보호하며, 전문적 관계에서 얻은 클라이언트 관련 정보에 대해 비밀을 유지한다. 그러나 클라이언트 자신과 타인에게 해를 입히거나 범죄행위와 관련된 경우에는 예외로 할 수 있다.

4. 정보에 입각한 동의

사회복지사는 클라이언트의 알 권리를 인정하고 동의를 얻어야 하며, 클라이언트가 받는 서비스의 목적과 내용, 범위, 합리적 대안, 위험, 서비스의 제한, 동의를 거절 또는 철회할 수 있는 클라이언트의 권리 등에 대해 정확하고 충분한 정보를 제공한다.

5. 기록・정보 관리

① 클라이언트에 대한 사회복지 실천 기록은 사회복지사의 윤리적 실천의 근거이자 평가・점검의 도구이기 때문에 중립적이고 객관적으로 작성해야 한다.

② 사회복지사는 클라이언트가 자신과 관련된 기록의 공개를 요구하면 정당한 비공개 사유가 없는 한 정보에 접근할 수 있도록 해야 한다.

③ 사회복지사는 클라이언트에 대한 문서 정보, 전자 정보, 기타 민감한 개인 정보를 보호해야 한다.

④ 사회복지사가 획득한 클라이언트 관련 정보나 기록을 법적 사유 또는 기타 사유로 제3자에게 공개할 때는 클라이언트에게 안내하고 동의를 얻어야 한다.

6. 직업적 경계 유지

① 사회복지사는 클라이언트와의 전문적 관계를 자신의 개인적 이익을 위해 이용해서는 안 된다.

② 사회복지사는 업무 외의 목적으로 정보통신기술을 사용해 클라이언트와 의사소통을 해서는 안 된다.

③ 사회복지사는 어떠한 상황에서도 클라이언트와 사적 금전 거래, 성적 관계 등 부적절한 행동을 해서는 안 된다.

④ 동료의 클라이언트를 의뢰받을 때는 기관 및 슈퍼바이저와 논의하는 과정을 거쳐야 하며, 클라이언트에게 설명하고 동의를 얻은 후 서비스를 제공한다.

⑤ 사회복지사는 정보처리기술을 이용하는 것이 클라이언트의 권리를 침해할 위험성이 있다는 사실을 인식하고 직업적 범위 안에서 활용한다.

7. 서비스의 종결

① 사회복지사는 클라이언트에게 제공되는 서비스가 더 이상 클라이언트의 이해나 욕구에 부합하지 않으면 업무상 관계와 서비스를 종결한다.

② 사회복지사는 개인적 또는 직업적 이유로 클라이언트와의 전문적 관계를 중단하거나 종결할 때 사전에 클라이언트에게 충분히 설명하고, 다른 기관 또는 다른 전문가에게 의뢰하는 등 필요한 조치를 취한다.

③ 사회복지사는 클라이언트의 고의적·악의적·상습적 민원 제기에 대해 소속 기관, 슈퍼바이저, 전문가 자문 등의 논의 과정을 거쳐 서비스를 중단하거나 거부권을 행사할 수 있다.

Ⅲ. 사회복지사의 동료에 대한 윤리기준

1. 동료

① 사회복지사는 존중과 신뢰를 기반으로 동료를 대하며, 전문가로서의 지위와 인격을 훼손하는 언행을 하지 않는다.

② 사회복지사는 사회복지 전문직의 권익 증진을 위해 동료와 다른 전문직 동료와도 협력하고 협업한다.

③ 사회복지사는 동료의 윤리적이고 전문적인 행위를 촉진해야 하며, 동료가 전문적인 판단과 실천이 미흡하여 문제를 발생시켰을 때 윤리강령과 제반 법령에 따라 대처한다.

④ 사회복지사는 다른 전문직의 동료가 행한 비윤리적 행위에 대한 윤리강령과 제반 법령에 따라 대처한다.

⑤ 사회복지사는 동료의 직무 가치와 내용을 인정하고 이해하며, 상호 간에 민주적인 직무 관계를 이루도록 노력해야 한다.

⑥ 사회복지사는 동료들에게 정보통신기술을 사용한 비윤리적 행위를 하지 않는다.

⑦ 사회복지사는 동료가 적법하게 업무를 수행하는 과정에서 부당한 조치를 당하면 동료를 변호하고 원조해 주어야 한다.
⑧ 사회복지사는 동료에게 행해지는 어떤 형태의 차별, 학대, 따돌림 또는 괴롭힘과 자신의 전문적 권위를 행사하는 다른 동료와의 부적절한 성적 행동에 가담하거나 이를 용인해서는 안 된다.
⑨ 사회복지사는 슈퍼바이지, 학생, 훈련생, 실습생, 자신의 전문적 권위를 행사하는 다른 동료와의 성적 행위나 성적 접촉과 성적 관계에 관여해서는 안된다.

2. 슈퍼바이저

① 슈퍼바이저는 슈퍼바이지가 전문적 업무 수행을 할 수 있도록 지원하고 슈퍼바이지는 슈퍼바이저의 전문적 지도와 조언을 존중해야 한다.
② 슈퍼바이저는 전문적 기준에 따라 슈퍼비전을 수행하며, 공정하게 평가하고 평가 결과를 슈퍼바이지와 공유한다.
③ 슈퍼바이저는 개인적인 이익 추구를 위해 자신의 지위를 이용해서는 안 된다.
④ 슈퍼바이저는 사회복지사 수련생과 실습생에게 인격적·성적으로 수치심을 주는 행위를 해서는 안 된다.

Ⅳ. 기관에 대한 윤리기준

① 사회복지사는 기관의 사명과 비전을 확인하고, 정책과 사업 목표를 달성하기 위해 노력해야 한다.
② 사회복지사는 소속 기관의 활동에 적극적으로 참여함으로써 기관의 성장과 발전을 위해 노력해야 한다.
③ 사회복지사는 기관의 부당한 정책이나 요구에 대해 전문직의 가치와 지식

을 근거로 대응하고, 제반 법령과 규정에 따라 해결하도록 노력해야 한다.

Ⅴ. 사회에 대한 윤리기준

① 사회복지사는 자신이 일하는 지역사회를 이해하고, 클라이언트가 지역사회에서 서로 도우며 함께 살아가도록 지원해야 한다.

② 사회복지사는 정치적 영역이 클라이언트의 권익과 사회복지 실천에 미치는 영향을 인식하여 사회정의 실현을 위한 사회정책의 수립과 법령 제·개정을 지원·옹호해야 한다.

③ 사회복지사는 사회재난과 국가 위급 상황에서 문제를 해결하기 위해 적극적으로 활동해야 한다.

④ 사회복지사는 지역사회, 국가, 나아가 전 세계와 그 구성원의 복지 증진, 삶의 질 향상을 위해 적극적으로 노력해야 한다.

⑤ 사회복지사는 인간과 자연이 서로 떨어져 살 수 없음을 깨닫고, 인간과 자연환경, 생명 등 생태에 미칠 영향을 생각하며 실천해야 한다.

CHAPTER 03

Introduction to Social Welfare

사회복지발달사

1. 서양 사회복지발달사
2. 한국 사회복지발달사

CHAPTER 03

사회복지발달사

1. 서양 사회복지발달사

오늘날의 사회복지를 이해하기 위해서는 사회복지가 발전해 온 역사를 이해할 필요가 있다. 사회복지의 역사를 이해함으로써 현재의 사회복지를 진단하고 미래의 사회복지를 전망할 수 있기 때문이다. 역사학자 카아(E. H. Carr)는 『역사란 무엇인가』라는 책에서 "역사란 역사가와 사실들의 부단한 상호작용의 과정이며, 과거와 현재와의 끊임없는 대화이다."라고 기술하였다.[1] 서양의 사회복지발달사는 서양의 다양한 정치적·경제적 상황과 사회문제의 양상에 따른 사회복지와의 관계성과 아울러 그 사회구성원들의 욕구를 반영하는 대응책들을 구체적으로 살펴 볼 수 있는 긴 역사적 흐름을 가지고 있다. 하지만 사회복지가 인간의 존엄성, 사회정의 등의 가치에 기반하여 본격적으로 발달하게 된 시기는 근대사회의 성립 이후라고 할 수 있다.

1) 한국사회복지사협회 50년사 편찬위원회(2017). 한국사회복지사협회 50년사. p.84

1) 영국의 사회복지발달사

(1) 봉건제의 붕괴와 빈민법 체제의 구축 시기

영국 빈민법 체제 출현의 사회경제적 배경은 14세기부터 시작된 중세 영국 봉건제도의 약화이다. 1348년~1349년에 흑사병으로 영국 인구의 1/3이 사망하였으며, 백년전쟁(1337~1453)과 장미전쟁(1455~1485)에 동원되었던 농노들이 전쟁 후 도시에 머물게 되자 농촌의 노동력이 부족하게 되고, 이는 경작지를 목유지로 전환하는 엔클로저(enclosure)운동을 야기하였다. 흑사병으로 인한 인구 감소, 엔클로저운동 등 당시의 사회경제적 상황은 많은 농노들을 유랑민으로 내모는 계기로 작용하며 봉건사회의 붕괴를 재촉하였다.

① 1601년 엘리자베스 빈민법(The Elizabethan Poor Law)

봉건사회의 붕괴를 초래하는 사회적 무질서에 대한 공포로부터 대응하기 위한 조치로 일련의 빈민법 체제가 마련되었다. 1601년의 엘리자베스 빈민법은 14세기부터 나타난 빈민에 대한 제반 법령을 체계화시킨 것이다. 엘리자베스 빈민법으로 집대성되기 전까지 빈민과 관련된 일련의 중요한 입법들을 보면, 1349년에는 노동자칙령(Ordinance of Labourers)으로 빈민들의 지리적 이동을 금지시키고, 자신의 교구를 벗어나는 사람들은 가혹한 처벌을 하였다. 1388년의 케임브리지법(Statute of Cambridge)은 모든 노동자와 걸인들의 이동을 금지하고, 노동능력이 없는 빈민들의 구제를 각 지방의 책임으로 규정하였으며, 1598년의 빈민구제법(Act for the Relief of the Poor)은 모든 교구에 빈민 감독관을 두고, 빈민 감독관에게 실업자에 대한 구직활동과 자활능력이 없는 사람들을 위한 보호시설 설치의 책임을 부과하였다. 1601년 엘리자베스 빈민법(The Elizabethan Poor Law)에서 체계화된 구빈행정의 특징은 첫째, 구빈의 책임을 교구가 아닌 국가의 책임으로 인정하는 것으로 종래의 구빈은 자발적인 교회헌금에 의존해 왔으나, 늘어나는 구빈 수요를 기부금으로 충족할 수 없게 되자 구빈의 재원을 조성하기 위해 국가가 구빈세(조세)를 부과하기 시작하였다. 둘째, 구빈의 행정·재정을 교구단위 책임으로 한 지방행정의 원칙을 확립한 것으로 구빈세는 지방세의 형태로, 구빈의 재정과 행정단위를 교구단위로 하여 각 지방의 치안판사들이 교구민 중 선발된 2~4명의 빈민 감독관에게 구빈행정의 책임을 맡기는 등 구빈의 지방행정체계를 확립하였다. 셋째, 빈민의 유형을 노동능력 유무를 중심으로 분류하여 차별적으로 대처하는 구빈행정의 원칙을 확립한 것으로 빈민의 유형을 구분하고 각각 대처하는 방법을 다르게 적용하였다.[2)] 넷째, 보호할 가족이 있을 경우에는 구제의 대상에서 제외하는 등 친족부양의 책임을 강화한 것이다. 이러한 특징을 갖고 있는 엘리자베스 빈민법의 가장 큰 의의는 중상주의적 발상에 기반하여 억압적 성격에서 벗어나지는 못하였지만, 빈민에 대한 공적구제를 국가책임으로 인식한 것이라고 할 수 있다.

② 1662년 정주법 (The Act of Settlement, 1662)

엘리자베스 빈민법의 4대 원칙 중에서 가장 먼저 보완이 필요해진 것이 교구단위 행정·재정책임의 원칙이었다. 구빈재정이 단위교구의 책임이기 때문에 교구마다 구빈대상의 증가와 빈민의 유입을 막으려는 조치를 강구하게 됨에 따라 결국 1662년에 정주법이 제정되었다. 정주법은 교구에서 일정기간 이상 거주한 자에 한하여 구빈대상이 될 수 있도록 하며, 새로 이주한 자를 이주 후 40일 동안 감시, 조사하여 구빈대상자가 1년에 10파운드의 세를 낼 수 있거나 그만한 금액을 교구에 예탁할 수 있으면 그대로 두고, 그렇지 못하면 출생 교구로 추방할 수 있도록 한 법이다. 이 정주법은 궁극적으로 빈민의 기본권 침해는 말할 것도 없지만, 노동의 자유로운 이동을 제약하는 이주금지법의 성격

---

2) 빈민의 유형(대처방법)을 근로능력이 있는 건강한 빈민(교정원이나 작업장에 수용하여 노동하게 하였고, 자선금지와 이주제한조치를 함), 근로능력이 없는 무능력 빈민(구빈원에 수용하여 보호함이 원칙이며, 거주할 집이 있으면 원외구제를 병행함), 요보호아동(도제수습의 기회를 제공하거나 고아원에 수용 보호함)으로 구분하였다.

을 지니고 있으며, 도시 임금노동자를 필요로 하는 상공업 신흥자본가들과 농업 노동력을 필요로 하는 농업 토지귀족들 간의 이해관계의 대립을 심화시키게 되었다.

(2) 인도주의적 경향으로 빈민법의 개혁 시기

18세기 들어서면서 빈민들의 작업장에서의 비참한 생활과 작업장 운영의 비효율성으로 구빈행정에서의 개혁이 요구되었다. 특히 작업장의 엄격한 규칙을 위반할 경우 발에 족쇄를 채우고 지하실에 감금하는 등 억압적 통제 위주 비인도적 조치들을 규정하고 있는 1772년의 나치블법(the Knatchbull Act)에 대한 비판이 점차 높아졌다.

① 1782년 길버트법(Gilbert Act, 1782)

노동능력이 있는 빈민은 가정 근처의 지주, 농업경영자, 기타 고용주 등에게 임금보조수당을 지원하여 고용하게 함으로써 시설 외 구제 방식을 적극 채용하였다. 길버트법은 과거 지속되어 온 빈민법의 억압적 성격이 완화되고 원외구제를 확대시키는 계기가 되었다는 점에서 큰 의의를 찾을 수 있다.

② 1795년 스핀햄랜드 제도(Speenhamland system, 1795)

1795년 정주법이 폐지되고, 같은 해 식품의 가격과 자녀의 수에 따라 등급화하여 임금을 보충해주기로 결정한 일이 계기가 되어 스핀햄랜드 제도로 부르게 되었다. 이 제도는 노동의욕이 있는 빈민을 대상으로 최저생활비를 정하여, 임금의 부족분을 구제비로부터 보충하는 임금보조제도이다. 스핀햄랜드 제도는 저임금에 의한 빈곤문제를 임금보충을 통해 해결하려고 했다는 점에서 빈곤을 도덕적 타락과 연관시켰던 종래 빈민법의 시각과는 대조적이었다. 하지만 빈민구제에 드는 비용의 증대, 교구 내 개인 간 세금부담의 불공평성 문제가 제기되었고, 노동의욕에 악영향을 미친다는 비난을 받게 되어 빈민법 개정의 빌미를 제공하였다.

(3) 자유방임주의와 민간 복지활동의 확대에 따른 빈민법의 개정시대

18세기 후반~19세기 전반의 산업혁명은 사회경제적으로 많은 변화를 초래하였다. 산업화의 진전으로 도시화가 진행되었고, 인구의 대량 이동이 이루어졌다. 임금노동을 기초로 하는 사회경제적 변화는 빈민과 부랑인의 증가를 야기하였고, 자본주의적 사회질서가 자리 잡아가는 과정에서 개인주의적이고 공리주의적인 가치가 사회를 지배하게 되었다. 특히 자유방임주의 사고방식과 기독교의 근로와 절약의 가르침이 연결되어 빈곤은 개인의 나태한 성격이나 무능력의 결과이며 개인적 책임으로 간주되었다. 이러한 자유방임주의에 기초한 빈곤관은 1834년 빈민법의 개정과 산업자본가와 중산층을 중심으로 한 민간자선활동, 19세기 후반에 진보적인 지식인들을 주축으로 한 페이비언들의 사회개혁운동으로 나타나게 되었다.

① 1834년 개정 빈민법

1832년 선거결과 산업자본가 계급이 전통적인 토지귀족들보다 다수 의석 차지하였다. 스핀햄랜드 제도로 의한 구빈비용 증대, 빈민의 양적 확산 및 근로의욕 감소 등의 비판이 제기되면서 빈민법의 조사를 위한 왕립위원회가 설치되었다. 왕립위원회의 조사 결과 보고서는 스핀햄랜드 제도 하에서 시행되었던 임금보충제 폐지, 모든 노동가능자들에 대한 구호는 작업장 구호로 대체, 병자, 노인, 무능력자, 아동을 가진 과부에게만 원외구호를 제한, 교구단위의 구빈행정을 빈민법 연합으로 조정, 구호 수준을 지역사회의 가장 낮은 임금 수준보다 낮게 책정, 구빈행정을 통제하는 중앙통제위원회 설치 등을 제안하였다. 이와 같은 제안들을 반영하여 1834년 빈민법의 전면적인 개정을 단행하였다.

개정 빈민법의 구빈 3대 원칙은 첫째, 전국적인 균일처우의 원칙으로 개별 교구단위의 행정·재정 체계로부터 몇 개의 교구를 하나로 묶어 "구빈연합회"를 편성하여 중앙에서 조정하는 전국적인 구빈행정체계로 전환한 것이다. 이 원칙으로 빈민법에 의한 노동력의 자유로운 이동이 가능하게 되었다. 둘째, 열등처우의 원칙으로 구빈 수혜자의 보호 수준이 독립 노동자의 최저생활 수준보다 낮아야 한다는 것으로, 오늘날까지도 대개의 공공부조제도의 주요 원리로 작용하고 있다. 셋째, 작업장 테스트 제도의 도입으로 노동능력이 있는 모든 빈민에 대하여 원외구제를 폐지하고, 빈민법에 의한 구제를 원하는 누구나 작업장에 수용되도록 함으로써 노동의욕을 테스트하는 제도이다. 그러나 연령의 높고 낮음이나 장해, 질병의 구분 없이 일률적으로 수용하는 작업장은 공포의 집으로 불리게 되었다. 이에 열등처우의 원칙과 작업장 테스트 제도는 구제신청의 억제수단이 되고 말았다.

② 민간복지활동의 발달: 자선조직협회(C.O.S.)와 인보관운동

개정 빈민법이 시행된 이후 3년 만에 빈민구제 비용이 1/3 이상 감소하는 등 빈곤문제에 대한 국가책임이 퇴조하였다. 한편 19세기 후반 영국에서는 민간부문의 자선활동이 활발히 전개되었으며, 1860년대 이후 박애정신에 기초한 민간의 빈민구제활동이 활발해지고 많은 자선단체가 활동하기 시작하였다.

• 자선조직협회

민간에서는 1869년에 "구걸방지 및 자선조직을 위한 협회"를 설립하였으며, 이후 명칭을 "자선조직협회"로 변경하였다. 이 협회는 다수 민간자선기관들의 서비스 중복과 재정 낭비를 방지하기 위하여 민간자선기관과 단체들 간의 연락, 조정, 협력의 조직화와 빈민구제의 적정화를 시도하였다. 자선조직협회운동에서의 빈곤관은, 빈곤책임은 개인에게 있으며 공적 구제활동이 빈민의 자

존심을 파괴하며 의존성을 심화시킨다는 논리에 기초하였다. 자선조직협회의 주된 활동초점은 자원봉사자인 우애방문가(friendly visitor)들을 활용하여 빈민들의 생활 방식을 변화시킬 수 있도록 인격적 감화를 주는 데 있었다. 우애방문가는 사회복지사(social worker)의 전신으로 볼 수 있으며, 이러한 자선조직협회의 활동은 이후 미국으로 건너가 전문사회사업의 개별사회사업(case work) 실천방법으로 발전하였다.

• 인보관운동

19세기 영국의 도시빈곤문제에 대한 다른 중요한 접근은 인보관운동이다. 인보관운동은 산업화의 진전에 따라 도시로의 인구가 집중되고, 그 결과 도시빈민지역의 형성과 그에 따른 사회문제를 해결하기 위한 운동이었다. 1880년대 성공회 사제인 바네트(Samuel Barnett)와 옥스퍼드 및 캐임브리지 대학의 학생들에 의하여 시작된 런던 동부지역의 토인비 홀(Toynbee Hall)이 유명하였다. 인보관운동은 자선조직협회가 "좋은 일 하는 상류층 부인"의 이미지인 것과는 달리, 교사로서, 노동자로서, 지식인들이 빈곤지역 주민들과 함께 생활하며, 우애적인 접촉 속에서 함께 학습해 나가는 사회개량운동이었다. 인보관운동은 빈곤의 원인을 빈민들에게 찾는 것이 아니라, 빈곤문제를 발생시키는 빈민의 환경과 제도의 결함에 주목하였다. 도시노동자들의 빈곤문제에도 체계적으로 접근하여 20세기 초 영국의 빈민법 개혁과 자유당의 사회입법 형성의 흐름을 주도하였다. 이러한 빈곤관의 전환에는 노동자의 빈곤화를 사회현상으로서 과학적으로 연구한 부스의 런던조사, 라운트리의 요크시 조사도 중요한 역할을 하였다. 빈곤의 원인을 개인적 특성보다는 사회체제적 특성에 초점을 두었고, 사회문제에 대하여 보다 획기적인 대책 마련이 필요함을 알리는 데 기여하였다. 인보관 운동은 미국으로 건너가 전문 사회복지실천의 집단사회사업(group work)과 지역사회조직(community organization)으로 발전하였다.

(4) 베버리지 보고서와 복지국가의 출현 시기

20세기 들어서면서 영국에서는 자본주의와 경제발전이 가속화되었다. 그러나 노동자의 생활은 향상되지 않고 노사 간의 갈등은 심화되었다. 이 과정에서 자유방임주의는 쇠퇴하고 국가의 정책적 개입이 요구되었다. 자유당이 집권하면서 1905년 빈민법 체제의 조사와 개혁을 위한 왕립위원회를 설치하였다. 왕립위원회는 빈민법 체제를 부분적으로 개선하는 데 초점을 둔 다수파보고서와 빈민법을 철폐하고 노동 가능한 빈민들을 대상으로 한 완전고용정책을 요구한 소수파보고서 즉, 두 개의 보고서를 발간하였다. 자유당 정부는 웹부부 등의 소수파보고서의 제안대로 빈민법은 공공부조로서 존속시키고, 빈민에 대한 징벌적인 성격을 없애고 빈곤의 원인에 대하여 사회적으로 대처하는 방침을 선택하였다. 이후 1908년에 노령연금법을 제정하여 무기여(non-contributionary) 국가연금으로 70세 이상의 노인들에게 연금을 지급하였고, 1911년에는 국민보험법을 제정하여 노동자를 위한 의료보험과 실업보험 등 부조 방식에서 벗어난 보험 방식의 원리를 제도적으로 접근하여 사회복지의 대상이 빈곤계층에서 노동자와 일반국민에게로 확대하여 공공부조 중심으로부터 사회보험 중심으로 사회복지제도가 발전되는 계기를 마련하였다. 또한 1934년에 실업법을 제정하여 제1차 세계대전에 이어 1929년 세계대공황의 여파에 따른 경제 불황과 저임금, 실업문제 등에 지속으로 대응하였다.

- 1942년 〈사회보험과 관련 제반 서비스에 관한 보고서〉(일명 '베버리지 보고서') 출간

영국은 제2차 세계대전을 전후하여 복지국가로 발전하는 새로운 전환기를 맞이하게 된다. 케인즈주의가 자유방임주의적 경제관리 방식을 대체하면서 국가개입을 강조하였다. 전쟁 수행으로 사회적 유대감 조성 및 국민 상호간의 헌신과 차별 없는 상호부조 정신을 고취하고 사회개혁에 대한 국민적 열망을 담

아 전시 연립내각은 사회재건의 청사진으로 베버리지 보고서를 출간하였다.[3)]

베버리지 보고서에서 제시된 사회보험제도의 6대 원칙은 다음과 같다.

① 정액급여(flat-rate benefits)의 원칙: 사회적 위험의 성격에 관계없이 그리고 과거소득의 많고 적음에 상관없이 기본적 욕구를 충족시키는 국민 최저선은 모든 국민에게 동일하게 적용

② 정액기여(flat-rate contribution)의 원칙: 소득의 높고 낮음에 관계없이 동일한 사회보험료를 납부

③ 행정책임통합(unification of administrative responsibility)의 원칙: 난립된 행정체계의 비효율성을 극복하기 위해 사회보장성을 신설하고 지방마다 단일한 행정국을 설치하여 모든 피보험자를 포괄

④ 급여충분성(adequate benefits)의 원칙: 급여 수준과 급여지급 기간은 충분한 정도로 제공

⑤ 포괄성(comprehensiveness)의 원칙: 사회보험은 일반적인 사회적 위험 및 전 국민을 포괄

⑥ 피보험자 분류(classification)의 원칙: 사회보험 대상인 모든 국민을 피고용인, 고용주 및 독립노동자, 가정주부와 같은 무보수서비스 종사자, 비취업자, 15세 미만의 취업연령 미만자, 취업연령을 초과한 퇴직자로 구분하여 접근하는 것이다.

3) 베버리지 보고서의 주요내용은 국민생활에 불안을 가져오는 5대 사회악(궁핍, 질병, 무지, 불결, 나태) 중 궁핍으로부터의 자유를 보장하는 사회보장제도의 틀을 제시, 사회보장제도의 핵심은 사회보험제도로서, 사회보험제도의 원리를 체계적으로 확대 적용하면 모든 국민을 궁핍으로부터 해방시킬 수 있음, 빈곤을 추방하기 위해 강제적인 사회보험을 일차적으로 시행하고 이에 포괄되지 못하는 경우를 대비해 국민부조(공공부조) 장치를 마련, 국가가 제공하는 사회보장의 목표는 국민최저선(national minimum)을 달성하는 것에 둔다.

베버리지는 사회보험의 6대 원칙이 구체화되기 위해서는 ① 모든 아동에게 보편적으로 제공되는 아동수당제도, ② 무료 보건서비스 제공(국민건강서비스제도), ③ 완전고용을 위한 정부의 노력이 반드시 전제되어야 할 3가지 필수조건임을 강조하였다.

(5) 제2차 세계대전 후 복지국가의 변화와 재편 시기

제2차 세계대전 직후 집권한 노동당 정부는 베버리지 보고서의 사회보험 6대 원칙과 3가지 전제조건을 위한 입법화를 추진하여 1945년에 가족수당법, 1946년에 국민보험법, 1948년에 국민부조법을 제정하여 베버리지 보고서의 내용을 구체화한 '요람에서 무덤까지'로 일컬어지는 복지국가 시대를 개막하고, 전후 복지국가체제 수립 이후 안정적인 경제성장으로 복지국가에 대한 국민적 합의를 유지하였다. 정치적으로는 보수당과 노동당 양당 정치 하에서 경쟁적으로 사회복지가 확대되어 사회민주주의 중도 이념에 기초한 복지국가가 지속적으로 발전하였다. 그러나 1970년대 이후 세계석유파동과 경제침체로 영국 복지국가의 시련기를 맞이하였고, 1970년대 후반 이후 경제위기 속에서 복지국가 위기론이 등장하였다. 우파는 효율성의 실패, 좌파는 평등의 실패를 근거로 복지국가체제를 공격하였다. 1979년에 집권한 대처의 보수당 정부는 신보수주의 또는 신자유주의 이념에 기초하여 복지국가의 개혁을 추진하였다. 이러한 개혁은 사회복지 분야에서 복지의 혼합경제 또는 복지다원주의라는 이념에 의하여 추진되었다. 탈규제(deregulation), 유연화(flexibility)라는 시장중심적인 문제해결 방식을 선호하면서 국가개입의 축소, 복지제도의 수급자격을 엄격히 하거나 급여범위 등을 축소시켰다. 대처 정부 이후 메이저 정부로 이어지는 18년의 집권기간 동안 보수당은 보편주의로부터 잔여주의로의 전환을 위해 복지국가의 근간을 해체시키려는 노력을 강화하였다.

1997년 집권에 성공한 노동당 블레어 정부는 자본의 세계화에 따른 노동시장 동요, 인구 고령화, 이혼, 낮은 출산율 등 가족체계의 불안정, 노동자의 동질성 약화, 실업 등 복지국가의 도전요인에 직면하게 되었다. 블레어는 '조세와 지출중심의 국가복지주의'를 특징으로 하는 전통적인 사민주의의 전략과 시장중심의 문제해결 방식을 특징으로 하는 대처주의를 동시에 지양할 수 있는 새로운 패러다임인 '제3의 길(the third way)'을 제시하였다. 이에 기초하여 복지국가체제도 복지와 고용을 결합한 '고용촉진적 복지국가(employment-first welfare state)'를 구축하기 위한 복지개혁을 단행하였다.

블레어 정부의 복지개혁은 과거 보수당 정부에서 추진되었던 '엄격한 급여체제'를 답습한 경향이 있지만, 빈곤의 예방과 사회적 배제를 극복하려는 정책적 노력은 보수당 정부와는 차별성 있었다. 블레어 정부는 노동가능한 사람들의 급여에 대한 책임과 의무를 강조하였으며, 사회보장급여가 개인행동에 대해 부정적인 효과를 미친다는 점을 수용하면서 권리중심의 복지공여체제를 벗어나 시민과 국가 간의 새로운 계약을 천명하였다. 블레어 정부의 복지개혁을 대표하는 뉴딜 프로그램은 '일을 위한 복지'로서 제3의 길의 핵심적인 이념을 구현한 프로그램이라고 할 수 있다. 2007년에 등장한 노동당의 브라운 정부도 취업가능성을 높이는 방향으로 적극적인 노동정책을 구사하였다. 2010년 집권한 보수당은 제3당인 자민당과 연립정부를 구성하였으며, 캐머런 연립정부는 재정적자문제를 해결하기 위해 대대적인 긴축정책을 추진하였는데 긴축정책의 기조는 복지 분야에서 복지 삭감 및 급여수급조건의 강화, 노동시장참여에 대한 강한 인센티브 제공 등으로 구체화하였다.

2016년에 보수당의 메이 총리가 취임했으나, 복지정책에서의 큰 변화는 이루어지지 않았다. 메이 정부는 외로움(loneliness)을 심각한 사회문제로 인식하여 이를 담당할 부서를 2018년에 신설하였고, 2019년에는 국가보건의료서비스(NHS)의 장기계획을 발표하여 보건의료와 사회적 돌봄 간의 연계 강화, 개인 맞춤형 돌봄서비스의 제공, 통합돌봄체계의 전국적 시행 등 구체적인 개혁

과제를 제시하였다. 2019년에 존슨 총리가 취임하였으나 복지정책에서의 큰 변화는 없는 상태이다.

2) 미국의 사회복지발달사

미국의 사회복지는 특히 개인책임, 노동윤리, 자조, 의존성 탈피 등의 자유주의적 가치를 강조하고 있다. 자유주의 정신은 국가의 개입에 의한 사회복지의 제도화가 지연되고 전문사회사업의 발전이 두드러진 특징으로 나타난다. 미국 정부는 빈곤의 문제를 새로운 대륙, 새로운 사회에 대한 부적응 때문으로 간주하였으며, 노동능력이 있는 빈민이란 개념을 수용하기가 쉽지 않을 정도로 개인의 책임을 강조하는 경향이 강하였다. 사회문제에 대처하기 위해 독자적인 입법을 통한 대응보다는 영국에서 도입한 빈민법 체제를 답습하여 구빈원에 의한 최소한의 빈민구제활동을 실시하였다. 일반적으로 미국의 사회복지 발달사는 대공황 이전 시기(개인주의와 민간 복지활동), 대공황과 사회보장법 제정 시기(연방정부의 사회복지 개입), 위대한 사회(Great Society)와 사회복지의 확대 시기, 신보수주의의 공세와 사회복지의 변화 시기로 구분할 수 있다.

(1) 대공황 이전 시기: 개인주의와 민간 복지활동

미국의 지방분권주의와 개인주의 전통은 19세기 후반에 스펜서와 그의 제자 섬너의 적자생존이론에 기초한 사회진화론이 사상적으로 강력하게 영향력을 미쳤다. 사회진화론에 따르면, 사회질서는 자연질서와 마찬가지로 자연법칙에 의해 지배되고 인간사회의 생존경쟁은 불가피한 것이다. 경쟁에서 가장 잘 적응하는 자만이 사회적으로 유리한 위치에 오를 수 있으며, 빈곤하다는 것은 사회적 실패로서 그 책임 역시 개인에게 있다고 본다. 이러한 상황에서 빈곤문제에 대한 대처는 국가책임이라기보다는 민간자선기관들의 활동에 의존해 왔다.

자선조직협회의 또 다른 기능으로 다양한 사회문제의 개선과 해결을 위해서는 자선기관들과 협력적인 계획을 모색하고, 새로운 사회복지기관을 설립하는 활동도 모색하였다. 특히 자선조직협회 운동은 빈민을 돕는 이론적 기반으로서 적자생존이론에 기초한 사회진화론(Social Darwinism)을 수용하였고 이를 과학적 자선이라고 불렀다.

① 민간 복지활동: 자선조직협회와 인보관운동

미국에서 인보관 운동은 뉴욕시 근린길드를 결성하면서 시작하였다. 1889년에 뉴욕에 대학인보관이 설립되었으며, 1889년에 제인 아담스가 시카고에 헐하우스를 건립하였다. 이후 인보관 운동은 전국의 주요 도시로 급속히 확대되었다. 도시를 중심으로 전개된 인보관 운동의 주요 클라이언트들은 미국생활에 잘 적응하지 못하는 유럽에서 이민 온 사람들이나 농촌에서 도시로 이주한 사람들이었으며, 주요 활동내용은 교육과 문화에 집중되었다. 인보관 운동가들은 자선사업가로 불리기보다는 사회개혁가로 불리기를 원하였으며, 그들의 관심은 빈민들의 구제를 직접 실행하는 것보다 빈곤의 원인 제거, 도시생활 및 노동환경의 개선, 사후치료보다는 사전예방적인 방법을 우선시 하였다. 인보관 운동은 개인적인 가치보다는 개인을 둘러싸고 있는 사회적 환경을 개선시키는 데 초점을 두었으며, 이후 지역주민 스스로 문제를 해결할 수 있도록 돕는 지역사회조직 등과 같이 사회복지전문직의 발달에 크게 기여하였다.

② 사회보험제도 도입 논의와 실패

20세기 초부터 제1차 세계대전이 발발하기까지 사회보험 도입에 관한 논의가 전개되었다. 사회보험 도입에 관한 운동은 실패로 귀결되었지만 미국 사회복지 발달에 있어 주목할 만한 활동이었다. 정치권보다는 민간 분야에서 활발하게 진행되었으며, 선거과정에서 사회보험 도입을 선거이슈로 제기하였으나 선거에서 패배함에 따라 더 이상의 진전된 논의가 이루어지지 않았다. 1911년에 뉴욕 주에서 산업재해보상보험법이 만들어진 후 산업재해보상보험제도는 전국적으로 확대되었다. 사회보험운동의 두 번째 목표는 의료보험 도입이었다. 이 목표는 의사협회와 민간보험회사의 조직적인 반대로 좌절되었다.

(2) 대공황과 사회보장법 제정 시기: 연방정부의 사회복지 개입

대공황의 충격은 미국이 국가 책임에 의한 사회복지제도를 출발시키는 계기가 되었다. 이러한 경제위기 상황에서 1933년에 출범한 루스벨트 행정부는 신국가주의 이념에 기초하여 뉴딜정책을 경제위기의 극복 수단으로 시행하였다. 케인즈의 수요중심 경제이론은 뉴딜의 수요확대정책의 이론적 기초를 제공하였다. 1935년에는 사회보장법을 제정하였는데 이 법에 의해 사회보장이란 용어가 법적으로 사용되었다. 사회보장법의 제정은 미국 사회복지 발달과정에서 새로운 전기를 마련한 것이며, 사회복지에 대한 연방책임을 공식화한 것이다. 주요 내용은 3가지로 ① 연방정부가 운영하는 새로운 사회보험으로서의 노령연금(Old Age Insurance)과 실업보상(Unemployment Compensation) 제도, ② 노인, 맹인, 요보호아동에 대한 범주적 공공부조, ③ 아동보호, 직업재활, 공공보건, 장애아동서비스 등 보건과 복지서비스로 구성되었다. 사회보장법은 연방정부의 개입에 의한 사회보장제도로서 미국의 사회복지 발달에 크게 기여하였다. 그러나 영국의 국민보험과 비교하여 건강보험이 포함되지 않았으며, 자영업자나 농민이 제외되는 등 적용대상과 적용위험에 있어서의 포괄성이 부족하였다. 또한 사회보험도 기여금에 의한 자활을 강조하는 계약적 성격이 강하여 여전히 자유주의 전통이 반영되어 있었다. 한편, 20세기 전반에는 사회문제의 해결을 위하여 전문사회사업도 크게 발전하였다. 프로이트 심리학의 영향을 받은 개별지도 방법의 전문화가 이루어지고, 집단지도와 지역사회조직이 사회사업실천방법으로 분화되어 발전하였으며, 대학에서 사회사업교육이

체계적으로 발전되었다.

(3) 위대한 사회(Great Society)와 사회복지의 확대 시기

제2차 세계대전 후 세계경제는 호황을 누리며 '풍요와 번영'의 시대를 구가하였다. 1964년에 빈곤과의 전쟁이 선포되기 전까지 빈곤과 같은 사회문제는 종식될 것이라는 낙관적 견해가 주를 이루었다. 그러나 빈곤문제는 해결되지 않으면서 심각한 사회문제로 등장하였다. 1960년대 '풍요 속의 빈곤' 현상 속에서 흑인민권운동, 반전운동, 복지권운동, 학생운동 등 사회개혁에 대한 요구가 급증하였다. 1963년에 집권한 존슨 행정부는 '위대한 사회'를 추구하면서, 1964년에 경제기회법에서 '빈곤과의 전쟁'을 선언하였다. '빈곤과의 전쟁'에 의해 수행된 빈곤퇴치 프로그램들은 빈곤 원인을 개인의 실패, 동기부족이나 개인의 선택결과로 설명하는 기존 시각에서 벗어나 부적절한 사회제도에 기인한다는 관점에 입각하고 있다는 점에 의의가 있다. 1965년에는 연방과 주정부가 공동으로 공공부조 수급자인 빈민을 대상으로 하는 부조방식의 의료보장제도인 메디케이드(Medicaid)와 65세 이상의 노인이나 연령과 관계없이 장애인을 대상으로 하는 보험 방식의 의료보장제도인 메디케어(Medicare)를 도입하였다. 1970년대 초반까지 사회보장제도가 지속적으로 확대되고 재정지출이 증가하였으며, 사회복지의 양적 확대가 이루어졌다.

(4) 신보수주의의 공세와 사회복지의 변화 시기

1970년대 후반부터 경제 불황, 높은 인플레이션과 실업률, 사회보장의 재정 확대로 국가의 재정적자 문제를 해결하기 위한 개혁조치가 필요하게 되었다. 1980년에 집권한 공화당의 레이건 대통령은 신자유주의 경제학자의 공급중시 경제이론에 기초하여 '레이거노믹스(Reaganomics)'로 불리는 '작은 정부'를 지향하고 연방정부의 재정지출을 삭감하였으며, 기업에 대한 조세감면으로 경기를 부양하는 등 시장경제를 강화하는 개혁 조치를 취하였다. 1983년에 사회보장법을 개정하여 급여 증가의 억제, 사회보장세의 인상, 퇴직 연령의 연장, 사회복지체계의 민영화 등의 개혁조치를 단행하였다. 1993년에 집권한 민주당의 클린턴 대통령은 '기존 복지체제의 종식'을 선언하면서 복지개혁을 추진하였다. 미국에서는 빈민층을 대상으로 하는 메디케이드와 노인층을 대상으로 하는 메디케어라는 의료보장제도가 있지만, 전국민을 대상으로 하는 공공의료보험제도는 없었다. 이러한 현실을 고려하여 공공의료보험제도 도입을 목적으로 개혁을 추진하였으나 실패하였다.

1996년에는 미국 사회복지입법 역사상 획기적이라고 평가받는 '개인책임과 노동기회조정법'을 제정하였다. 이 법에 따라 주정부에 주어지던 연방보조금이 범주적 보조금(categorical grants)에서 포괄적 보조금(block grants)으로 변경되었으며, 미국의 대표적 공공부조인 아동부양가족세대지원제도(AFDC: Aid to Family with Dependent Children)가 폐지되고, 빈곤가구에 대한 한시적 지원제도(TANF: Temporarily Assistance to Needy Family)로 대체되었다. TANF의 실시로 수급기간의 제한과 근로의무의 강화 등으로 빈곤율의 감소, 근로의욕의 제고, 노동시장참여율 촉진 등의 성과에도 불구하고, 복지권의 확대보다는 의무를 강조하게 된 것이다. 2001년에 집권한 공화당의 부시 행정부에서도 신자유주의적 정책기조가 더욱 공고히 되면서 복지재정지출의 축소, 민간책임의 강조, 사회보장재정지출의 효율화를 추진하는 등 시장경제 이념에 기초한 정책이 지속적으로 유지되었다. 2009년에 집권한 민주당의 오바마(Barack Hussein Obama) 정부는 조세 형평성을 제고하고 사회보장제도의 유지, 은퇴자의 보호, 양질의 일자리 창출, 의료체계의 개혁 등을 정책과제로 설정하여 복지개혁을 추진하였다.

한편, 의료보장의 사각지대에 있는 국민들을 위해 공공의료보험 개혁을 시도하였고, 공화당을 비롯한 보수진영의 반대에도 불구하고 2010년에 오바마케어로 불리는 '환자 보호와 적정가격의료보장법안'을 제정함으로써 국민의료보험시대를 열었다. 2017년에 집권한 공화당의 트럼프(Donald John Trump) 정부는 저소득층에게 제공되는 보충적 영양보조 프로그램(SNAP, 일명 Food Stamps) 및 의료지원 프로그램인 메디케이드(Medicaid)를 축소한 반면에, 근로연계형 복지 강화를 통해 빈곤탈출에 치중하였다. 또한 기존 이민법상 비자·영주권 발급기준을 대폭 강화하였다.

2. 한국 사회복지발달사

박종삼 교수는 2016년 1월 한국사회복지역사연구회 창립 기조강연에서 "우리나라 사회복지 역사의 사상과 활동, 사회적 공헌 등은 그것들이 스스로 사회와 공유되는 것이 아니라 역사연구가를 만나게 될 때 공적인 역사로 사회와 공유하게 된다. 그리고 대부분의 우리나라 사회복지 역사는 아직도 암흑 속에 갇혀 있다."고 말했다. 또한 선배들의 활동내용들이 생명을 되찾고 세상에 드러나기 위해서는 그 역사적 사실들이 사회복지 역사연구가들을 만나서 기록이 될 때"라고 하였다. 이어 "사회복지가문의 DNA, 뼈대, 정체성, 뿌리 등의 전통을 기록할 수 있는 전문 사회복지 역사가의 배양은 사회복지교육과 실천현장가들의 교육의 핵심적 과제 중의 하나가 되어야 한다."고 제안했다.[4)]

1) 조선시대 이전의 사회복지 제도

조선시대 이전의 사회복지발달사는 각종 사회복지관련 제도를 통해서 살펴볼 수 있는데, 사회복지관련 제도는 창제도, 견감제도, 구휼제도, 의료제도,

---

4) 한국사회복지사협회 50년사 편찬위원회(2017). 한국사회복지사협회 50년사. p.84

민간의 복지활동으로 구분할 수 있다(임정문 외, 2021).

(1) 비황제도: 창(倉)제도

국가는 보릿고개 즉, 춘궁기에 곡식을 대부하는 사업을 제도화시키고 이를 각종 창(倉)제로 발전시켰다. 국가가 춘궁기에 곡식을 체계적으로 대부한 역사적 기록은 고구려의 진대법에서 찾을 수 있다. 고려시대에 창제는 더욱 발전하였는데, 대표적인 것은 흑창(黑倉), 의창(義倉), 상평창(常平倉), 유비창(有備倉) 등이 있다. 조선시대의 창은 전체적으로 고려의 창제를 답습하여 상평창과 의창이 대표적이었고, 사창(社倉)이 발달했다는 것이 특징이다. 창은 춘궁기와 흉년에 대비하는 비황제도로써 물가조절 기능, 군량미의 비축, 지방재정의 수입원, 왕궁·사찰·지주의 재력 비축, 구휼기관 등 다목적용으로 활용되었다. 오늘날도 정부가 추수기에 공판을 통해서 벼를 수매하고, 이를 비축하였다가 연중 일정한 가격으로 판매하고, 군량미로도 사용하는 이른바 '정부미'는 오랜 전통을 가진 창제도와 관련되어 있다.

(2) 구황제도: 견감(蠲減)제도

춘궁기에 대비한 제도가 비황제도(창제도)였다면, 구황제도(견감제도)는 수해 및 한해와 같은 자연재해를 대비한 제도이다. 구황제도는 정부가 비축하고 있는 관곡을 재해를 당한 백성에게 무료로 배급한다는 점에서 곡식을 빌려주는 비황제도의 진대나 창제와 차이가 있다. 자연재난을 당할 경우에는 토지에 대한 세금, 군역, 부역, 형벌 등을 광범위하게 면제하거나 감면하였다. 조선의 구황제도를 담당하던 기관은 진휼청과 선혜청으로 주요 업무는 자연재해 이외에도 매우 어렵고 가난한 사람을 보살펴주는 진궁(환과고독노: 홀아비, 과부, 고아, 무자식, 노인의 생계지원), 애상(빈곤하여 장례를 치루지 못하는 사람의 장례비 지급), 관질(불구폐질자, 시각·지체·청각언어·정신장애인, 나환자, 간질환자 등 자력으로 의식주를 해결하지 못하는 병자의 생계지원) 등을 비롯하여 작송엽죽법(솔잎으로 죽을 쑤어 먹는 것을 가르침), 작유피병법(느릅나무 껍질로 범벅을 만들어 먹는 방법을 가르침), 작장법(간장, 된장, 고추장 등을 만드는 방법을 가르침) 등 솔잎, 느릅나무 껍질, 삼 등을 이용하여 먹을거리를 만드는 법, 술을 빚고 장을 만드는 법 등을 보급, 장려하였으며 그 제조 방법까지 일반 백성들에게 널리 알렸다.

(3) 구휼제도

'환과고독노병'은 어느 사회에서나 가장 어렵게 사는 사람들을 대표했고, 우리 전통사회에서는 환과고독을 사궁(四窮)이라고 하여 가장 어렵게 사는 사람들의 대명사처럼 사용하였다. 환과고독은 가족의 보호를 받기 가장 어려운 사람이므로 상시적인 요보호대상자라고 볼 수 있다. 환과고독의 무의무탁한 빈민을 구제하는 사궁진휼(四窮賑恤)은 삼국시대 이래로 여러 군주들이 본보기로 친히 방문하여 의류, 곡물 및 관재 등을 급여하고 구제하였다. 환과고독 중에서도 노동력이 아직 없는 고아와 이미 상실된 독거노인은 더욱 큰 관심의 대상이었다. 자휼전칙은 요보호아동을 국가가 보호할 때, 그 우선순위를 친족부양, 무친족자의 관부유양(官府留養), 민간 임의수양으로 하는 등 이후 우리나라 수용보호정책의 근간이 되었다.

(4) 의료제도: 구료제도

고려시대에는 의료보호를 중시하여 문종 때 동서대비원을 양경도에 설립하고, 예종 때에는 혜민국을 설치하여 환자들에 대한 시약 및 구호를 제공하였다. 고려시대의 대표적인 의료기관(구료기관)으로는 동서대비원(東西大悲院)뿐만 아니라, 제위보(濟危寶), 혜민국(惠民局) 등이 있었다. 조선시대의 의료보호사업의 특징은 의료보호 그 자체보다 의료기관과 의료원의 증설, 의약품의 개발과 제도화, 의술의 개발과 의학서의 저술활동 등을 장려한 것이었다.

(5) 민간의 복지활동

전국 각지에서 살고 있는 일반 백성들은 계, 두레, 품앗이, 향약 등 자생적인 상호부조 방식으로 어려움을 극복하거나, 사찰 등의 도움으로 재난을 이겨내야 했다. 고려시대에 불교는 국교로서 사회에 큰 영향을 주었고 구휼사업에도 기여하였다. 민간의 자발적인 상호부조는 조선시대에 보다 체계적으로 제도화되었는데, 그 대표적인 것이 계(契)와 향약(鄕約)이다. 계가 경제적 이해관계와 친목을 도모하는 자생적인 주민조직이라면, 향약은 조선중기 이후 유림을 중심으로 한 도덕적 결사체의 성격이 강했다.

2) 해방이후 사회복지의 발달 단계

일반적으로 해방이후 우리나라 사회복지의 발달 단계는 시설보호의 제도화와 공공부조의 시도 단계, 공공부조의 체계화와 사회보험의 시도 단계, 사회보험의 보편화와 재가복지의 정착 단계, 사회복지제도의 재편 단계 등 4단계로 구분할 수 있다(임정문 외, 2021 재구성).

(1) 시설보호의 제도화와 공공부조의 시도 단계

우리나라 근현대 사회복지의 발달은 시설보호로부터 시작되었다. 시설보호는 조선말부터 구휼제도에 의하여 시도되었고 일제하에서 소규모로 시행되었지만, 8.15해방 이후 전통 사회에서 가장 도움을 필요로 한 환과고독 중에서도 부모 없는 고아와 자녀 없는 독거노인을 시설에서 보호하는 일이 사회사업이란 이름으로 시작되었다. 특히 6.25전쟁을 통해서 시설보호는 폭발적으로 늘어났다. 전세가 호전되고 휴전협정이 성립된 후에는 종래의 구호방침을 변경하여, 난민정착사업, 주택사업, 조선구호령에 의한 공적 부조사업, 천재지변에 대한 일시적인 응급구호사업 등에 주력하였다.

(2) 공공부조의 체계화와 사회보험의 시도 단계

우리나라 사회복지의 발달 단계에서 1960년대와 1970대는 공공부조가 체계화되고 초보적인 수준이지만 사회보험이 시도되었다는 점에서 그 특징을 찾을 수 있다. 정부는 공공부조 제도의 체계화를 위해 생활보호법(1961년), 군사원호보상법(1961년), 국가유공자와 월남귀순용사 특별보호법(1961년), 재해구호법(1962년), 자활지도사업에 관한 임시조치법(1968년) 등을 제정하였으며, 아울러 아동복리법(1961년), 윤락행위등방지법(1961년), 사회복지사업법(1970년) 등의 법을 제정하였다. 아울러 정부는 사회보험제도를 도입하여 공무원연금법(1960년), 선원보험법(1962년), 군인연금법(1963년), 산업재해보상보험법(1963년), 의료보험법(1963년) 등 사회보험법을 제정하였다.

(3) 사회보험의 보편화와 재가복지의 정착 단계

1977년 7월 500인 이상 근로자가 있는 사업장에 의료보험이 당연 적용되면서부터 사회보험의 보편화 시대가 개막되었다. 당초 의료보험법은 1963년에 제정되었지만 임의적용방식으로 되어 본격적으로 시행되지 못하다가 1976년 12월에 전면 개정된 후 반 년 만에 시행되었다. 의료보험은 당연적용 12년 만인 1989년 7월에 전 국민 의료보험의 시대를 열었다. 1988년에 도입된 국민연금법은 이미 공적 연금에 가입하고 있는 공무원, 군인, 사립학교 교직원을 제외한 18세 이상의 모든 국민을 피보험대상자로 규정하였다. 1995년에 「고용보험법」(1993년 제정)이 시행됨에 따라서 산업사회에서 가장 대표적인 4대 사회보험이 모두 시행되었다. 2000년 7월부터는 산업재해보상보험의 적용대상이 1인 이상 사업장으로 확대되었다. 이 시기는 사회보험의 보편화와 함께 재가복지가 정착되기 시작하였다. 공공부조는 「국민기초생활보장법」(1999년)이 2000년 10월부터 시행됨에 따라서 국민은 생존권을 보장받을 수 있게 되었다. 1987년에 생활보호행정을 전담할 「사회복지전문요원」이 시범 임용되었다가 이후 점차 확대되었다.

(4) 사회복지제도의 발전과 재편 단계

2000년대 들어오면서 국내·외적인 정치·경제·사회적 상황이 급변하는 가운데 사회복지분야에서 새로운 문제들이 나타나기 시작하였다. 크게 2가지 재편 양상으로 나타났는데 ① 생산적 복지국가와 근로연계복지를 강조하는 흐름, ② 사회수당의 도입과 사회서비스의 확대이다. 첫 번째 흐름의 가장 대표적인 정책으로는 근로연계복지 정책을 꼽을 수 있는데 여기에는 국민기초생활보장제도의 자활사업과 근로장려세제(EITC)가 포함된다. 두 번째 흐름은 사회서비스의 확대이다. 이는 생산적 복지국가와도 맥이 닿는 것으로 복지국가의 확대를 도모하되 현금이나 재화보다는 서비스 영역의 확대라는 전략을 택한 것이다. 이 시기에 새롭게 제정된 공공부조로는 2005년 12월 제정된 긴급복지지원법, 사회수당으로는 2008년 제정된 기초노령연금이 있으며, 사회보험으로는 제5의 사회보험인 노인장기요양보험이 2008년에 도입되었다. 또한 다양한 사회문제에 대처하기 위해 여러 가지 사회서비스에 관련된 다양한 법과 법률이 제정되기 시작하였다.

CHAPTER 04

Introduction to Social Welfare

사회복지실천

1. 사회복지실천의 개념과 기본원칙
2. 사회복지실천의 기술과 개입모델
3. 사회복지실천기술의 개념과 구성요소
4. 사회복지실천기술의 유형과 개입방법

CHAPTER 04

사회복지실천

1. 사회복지실천의 개념과 기본원칙

1) 사회복지실천의 개념과 대상

사회복지실천의 개념은 '실제적인 서비스 체계의 전문적 영역으로 개인과 집단의 당면 문제를 경감시키고, 그들이 원하는 것과 가치들을 실현하기 위해 동기를 부여해 주며, 이에 대처할 수 있는 능력을 강화하도록 돕는 일련의 서비스 과정'으로 정의할 수 있다. 사회복지실천은 다른 전문직 활동과는 달리 사회복지사와 클라이언트가 함께하는 공동 활동으로 클라이언트의 주도적인 역할을 전제로 하며, 전문가인 사회복지사는 클라이언트가 문제해결능력을 강화시킬 수 있도록 돕고, 목표달성을 위해 정확하게 나아갈 수 있도록 전문성을 바탕으로 서비스를 실천해야 한다. 사회복지실천의 대상은 개인, 가족, 집단, 지역사회이며, 그 대상별 활동방법은 다음과 같다.

(1) 개인

개인을 대상으로 하는 사회복지실천은 개인적 또는 사회적 문제에 직면해 있는 개인을 일대일로 만나 문제해결을 원조하는 활동으로서 클라이언트로 하여금 주변 환경에 적응하도록 도움을 제공하거나 개인에 영향을 미치는 사회경제적 결핍 상태를 완화시켜주기 위한 활동을 말한다.

(2) 가족

가족을 대상으로 하는 사회복지실천은 가족구성원들 간의 관계나 가족구성원 중 한 사람의 행동 또는 정서·심리상의 문제에 개입하여 문제를 해결 또는 경감시키기 위한 노력으로서, 개인이 나타내는 문제의 원인을 개인적 요인에서 찾는 것이 아니라 가족구성원들 간의 관계 양상에서 탐색하고 지원하는 활동을 말한다.

(3) 집단

집단을 대상으로 하는 사회복지실천은 비슷한 문제나 목표를 갖고 있는 개인들을 집단으로 묶어 이를 대상으로 집단 내의 역동성을 활용하여 집단구성원들의 개별목표와 집단 공동의 목표를 성취하기 위해 노력하는 활동방법이다.

(4) 지역사회

지역사회를 대상으로 하는 사회복지실천은 지역사회복지를 증진시키기 위해 지역사회 수준에 개입하여 지역사회에 존재하는 각종 제도에 영향을 주고, 지역사회의 문제를 예방하고 해결하고자 노력하는 일체의 사회적 활동이다.

2) 사회복지실천의 7대 기본원칙

비에스텍(Biestek, 1957)의 개별사회사업 관계 형성의 7대 원칙은 현재 사회복지실천의 7대 기본원칙으로 통용되고 있는데 그 내용은 다음과 같다.

(1) 개별화의 원칙

개별화의 원칙은 클라이언트를 어떤 유형이나 어떤 계층의 한 사람으로서가 아닌 신체적·정신적·사회적으로 독특성을 지닌 인간, 즉 개인적인 차이점을 지니고 있는 존재로 보는 것이다. 개인을 개별적인 존재로 파악하고 그에 따른 융통성 있는 도움을 제공하는 것을 '개별화(individualization)'라고 한다. 인간은 누구나 독특한 인격과 능력을 지니고 있으므로 아무리 비슷한 성격을 지닌 사람들이라고 할지라도 그들이 처한 상황이나 곤란을 겪고 있는 문제들은 각기 다르다. 개인을 도와주기 위해서는 각자가 갖고 있는 문제의 성격을 개별적으로 파악하여, 다른 사람에게 사용했던 것과는 다른 방법을 활용해야 한다.

(2) 의도적 감정 표현의 원칙

의도적 감정 표현의 원리는 클라이언트가 자신의 감정을 자유롭게 표현할 수 있도록 하는 것으로서, 자신이 비판받게 될지도 모르는 감정까지도 자유롭게 표현하도록 하는 것이다. 클라이언트는 자신이 가지고 있는 감정 특히, 부정적 감정을 표현하려는 욕구를 지니고 있다. 사회복지사는 클라이언트의 문제해결을 위해 의도적으로 감정을 표현하도록 자극하거나 격려하여야 한다.

(3) 통제된 정서적 관여의 원칙

사회복지사는 클라이언트에게 감정을 말로 표현하도록 원조함과 동시에 클라이언트의 감정에 호응하기 위해 정서적으로 관여(involvement)해야 한다. 사회복지사는 클라이언트가 지금 어떤 감정을 느끼고 있으며, 그 감정은 클라이언트가 갖고 있는 문제와 어떻게 관련되어 있는지를 민감하게 파악하고 이해한 후, 문제해결을 위해 클라이언트의 감정에 호응하여 적절한 반응을 보이면서 정서적으로 관여해야 한다. 이를 위해서는 클라이언트의 태도, 말의 속도, 말의 어조, 안색, 자세, 복장, 손 움직임 등을 자세히 관찰하여 클라이언트가 갖고 있는 감정을 민감하게 파악해야 한다.

(4) 수용의 원칙

사회복지사 자신의 가치관, 생활양식과 관계없이 클라이언트의 강점과 약점, 장점과 단점, 바람직한 성격과 그렇지 못한 성격, 긍정적 감정과 부정적 감정, 건설적 또는 파괴적 태도나 행동을 포함하여 그를 있는 그대로 인정하고 이해하는 것이다. 사회복지사는 클라이언트가 갖고 있고 나타내고 있는 그대로 이해하고 받아 들여야 한다. 현실적인 있는 그대로의 모든 사실을 이해하고 받아들이는 것을 '수용(acceptance)'이라고 한다. 사회복지사는 클라이언트의 문제를 있는 그대로 파악하여야 현실적으로 효과 있는 개입·치료 계획을 세울 수가 있다.

(5) 비심판적 태도의 원칙

비심판적 태도는 문제의 원인이 클라이언트의 잘못 때문인지 아닌지, 얼마만큼 클라이언트에게 책임이 있는지 등을 심판하지 않으며 클라이언트의 특성 및 가치관을 비난하지 않는다는 것이다. 도움을 청하기 위해 찾아온 클라이언트는 대부분 사회복지사가 자신에 대하여 인생의 실패자, 무능력자 등으로 심판적 판단을 내리지 않을까 두려워하기 때문에 비심판적인 태도가 필요하다. 클라이언트가 자기 방어적 태도를 취하게 되면 자신의 문제를 객관적으로 바라볼 수 없고, 자유롭게 표현하지 않기 때문에 관계 형성도 잘 안되고, 오히려 문제해결에 장애요소가 된다.

(6) 자기결정의 원칙

자기결정은 클라이언트가 자신의 삶에 대해 스스로 결정할 수 있는 권리와 욕구가 있다는 전제에 바탕을 둔 것이다. 인간은 누구나 자신이 선택한 생활을 영위할 권리와 자유를 가지고 있다. 클라이언트가 스스로 결정할 수 있는 권리를 '자기결정권'이라고 한다. 사회복지사는 클라이언트의 문제를 해결해 주는 과정에서 스스로 결정할 수 있도록 도와주고, 권리를 존중하며, 스스로 결정을 내릴 수 있는 잠재적 능력을 발휘하도록 자극해 주어야 한다.

(7) 비밀보장의 원칙

비밀보장은 사회복지실천 과정에서 클라이언트가 사회복지사에게 노출한 정보를 사회복지사가 전문적인 치료 목적 외에 타인에게 알려서는 안 된다는 것으로 사회복지실천의 가장 기본적인 원리 중 하나이다. 클라이언트로부터 얻은 모든 정보에 대해 비밀을 보장해 줄 의무가 있다. 같은 기관이나 다른 기관에 있는 사회복지사에게 업무상 비밀을 밝혀야 할 경우, 그 비밀을 공유하게 된 모든 사회복지사와 함께 비밀보장의 의무를 져야 한다.

2. 사회복지실천의 기술과 개입모델

1) 사회복지실천의 기술

사회복지실천의 기술에는 면접, 기록, 사정, 평가가 있다.

(1) 면접

클라이언트가 도움을 받기 위하여 최초로 사회복지사를 만날 때부터 시작하여 서비스가 종결될 때까지, 계속되는 면접을 통해 사회복지 실천 목표를 달성하게 된다. 면접은 클라이언트에 대한 정보를 얻고, 원조를 제공하는 중요한 수단이 되는 사회복지실천의 가장 중요한 기술이다. 면접을 효과적으로 잘하기 위한 방법은 다음과 같다.

① 사회복지사는 면접상황에서 비언어적으로 전해 오는 클라이언트의 의사를 충분히 받아들이기 위해 실제 상황을 있는 그대로 파악하는 관찰태도를 지녀야 한다.
② 클라이언트로 하여금 긴장을 풀고 마음 편하게 느낄 수 있도록 한 다음 이야기하도록 격려해 주고 경청해야 한다.
③ 면접 중에는 클라이언트의 보조에 맞추어 그가 많은 것을 말하도록 함과 동시에 도움을 주기 위해 질문을 하며, 돕고자 하는 열의를 보여야 한다.
④ 이야기를 할 때는 가능한 한 클라이언트의 언어로 이야기하고 그 용어들이 지닌 뜻 그대로 이해되도록 해야 한다.
⑤ 때로는 클라이언트가 사적 질문을 해올 때가 있는데, 이런 경우 당황하거나 피하지 말고 솔직하고 간단하게 그리고 정직하게 답하는 것이 좋다.
⑥ 사회복지사는 클라이언트의 상황이나 문제를 명료화시키고 진술한 여러 문제나 상황의 관계를 스스로 발견하도록 표현을 도와주거나 격려해 주어야 한다.
⑦ 면접의 주도권은 사회복지사가 가지고 클라이언트로 하여금 자기표현을 하도록 도와야 한다.

(2) 기록

기록의 목적은 클라이언트의 욕구 확인, 사례의 지속성 유지, 기관이 실시하는 서비스의 정당성 입증, 전문가 간 의사소통의 원활화, 클라이언트와 정보 공유, 사례에 대한 지도감독의 자료, 교육훈련의 자료, 행정적 과업을 위한 자료 제공, 조사를 위한 자료 제공 등이다. 담당하는 사례(case)를 관리하기 위해서는 매일 기록하고, 각종 회의록을 쓰며, 서비스의 계획·진행과정·결과보고서도 모두 기록해야 한다. 일반적으로 기록의 유형은 클라이언트에 따라서 달라질 수 있지만, 대체로 사회복지사는 클라이언트와의 활동 일시, 장소, 활동목표, 프로그램과 목표달성 전략, 활동내용, 발견사항, 평가, 다음 활동계획 등을 기록해야 한다.

(3) 사정

사정의 목적은 클라이언트의 문제와 욕구해결을 위해 필요한 자원을 조사하여, 사회복지사에 대한 개입계획을 세우기 위한 토대를 마련하는 것이다. 사정은 사회복지사가 서비스를 제공하기 전에 클라이언트의 주변 환경의 문제와 욕구를 파악하고, 사회복지사의 활동에 요구되는 자원을 파악하는 과정이다. 합리적이고 올바른 사정을 위해서는 복지대상자의 문제와 욕구를 파악, 문제해결을 위해 사회복지사가 가진 능력을 점검하고, 기관과 지역사회로부터 동원할 수 있는 자원을 바탕으로 클라이언트에게 주어질 서비스의 수준과 방법을 결정하며, 개입부터 종결까지 지속성 및 수집된 자료와 정보의 객관성을 유지하며, 클라이언트의 현재 상황과 의견이 존중되는 참여의 원칙을 준수하는 것이 필요하다.

(4) 평가

평가의 목적은 사회복지사가 개입하여 투입된 서비스의 내용과 결과를 토대로, 개입의 효과성·효율성 및 클라이언트의 변화 정도를 객관적으로 점검하기 위한 것이다. 평가는 정책결정자, 기관운영자, 사회복지사, 클라이언트 등 모두에게 중요한 관심사가 된다. 사회복지사가 합리적이고 객관적인 평가를 잘하기 위해서는 사례에 맞는 평가지표를 만들고, 객관적인 절차에 의해서 평가하며, 사례별 평가(과정평가)와 종합적인 평가를 정리하고, 평가내용을 지도감독자(supervisor) 및 관련자에게 공표하여 즉각적인 피드백(feedback)을 받아야 한다.

2) 사회복지실천의 개입모델

사회복지실천의 개입모델은 7가지로 심리사회적 모델, 기능적 모델, 문제해결 모델, 행동수정 모델, 가족치료 모델, 위기개입 모델, 사회화 모델이 있다.

(1) 심리사회적 모델

심리사회적 모델(psycho-social model)은 일관된 실천 활동의 원칙과 방식을 구조화시킨 것으로 실천과정에 직접적으로 필요한 기술적 적용방법을 제시한 모델이다. 대표적인 학자는 3명으로 메리 리치몬드(Mary Richmond)[1]는 심리사회적 모델의 기원을 만들었고, 고든 해밀튼(Gordon Hamilton)은 '상황 속의 인간(person in situation)'[2] 개념을 도입하였고 심리사회적 모델을 명명하였으며, 플로렌스 홀리스(Florence Hollis)는 심리사회적 모델을 사회복지실천이론으로 체계화하였다. 심리사회적 모델은 이론을 바탕으로 하여 실제로 실천현장에서 적용할 수 있도록 개입기법까지 구체적으로 만들어 놓은 것으로 사회복지실천 활동이 체계를 갖추는 과정에서 직·간접적으로 영향을 미친 여러 요소들을 절충하여 만든 모델이다. 심리사회적 모델의 주요 전제는 인간은 태어나면서부터 존엄성을 가지고 있으며, 모든 인간은 성장하고, 학습능력, 상황에 적응할 수 있는 능력 및 사회 환경 또는 물리적 상황을 변화시킬 수 있는 능력을 가지고 있다는 것이다.

---

1) "사회진단(Social Diagnosis)"(1917)과 "개별사회사업이란 무엇인가(What is Social Case Work)?"(1922)라는 책을 집필함으로써 개별사회사업(case work)을 이론화·체계화하였다.

2) 인간을 이해하기 위해서는 인간의 심리 내적인 특성만을 고려할 것이 아니라 환경 혹은 상황까지도 모두 고려해야 한다는 것이다. 클라이언트가 겪는 문제는 클라이언트를 둘러싼 상황 혹은 환경과의 상호작용에 의해 만들어진 결과로 간주되므로 클라이언트의 문제를 해결하기 위해서는 개인에 대한 개입, 사회 환경에 대한 개입, 개인과 사회 환경과의 상호작용에 대한 개입이 이루어져야 한다.

(2) 기능적 모델

기능적 모델(functional model)은 1930년대 펜실베이니아 사회사업대학원의 교수들에 의해 개발되었으며, 인간을 스스로 결정할 수 있는 존재로 보고, 치료라는 용어보다는 원조(helping)라는 용어를 사용하였다. 기능적 모델은 인간은 의지적이고 낙관적이라는 관점에서 클라이언트를 스스로 결정할 수 있는 '자신의 창조자'로 보는 모델이다. 클라이언트가 건전한 개인적·사회적 생활조건을 스스로 갖추어 나갈 수 있으며 사회복지사는 이를 원조하는 것으로 보는 모델이다.

(3) 문제해결 모델

문제해결 모델(problem-solving model)은 시카고 대학의 펄만(H. Perlman) 교수가 창안한 것으로 진단주의와 기능주의의 관점을 절충한 모델이다. 펄만 교수는 클라이언트 개인의 적극적·자율적 자아를 강조하며, 문제해결의 활동적 구성요소는 문제(problem), 사람(person), 장소(place), 과정(process) 등의 4P로 이루어져 있다고 주장하였다. 문제해결 모델의 특성은 클라이언트의 자아는 퍼스낼리티(personality: 각 개인의 고유한 특성)에 대한 문제해결을 시도해야 하므로 자아개념을 중요시하고 있다.

(4) 행동수정 모델

행동수정 모델(behavioral modification model)은 1950년대 초에 프로이트의 정신분석에 회의를 느낀 학자들이 연구한 행동주의적 접근모델이다. 대표학자는 심리학자 스키너(B. F. Skinner)이다. 행동수정 모델의 2가지 기본원칙은 정상적이든 비정상적이든 인간의 행동은 모두 같은 원칙하에 발달하며, 인간의 모든 행동은 학습 원리에 의해 수정되거나 변화될 수 있다고 보는 것이다. 스키너는 인간의 행동은 '긍정적 강화'와 '부정적 강화'에 의해 결정된다는 '행동

강화이론'을 제시하였다.

(5) 가족치료 모델

가족치료 모델(family therapy model)은 1950년대부터 1975년까지 약 25년 동안 미국을 중심으로 발전되어 온 모델로써, 가족을 단위로 하여 각 개인과 개인 간의 유형, 의사소통의 유형을 가족전체 체계에 초점을 맞춘다. 가족치료 모델은 가족구성원들 간의 역할과 상호 의무를 명확히 하고, 가족 상호간에 더욱 적합한 행동을 강화시켜 주는 것을 목표로 한다. 사회복지사는 클라이언트의 언어적·비언어적 행동에 관심을 갖고, 가족사(family history)보다는 '지금 여기(here and now)'에 초점을 맞춘다.

(6) 위기개입 모델

위기개입 모델(crisis intervention model)은 1960년대 이후 단기적 개별사회사업의 치료에 관심을 두고 개인이나 가족에게 접근하는 모델이다. 사회복지사가 긍정적인 성장과 변화를 유도할 수 있는 효율적인 대처 기술을 개발시켜 줌으로써 위기에 처해 있는 클라이언트나 가족을 원조하는 기술이다. 효과적인 대처 기술의 개발은 클라이언트에게 문제를 인식시켜 주고, 그 문제가 가져올 충격을 깨닫게 하며, 유사한 경험에 직면했을 때 이에 대처하는 더욱 새롭고 효과적인 행동을 학습시킴으로써 이루어진다.

(7) 사회화 모델

사회화 모델(socialization model)은 1960년대에 개별사회사업의 새로운 지식과 기법 개발, 전문교육의 재조직 차원에서 인식된 모델이다. 사회복지사는 클라이언트 집단이 사회화되지 못한 경우, 불충분하게 사회화된 경우, 특정 하위문화에 사회화된 경우 세 가지로 나누어서 개입한다. 사회화의 목표는 클라이언트가 사회화 능력을 갖게 하는 것이며, 사회복지사의 역할은 사회화의 대행자(촉진자), 교육자, 모델 제공자, 참여 권유자, 피드백 제공자 등으로 역할을 한다.

3. 사회복지실천기술의 개념과 구성요소

1) 사회복지실천기술의 개념

사회복지실천기술의 개념은 '사회복지정책에 의하여 공급되는 여러 가지 사회복지 자원이나 서비스가 사회복지전문가를 매개로 하여, 생활 곤란에 처해 있는 사회복지대상자, 즉 개인, 집단, 지역사회 등에게 효과적으로 대처하는 전문적 원조활동'이라고 정의할 수 있다. 사회복지실천기술은 사회복지대상자들이 가지고 있는 최선의 가능성과 진정한 삶의 발견을 위하여 기대와 성장에 가치를 두고 있는 서비스 체계이며, 보편타당한 전문가적 입장에서 인간과 사회생활에서의 가치실현을 추구하기 위한 과학적 방법으로 대인서비스 원조기술의 진수이다. 따라서 사회복지실천기술(skill for social work practice)은 "하나의 예술(art)인 동시에 과학(science)"이다.

2) 사회복지실천기술의 구성요소

사회복지사가 클라이언트에 대한 원조과정에 있어서 갖추어야 할 사회복지실천기술의 3가지 구성요소는 ① 사회복지전문가로서의 가치, ② 개인·집단·지역사회 원조기술 등을 포함하는 통합적인 기술, ③ 인간의 심리와 행동 및 사회현상에 대한 폭넓은 지식이다.

(1) 전문가로서의 가치

사회복지실천에서 사회복지사가 추구해야 할 가장 기본적인 가치이다. 전문가로서의 가치는 ① 사회복지대상자를 하나의 인간으로서 존중하고 개별화시킨다. ② 대상자 스스로가 자신의 문제를 인식하고 원조를 결정하도록 한다. ③ 대상자의 비밀적인 사항을 최대한 보장해 준다. ④ 사회적 약자들의 입장에서서 옹호해 주고 사회행동을 고취시켜 준다. ⑤ 사회복지실천 프로그램의 수행에 있어서 도의적 책임성을 강조한다.

사회복지사는 사회복지전문직의 5가지 가치 추구에 투철해야 한다. 자신의 개인적인 가치나 신념을 분명히 인식하고, 클라이언트에게 전문적인 도움을 주는 전문가로서의 역할을 수행해야 한다.

(2) 개인·집단·지역사회를 위한 통합적인 기술

사회복지실천에서 4가지 기술적 요소는 ① 자료수집과 사정의 기술, ② 전문적인 자아의 발달과 활용의 기술, ③ 개인, 집단, 지역사회와의 전문적 활동의 기술, ④ 전반적인 실천결과에 대한 평가의 기술 등이다. 사회복지실천기술은 일반적으로 개인 원조기술, 집단 원조기술, 지역사회 원조기술 등을 포함하는 통합적인 실천기술을 의미한다. 이러한 원조기술의 이론에 근거하여 현장에서 활용할 수 있는 능력을 갖추기 위해서는 실제적인 실천경험을 가져야 하며, 끊임없는 교육과 훈련을 통하여 기술을 습득해야 한다.

(3) 인간과 사회현상에 대한 폭넓은 지식

사회복지실천기술을 수행하기 위해서는 인간의 본질과 사회현상에 대한 이해를 돕기 위해 사회학·인류학·정치학·경제학 등 사회과학적인 지식이 요구된다. 특히 인간 간의 상호작용이나 인간의 역기능적 상황에 대한 충분한 기초지식으로서 사회과학은 물론 자연과학의 이론이 습득되어야 한다. 사회복지실천기술은 원조과정에 있어서 인간의 심리와 행동, 사회현상에 관한 폭넓은 지식이 필요하다. 사회복지실천기술은 사회복지의 원조기술로써 다른 학문들을 활용하며, 다양한 지식을 겸비한 사회복지사는 전문가로서의 위상을 확립하는 데 매우 중요하다.

4. 사회복지실천기술의 유형과 개입방법

1) 사회복지실천기술의 유형

사회복지실천기술의 유형에는 원조기술, 관여기술, 관찰기술, 의사소통기술의 4가지가 있다.

(1) 원조기술

원조과정에서 필요한 기술들을 몇 가지 제시해 보면, ① 대상자를 있는 그대로 수용(acceptance)하고, ② 대상자를 독립적인 개인으로 취급하며, ③ 대상자의 자기결정권(self-determination)을 존중하면서, ④ 대상자 각자의 보조에 맞추어 활동하는 것이다. 사회복지사가 클라이언트를 원조한다는 것은 계획되고 목적적인 하나의 과정이다. 클라이언트가 가지고 있는 문제의 원인을 밝혀내고, 궁극적으로 문제를 해결하기 위해서는 원조기술(helping skill)의 습득이 중요하다.

(2) 관여기술

사회복지사는 클라이언트를 도움의 상황에 효과적으로 참여시키도록 약속하고, 계약이 성립되도록 노력해야 한다. 전문가는 자신의 목표나 역할이 명확히

드러나야 하며, 클라이언트의 목표와 역할 및 위치를 명확하게 구분하여 도움의 과정에 장애물이 없도록 관여해야 한다. 사회복지사는 서비스를 원조하기 위한 계약과정(engagement process)을 형성하기 위하여 클라이언트의 상황에 대한 부정적 요소들을 제거하고, 개방적이며 정직하고, 비심판적(non-judgemental)이며 현실적(realistic)으로 신뢰성(dependable) 있게 관여해야 한다. 사회복지사에게는 클라이언트의 모든 사소한 면들에 관한 이해와 배려를 하고, 계약과정에 대한 저항을 최소화 하는 관여기술(engagement skill)이 요구된다. 사회복지사의 관여기술 기본원칙은 클라이언트'에 대한 이해와 인내, 클라이언트의 가치관과 생활형태 등에 대해 수용하는 것이다.

(3) 관찰기술

사회복지사가 자기개발을 해야 할 중요한 실천기술 중의 하나가 바로 관찰기술이다. 관찰기술은 단순히 보는 것(seeing)이 아니라, 클라이언트가 이야기하는 것과 동시에 이야기하지 않는 것은 물론, 클라이언트의 이야기에 숨겨진 의미도 해석해 보아야 한다. 클라이언트의 신체적 표현, 몸의 긴장, 얼굴의 변화, 땀 흘리는 것, 떠는 것, 흥분하는 모습, 낙담하는 모습 등도 통찰력으로 이해해야 한다. 관찰기술은 항상 목표 지향적(goal-directed)이어야 하고, 관찰기술이 관찰되는 사람에게 큰 영향을 미치고 있다는 사실을 반드시 인식하고 있어야 한다. 사회복지사는 이러한 관찰기술을 통하여 조사, 진단, 치료의 과정을 구체화·과학화해야 한다.

(4) 의사소통기술

의사소통기술(communication skill)은 클라이언트의 성격 내지 일반적 관심에 상응해서 이해가 되어야 하며, 이는 언어와 비언어적인 방법들에 의해 이루어질 수 있다. 특히 비언어적인 의사소통의 방법은 중요한 정보뿐 아니라, 말로 표현할 수 없는 감정도 전달하게 된다. 사회복지실천기술은 관계성의 학문이며 기술이기 때문에, 의사소통기술은 사회복지실천기술의 핵심이라고 할 수 있다. 사회복지사가 클라이언트의 생각, 정보, 감정 등을 전달하고 돕는 상황에서 의사소통기술은 가장 중요한 도구로 활용이 된다.

2) 사회복지실천기술의 개입방법

사회복지실천기술의 개입방법에는 개인중심의 개입, 집단중심의 개입, 지역사회중심의 개입으로 3가지 개입방법이 있다.

(1) 개인중심의 개입

개인중심의 개입기술은 기존의 개별사회사업(case work)에 해당하는 사회복지실천기술로써 자아심리학, 가족역동학, 학습이론, 행동요법 등의 인접분야로부터 영향을 받아 구축되었다. 개인중심의 개입기술은 현실적인 문제에 대응하기 위하여 개인이나 가족을 대상으로 그들의 입장에서 환경을 조성하고, 사회복지서비스를 통하여 당면 과제의 극복을 가능하게 하는 원조기술의 과정을 말한다. 개인중심 개입기술의 특징은 ① 대상자를 중심으로 한 시점, ② 사회생활의 전체적 관점에서 원조, ③ 목표로서의 과제 개념, ④ 사회복지서비스의 제공과 지원, ⑤ 주체적인 문제로서 개별적 해결, ⑥ 환경의 조정, ⑦ 목표로서 사회적 자율성의 육성, ⑧ 면접을 중심으로 한 전문적 원조기술의 전개과정 등이 있다.

(2) 집단중심의 개입

집단중심의 개입기술은 기존의 집단사회사업(group work)에 해당하는 사회복지실천기술로써, 개인, 집단, 지역사회의 여러 가지 문제를 보다 효과적으로 대처하도록 사람들을 원조하는 개입기술이다. 집단중심의 개입기술을 구성하는 요건은 ① 구성원 간의 원조관계, ② 구성원 간의 상호작용, ③ 집단과정에서 전개되는 원조프로그램, ④ 활용 가능한 사회자원 등이다. 집단중심의 개입방법은 사회복지사가 집단의 영향력을 의도적으로 활용하여 당면한 문제를 해결하게 된다. 사회복지사가 클라이언트가 의도적인 집단경험을 통하여 사람들 간의 원조관계를 형성하고, 타인과의 이해나 신뢰 속에서 자신의 행동이나 태도를 개선할 수 있도록 원조하는 방법이다.

(3) 지역사회중심의 개입

지역사회중심의 개입기술은 사회복지사가 지역 내에 생활하는 주민이나 사회복지대상자가 직면하고 있는 지역사회의 문제를 조직적으로 해결하고자 하는 실천적인 개입기술로 기존의 지역사회조직(community organization)에 해당하는 실천방법이다. 지역사회중심의 개입기술이 지니고 있는 공통적인 특성은 다음과 같다.

① 지역사회 내의 사회복지프로그램. 지역사회의 욕구파악과 사회복지서비스 공급을 위한 자원의 획득은 물론, 지역복지를 실천하는 서비스 프로그램이다.

② 지역사회 내의 복지기관과 단체 간의 조정, 지역사회 내에 존재하는 각종 조직들의 서비스 조정이나 새로운 자원의 공동개발을 위해 조정적 기능 수행, 특히 각각 독립한 기관이나 단체에 횡적인 연계와 원만한 운영을 위하여 모든 활동을 집결한다.

③ 지역사회 내의 집단에 대한 개입으로 지역사회 내 근린집단을 중심으로 주민의 욕구를 발견하여 주민 스스로 해결할 수 있도록 원조하고, 이들 욕구를 충족하기 위한 개입이 가능하도록 집단을 조직화하는 것이다. 지

역사회중심의 개입방법은 사회복지사가 지역사회의 당면 문제를 해결하고 주민들의 복지를 증진하기 위하여, 주민들의 생활에 필요한 사회자원을 동원·개발하고, 지역사회의 성장을 저해하는 여러 가지 요인을 조직적으로 제거하는 전문적인 사회복지실천방법이다.

CHAPTER

05

Introduction to Social Welfare

사회복지정책과 사회복지행정

1. 사회복지정책
2. 사회복지행정

CHAPTER 05

사회복지정책과 사회복지행정

사회복지가 발달한 국가에서 사는 사람들은 남보다 좀 더 가졌다고 거만하지 않고, 가난하다고 위축되지 않으며, 장애를 가지게 되도 낙담하지 않는다. 아동과 청소년은 좋은 보육과 교육으로 미래에 대한 꿈을 지닐 수 있고, 노인들은 노후생활을 보내는데 필요한 기본소득을 지니면서 안락한 노후를 보낼 수 있다. 사회복지정책은 이런 국가를 만들기 위한 제도와 정책에 대해 연구하는 학문이다(박병현, 2019).

한편 사회복지의 궁극적 목적은 사회구성원들의 삶의 질을 높이고, 이를 구현하기 위한 사회복지전문가는 해당 서비스 이용자들에게 최선을 다해 노력하는 것이다. 그러나 남과 다른 질 높은 서비스를 제공하기 위해서는, 사회복지행정의 내용을 제대로 이해하는 것이 매우 중요하다. 사회복지행정은 다양한 사회복지조직이 제공하고자 하는 복지서비스를 이용자들에게 전달하는 체계이고, 그 질적 수준과 성공여부에 따라 복지수준이 결정될 수 있다(천정웅 외, 2015).

따라서 사회복지정책과 사회복지행정에 대한 이해를 높이는 것은 예비사회복지사에게 있어서 매우 중요한 시사점을 제공해줄 수 있다. 본 장에서는 사회복지정책과 사회복지행정의 개념과 기능, 가치 등에 대해 살펴보고자 한다.

1. 사회복지정책

1) 사회복지정책의 개념

사회복지정책에 대한 정의는 학자마다 정책에 대한 관점의 차이나 접근방식의 차이가 있다. 사회복지정책을 사회복지의 목표를 달성하기 위해 사전에 계획된 프로그램 또는 방침으로 정의하기도 하고, 국민의 복지증진을 위해 복지국가가 사용하는 수단으로 정의하기도 한다(박병현, 2019). 이와 같은 사회복지정책에 대한 정의를 종합하자면, 사회복지정책은 국가에 의한 사회복지적 노력이라고 말할 수 있다.

2) 사회복지정책의 기능

(1) 사회복지정책의 긍정적 기능

사회복지정책의 긍정적 기능으로는 사회통합과 정치적 안정, 사회문제 해결과 사회적 욕구 충족, 소득재분배, 경제적 안정화로 구분할 수 있다.

① 사회통합과 정치적 안정

사회복지정책은 모든 이가 배제되지 않고 사회구성원으로 참여하며 살 수 있게 사회통합을 도모한다. 사회복지정책은 사회적 약자의 욕구를 충족시켜 불만을 줄이고 사회질서 유지를 가능하게 한다. 이를 통해 정치적 안정을 이룰 수 있다. 이러한 기능에 대해 기득권자가 자신의 힘을 유지하고자 사회복지정책을 이용한다는 비판도 존재한다. 사회복지정책으로 혼란을 막고 사회안정을 이루는 것이 약자보다는 기득권자에게 더 이득이라는 것이다.

② 사회문제 해결과 사회적 욕구 충족

사회복지정책은 사회구성원들에게 보편적으로 발생할 수 있는 문제에 개입함으로써 사회문제를 완화하고 사회적 변화를 꾀한다. 욕구는 원하는 것과 달리 충족되면 객관적인 의미에서 가치가 있다고 판단되는 것을 뜻한다. 사회복지정책은 최소한의 사회적 욕구라고 인정되는 것을 충족시켜 사회구성원의 만족을 추구하고 사회적으로 바람직한 목표를 달성하고자 한다.

③ 소득재분배

사회복지정책은 시장에서 배분된 소득(1차적 분배)을 2차적으로 재분배하는 기능을 수행한다(백승호, 2010). 소득재분배에는 여러 형태가 있다. 첫째, 수직적 재분배는 고소득자의 소득이 저소득자에게 이전되는 것이다. 수직적 재분배는 공공부조와 같이 저소득층을 선별 지원하는 프로그램에서 주로 나타난다.

둘째 수평적 재분배는 같은 소득수준의 계층 내에서도 사회적 위험이 발생하지 않은 사람으로부터 사회적 위험이 발생한 사람에게 소득이 이전되는 것을 의미한다. 수평적 재분배는 사회보험에서 주로 나타난다. 예를 들어 건강보험은 동일한 소득수준 내에서도 건강한 자로부터 건강하지 않은 자에게 소득을 이전하는 효과를 낸다. 또한 사회보험은 아니지만, 아동수당에서도 수평적 재분배 효과가 나타나는데, 아동수당은 아동 양육으로 인한 추가 부담을 덜어내고자 하는 정책목표를 달성하기 위해, 동일한 소득수준의 계층 내에서도 아동이 없는 가구로부터 아동이 있는 가구로 소득을 이전시키는 것이다. 유사하게 연금의 경우도 수명이 짧은 자로부터 수명이 긴 자로 수평적 재분배가 이루어지고, 고용보험 역시 취업자로부터 실업자로의 재분배가 이루어진다.

셋째, 세대 간 재분배는 부과방식의 공적연금[1)]의 경우 젊은 세대에서 노인세

---

1) 부과방식: 현재 노인세대에게 연금 급여를 지급하는데 필요한 재원을 현재 근로세대가 낸 연금보험료로 부담하는 방식

대로, 후세대로부터 앞 세대로의 소득재분배가 일어난다.

넷째, 시간적 소득재분배의 경우 시점 간 소득재분배라고도 하며, 동일한 사람의 삶 가운데 어느 한 시점의 소득이 다른 시점으로 옮겨간다는 것이다. 예를 들어, 적립방식[2)]의 공적연금에서는 근로연령대 시기에 적립한 연금은 퇴직 후 노년에 받는 형태가 시간적 소득재분배에 해당한다. 이와 같은 소득재분배의 다양한 유형을 정리하면 〈표 5-1〉과 같다.

〈표 5-1〉 소득재분배의 유형

구분		설명
세대 내 재분배	수직적 재분배	- 소득이 높은 사람에게서 소득이 낮은 사람으로 재분배
	수평적 재분배	- 소득보다는 특정한 조건을 가진 사람들에게 혜택이 가는 재분배 - 사회보험은 정해진 위험이 발생한 사람만 급여를 받게 되므로 위험이 발생하지 않은 사람에게서 위험이 발생한 사람에게로 재분배
세대 간 재분배		- 세대에 걸쳐 이루어지기 때문에 긴 시간의 관점에서 파악해야 하는 재분배 - 부과방식의 연금제도에서 주로 세대 간 재분배가 나타남
시간적 재분배		- 동일한 사람의 생애 어느 한 시점의 소득이 다른 시점으로 옮겨감 - 적립방식의 연금제도에서 주로 시간적 재분배가 나타남

④ 경제적 안정화

호황과 불황의 주기가 반복되는 자본주의 경제 변동에서 의도적인 경제정책을 운용하지 않더라도, 사회복지정책이 사전에 충분히 효과적으로 운영되고 있으면, 경기가 과열되거나 침체되지 않도록 자동안정장치(built-in stabilizer)의 기능을 수행한다(Scarth, 1988). 사회복지정책은 호황과 불황의 변동에도 상대적으로 일정한 사회보장지출(공적연금, 의료보장, 공공교육 등)을 통해 안정을 제공하고, 경기변동의 방향과는 상반되는 방향으로 움직여서 적극적으로 자동

2) 적립방식: 근로기간 동안 정기적으로 보험료를 내고 퇴직 후 돌려받는 방식임. 장래 연금 급여 지급에 필요한 비용을 연금 가입기간 동안 나누어서 보험료로 부과하고, 보험료로 적립한 기금과 기금 운용수익으로 연금급여를 지급하는 방식임

안정화 기능을 수행하기도 한다. 호황기에는 실업급여와 공공부조 등의 지출을 줄여 유효수요를 줄여주고, 불황기에는 늘려준다. 경제구조 개편이나 산업구조 변화과정에서도 갈등과 저항을 완화해주는 기능을 수행한다.

(2) 사회복지정책의 한계 및 부정적 기능

① 빈곤의 함정(poverty trap)

빈곤의 함정 또는 빈곤의 덫이란 사회복지 급여에 의존하여 근로의욕을 잃고 빈곤에 머무르는 현상을 말한다(Barrett & Carter, 2013). 즉, 공공부조 급여 선정기준 이하에 있게 되면 여러 혜택이 있으나 그 기준을 초과하면 혜택을 잃기 때문에 빈곤상태에 있는 것이 오히려 더 이득이 되어, 공공부조 수급자로 남아 있으려하고 일을 덜 하거나 하지 않는 계층이 존재하는 것을 말한다. 공공부조 수급자의 소득이 급여선정기준을 초과하는 수준으로 높아져서 공공부조의 혜택을 잃게 될 경우, 자기가 일해서 번 소득을 의미하는 시장소득이 높아졌음에도 불구하고 사회복지급여를 합한 소득을 의미하는 총 가처분소득은 이전보다 줄어들 수 있다. 이때 합리적인 사람은 시장소득이 급여선정기준을 넘는 것을 꺼리게 되어, 차라리 시장소득이 낮더라도 사회복지급여를 받을 수 있는 선택을 하게 된다. 이런 현상을 빈곤의 함정 또는 빈곤의 덫이라고 한다.

사회복지정책은 빈곤의 함정 현상으로 인해 국민의 자립의지와 노동의지를 약화시키고 의존성을 높인다는 비판을 받기도 한다. 빈곤의 함정 현상은 빈곤층이 자신의 이익을 높이려고 행동하는 일종의 합리적인 선택의 결과이다. 빈곤의 함정의 문제를 근본적으로 해결하는 방법은 보편적인 프로그램을 확대하는 것이다. 보편적인 프로그램은 급여의 선정기준으로 소득이나 재산 수준을 따지지 않는다. 따라서 보편적인 프로그램의 수급자인 빈곤층의 경우 일을 하여 소득이 늘어나더라도 수급자에서 탈락할 염려가 없다. 그러므로 보편적인 프로그램을 받는 빈곤층의 경우 수급자로서의 지위를 유지하기 위해 의도적으로 근로소득을 줄여 빈곤상태에 머무를 이유가 전혀 없으므로 빈곤의 함정이 발생하지 않는다.

우리나라의 경우 빈곤의 함정을 줄이기 위한 정책적 노력의 사례를 살펴보면 다음과 같다. 공공부조제도인 국민기초생활보장제도는 2015년 6월까지 통합급여 방식이었다. 통합급여체계는 가구소득인정액이 최저생계비보다 낮을 경우 모든 급여의 혜택을 주었다. 하지만 가구소득인정액이 최저생계비 선정기준을 조금이라도 넘게 되면 모든 혜택이 일시에 박탈되었다. 통합급여체계는 이른바 'all or noting', 즉 전부 아니면 전혀 없음으로 불렸다. 따라서 통합급여 체계에서는 근로소득을 낮추어 일부러 빈곤상태를 유지함으로써 계속 모든 급여혜택을 받으려는 동기가 커질 수 있고, 이는 빈곤의 함정 효과가 크다고 말할 수 있다.

이에 정부는 2015년 7월부터 국민기초생활보장제도를 통합급여에서 맞춤형급여 즉 개별급여 체계로 변경하였다. 구체적으로 설명하자면 OECD의 기준에 따라 중위소득을 중심으로 생계·의료·주거·교육급여 선정기준을 다르게 설계한 것이다. 이렇게 되면 수급자가 일을 하여 소득인정액이 오르더라도 모든 급여가 일시에 중지되지 않고, 소득인정액 수준에 따라 일부 급여만 중지되므로 수급을 위해 의도적으로 빈곤 상태에 있고자 하는 동기가 줄어들 수 있다. 따라서 이러한 급여체계 개편은 빈곤의 함정을 줄이고 탈수급효과를 높이기 위한 방법에 해당할 수 있다.

② 낙인(stigma)

낙인은 급여를 받는 사람이 수급과 관련하여 느끼는 수치심 또는 치욕감을 말한다. 낙인이 생긴다면 인간의 존엄성이 훼손될 수 있다. 따라서 낙인이 발생하지 않도록 하는 것이 중요하다. 급여의 자격조건에 따라 대상자에게 수치심을 줄 수도 있고, 급여의 형태에 따라서도 낙인의 발생 정도가 달라진다.

공공부조에 대해 아직도 많은 사람들이 권리라기보다는 국가로부터 받는 시혜라고 생각하기 때문에 다른 사람들에게 공공부조 수급자라는 것이 알려지는 것을 싫어한다. 즉, 이들은 공공부조 수급자라는 사실을 다른 사람들이 알게 될 때 낙인감을 느끼게 된다. 자산조사에 기초한 공공부조는 기여에 따른 분배원리를 택하고 있는 사회보험과는 달리, 본인 스스로 생활을 유지할 수 없기 때문에 국가로부터 받는 도움의 성격이 있다. 따라서 공공부조의 급여신청, 자산조사, 급여의 사용 등의 과정에서 낙인감이 발생할 가능성이 높다.

또 급여가 현물이나 증서 형태로 제공될 때, 현금 급여에 비해 공공부조 수급자라는 사실을 노출할 가능성이 높아 낙인감을 줄 수 있다.

3) 사회복지정책의 가치

(1) 평등

평등은 사전적으로 권리, 의무 자격 등이 차별 없이 고르고 한결같음을 의미한다. 평등의 개념으로는 결과의 평등, 비례적 평등, 기회의 평등으로 구분할 수 있다.

① 결과의 평등(수량적 평등, 산술적 평등)

결과의 평등은 가장 적극적인 평등으로서 사람들의 욕구나 능력의 차이와 관계없이 사회적 자원을 모두 양적으로 똑같이 분배하는 개념이다. 그러나 결과의 평등은 인류 역사상 어느 사회에도 존재하지 않았고, 다수 구성원도 이를 원하지 않았다. 결과의 완전한 평등은 아니더라도 많은 사회복지정책은 결과의 평등의 가치를 일부 반영한다. 결과의 평등이 반영된 예로는 첫째 모든 사람에게 동일한 의료서비스를 제공하는 영국의 국민보건서비스(NHS), 둘째 아동수당, 셋째 공공부조의 보충급여의 원칙(보충성의 원칙)[3]에 따라 급여 지급

후 수급자들의 가처분소득[4]이 최저보장수준으로 동일해질 수 있도록 만들어주는 것 등이 있다.

예를 들어 국민기초생활보장제도에서 1인 가구의 생계급여 선정기준이 55만원이고, 수급권을 갖춘 A가구의 소득인정액이 10만원, B가구의 소득인정액이 40만원이라면, A가구는 선정기준과 소득인정액의 차액인 45만원, B가구는 15만원의 생계급여를 받게 된다. 따라서 A가구와 B가구의 원래 소득인정액은 달랐지만, 생계급여를 받은 후 두 가구의 소득인정액은 생계급여 선정기준인 55만원으로 동일해졌다. 공공부조의 급여는 보충급여의 원칙에 따라 대상자의 가처분소득을 똑같이 분배한 셈이므로 결과의 평등 개념이 구현되었다고 볼 수 있다.

② 비례적 평등

개인의 욕구, 노력, 능력, 기여 등 기준에 따라 사회적 자원을 다르게 배분하는 것으로, 흔히 공평 혹은 형평성(equity)라고도 한다. 사회보험에서 기여금 즉 보험료 납입액에 따라 급여가 차등 지급되는 것이 대표적인 것이다. 즉, 보험료를 많이 낸 자가 보험급여도 많이 받는 것을 뜻한다. 영국의 신구빈법(1834)에서 열등처우의 원칙[5]이 도입되었을 때, 이를 정당화한 논리에서도 비례적 평등의 개념이 적용되었다.

---

3) 국민기초생활보장제도의 생계급여는 생계급여 선정기준과 수급권자 가구의 소득인정액의 차액으로 산정한다. 소득인정액이 생계급여 선정기준보다 낮은 빈곤층이 생계급여를 받게 되면 수급 후 소득인정액은 생계급여 선정기준과 같게 된다. 보충급여의 원칙이란, 생계급여 수급자의 최저보장수준은 가구 소득인정액과 생계급여액을 합한 금액이 생계급여 선정기준 이상이 되도록 지원하는 것을 말한다.

4) 가처분소득은 처분가능소득이라고 말하기도 한다. 이는 시장소득에 공적이전소득을 더하고, 공적이전지출(세금, 사회보험료 등)을 뺀 소득으로서, 실제로 사용할 수 있는 소득을 의미한다.

5) 열등처우의 원칙(principle of less eligibility)은 신구빈법 운영원칙 중 하나로, 구호를 받은 빈민의 처우는 가장 가난하고 독립적이며 자립적인 노동자의 수준보다 낮아야 한다는 원칙이다.

③ 기회의 평등

기회의 평등은 결과를 얻는 과정상의 기회만을 똑같이 주는 것이다. 과정상의 기회만 평등하면 그로 인한 결과의 불평등은 개인이 책임져야 한다고 본다. 아동에 대한 다양한 투자가 이러한 관점을 반영하고 있다. 예를 들어 미국의 헤드스타트, 한국의 드림스타트[6] 등이 대표적이다. 여성고용할당제에도 기회의 평등이 반영되어 있다. 기회의 평등이라는 이름 아래 수많은 결과의 불평등을 정당화한다는 비판도 존재한다.

(2) 효율성

정책에서 효율은 주어진 투입에 비해 가장 큰 산출을 달성하는 것으로 어느 정도 자원을 사용하여 목표를 얼마나 달성하였는가라는 것을 의미한다. 경제정책은 효율성 자체를 목표로 삼지만, 사회복지정책에서 효율성은 그 자체가 목표가 아니라 수단으로서의 가치를 지닌다. 사회복지정책에서도 효율성이 중요한 것은 사용되는 사회적 자원이 한정되어 있기 때문에 가능하면 같은 자원으로도 높은 효과를 얻는 것이 필요하기 때문이다.

사회복지정책에서 효율적인 수단을 선택하는 것이 중요한데, 어떤 점을 비효율적인 자원 사용이라고 보는가에 따라 목표효율성과 운영효율성의 관점으로 나뉜다.

① 목표효율성

정책이 목표로 하는 대상에게 자원이 얼마나 집중적으로 할당되는지 판단하

---

6) 취약계층 아동의 복합적인 욕구 파악 후 맞춤형 서비스를 제공하여 아동의 건강한 성장 및 발달을 돕고, 공평한 출발의 기회를 제공하여 건강하고 행복한 사회구성원으로 성장하도록 지원한다. 아동복지법에 근거를 두며, 0~12세 아동과 가족이 사업대상이다. 보건복지부가 총괄하고, 시·군·구별로 설치되어 있다. 주요 업무는 아동통합사례관리, 자원관리, 아동복지서비스 통합·조정, 지원가구 구성 및 운영 등이다.

는 기준이다. 저소득층의 소득증진이라는 정책목표를 기준으로 보면, 사회보험보다 공공부조의 목표효율성이 높다고 말할 수 있다.

② 운영효율성

정책 운영에서 정책대상에게 직접 지급되는 비용 외에 얼마나 적은 비용(행정비용, 운영비용)을 사용하는지 판단하는 기준이다. 선별주의 제도인 공공부조는 수급자 선정과정에서 급여 신청자에 대한 자산조사를 해야 하는데, 이때 시간과 행정비용이 많이 든다. 그러나 보편주의 제도인 사회수당은 선정기준이 매우 단순하므로 수급자 선정을 위한 행정비용이 상대적으로 매우 적게 된다. 따라서 공공부조는 운영효율성이 낮다고 말할 수 있다.

(3) 자유

자유란 자기가 원하는 것을 하는 것을 의미한다. 자유의 개념은 소극적 자유와 적극적 자유로 나눌 수 있다. 소극적 자유란 다른 사람의 간섭 혹은 의지로부터의 자유를 말한다. 적극적 자유는 자신이 원하는 것을 할 수 있는 자유를 말한다. 예를 들어 '네 마음대로 해라'라는 식으로 간섭하지 않는 것은 소극적 자유이지만, 아무리 소극적 자유가 보장되더라도 소득이 없거나 몸이 불편하여 실제로 자유를 만끽할 수 있는 능력이 뒷받침되지 못한다면 적극적 자유가 결여된 것이다. 소극적 자유를 강조하면 개인에 대한 국가의 간섭은 없거나 최소화되어야 한다. 적극적 자유를 강조하면 개인의 자아실현을 위한 자유를 보장하기 위해 국가의 적극적 개입이 요청된다. 따라서 소극적 자유는 자유의 기회 측면을 강조한다는 점에서 보수주의 또는 자유주의자들이 강조하는 자유의 개념인 반면, 적극적 자유는 자유의 능력 측면을 강조함으로써 사회민주주의, 복지국가 전성기에 강조되는 자유의 개념이라고 말할 수 있다.

결과의 평등을 달성하기 위해 고소득층의 소득을 빈곤층에게 재분배할 때,

고소득층의 소극적 자유가 침해될 수 있다. 이처럼 사회복지정책은 일부 사람들의 소극적 자유를 줄이지만, 다른 사람들의 적극적 자유를 증가시키는 경우가 많다. 이는 적극적 자유가 소극적 자유의 가치를 높일 수 있다는 점과, 소극적 자유로부터 감소하는 효용이 적극적 자유로부터 증가하는 효용보다 적을 수 있다는 점에서 옹호될 수 있다.

(4) 사회적 적절성

사회적 적절성(social adequacy) 또는 적절성은 사회복지정책을 통해 사람들의 욕구를 충분히 충족시켰는가를 의미한다. 사회적 적절성은 인간의 기본적 욕구를 충족시킬 만큼 일정 수준 이상으로 사회복지 급여가 제공되어야 한다는 것이다. 시장에서는 사람들이 원하는 것이나 바라는 것을 만족시키는 배분이 이루어지지만, 사회복지정책에서 자원의 배분은 욕구를 만족시킴으로써 이루어진다.

욕구의 만족을 더 중요하게 생각하는 이유는 욕구의 경우 인간이 공통적으로 필요하다고 느끼는 것(예: 기본적인 의식주 보장)과 관련이 있으므로, 객관적 의미에서 가치가 있고, 주관적 이득보다는 사회적 해악을 줄일 수 있기 때문이다. 긴급성이나 가치중립성이라는 측면에서도 욕구가 중요하다. 욕구와 원하는 것을 비교했을 때 일반적으로 자발적 선택의 여지가 적어 욕구를 변경할 수 없고, 다른 대안이 적다는 점에서도 욕구를 우선적으로 해결할 필요가 있다.

사회적 적절성은 급여수준이 높을수록 실현 가능성이 높다. 이점에서 사회보험의 사회적 적절성 실현 정도가 공공부조나 사회수당보다 높다. 한편, 사회보험에서는 사회적 적절성과 형평성(비례적 평등)의 가치가 상충할 수 있다. 수급자의 욕구 충족을 위하여 급여 수준을 높이면 사회적 적절성은 달성할 수 있지만, 보험료를 적게 낸 사람도 기여 대비 많은 보상을 받게 되므로, 형평성은 깨지게 된다. 이때 기여를 많이 한 가입자들의 불만은 커질 수 있다. 반대로 형평성을 강조하여 기여가 적은 가입자의 급여를 낮게 설정한다면, 사회보장제도로서 사회보험 급여의 사회적 적절성이 결여되는 문제가 발생할 수 있다. 따라서 사회보험 급여의 적절성과 형평성을 동시에 달성하는 것은 매우 어렵다고 할 수 있다.

사회수당은 보편주의적인 제도라서 대상자가 아주 많다. 예산제약하에서 많은 대상자에게 급여를 주려면, 대상자 1인에게 돌아갈 수 있는 급여수준은 낮을 수밖에 없다. 따라서 사회수당은 사회적 적절성을 달성하기에 한계가 크다.

공공부조는 최저생활수준을 감안하여 급여수준을 정하므로 사회적 적절성의 가치가 반영된다. 그러나 사회적 적절성을 고려하여 공공부조 급여 수준을 높일 경우, 복지에 의존하지 않는 독립 노동자의 생활수준과의 형평성은 낮아진다. 따라서 크게 볼 때 공공부조의 급여는 사회적 적절성을 높게 실현하는 데에 한계를 가질 수 있다.

(5) 사회정의

사회정의(social justice)는 사회구성원에게 정당한 몫을 분배하고 이에 대한 권리와 책임을 바르게 부여하는 바람직한 사회의 원리를 뜻한다. 사회복지정책은 정의로운 사회를 위하여 기획되고 집행되어야 하므로 사회정의는 사회복지정책의 중요한 가치이다.

사회정의의 근대적 논의를 출발시켰던 벤담(Bentham)의 공리주의는 최대다수의 최대행복을 사회정의의 원칙으로 하였다(Crimmins, 1996). 이 원칙은 사회효용의 총량을 강조하지만, 사람들 간 효용의 분배는 그다지 중요하게 고려하지 않았다. 분배가 불평등해도 효용 즉 행복의 총합이 극대화되면 좋은 것이기 때문이다.

롤스(Rawls)는 공리주의가 분배문제에 무관심하다고 비판하면서, 구성원 간 정의로운 분배가 이루어지도록 정의의 원칙을 만들고자 하였다(Rawls, 2004).

롤스의 정의론은 당사자들이 서로 받아들일 수 있는 정의의 원칙을 가상적으로 선택하는 공정한 선택의 상황 즉 당사자들이 무지의 베일 속에 있는 원초적인 입장을 설정한다.

원초적 입장(original position)은 정의의 원칙을 도출하기 위해 사용한 장치이다. 원초적 입장의 사람들은 사회의 일반적인 사실 즉 일반 법칙 또는 이론 등은 알지만 자신의 사회적 지위, 계층, 자산, 능력, 지능, 체력 등 자신의 특수한 사실은 알 수 없다. 자신의 특수한 사실을 보지 못하는 이유는 무지의 베일(veil of ignorance) 때문이다. 무지의 베일 속에서 모두는 정의의 원칙에 합의한다. 무지의 베일 때문에 사람들은 자신에게 유리한 원칙을 도출할 수 없게 되고, 따라서 무지의 베일은 모두에게 공정한 원칙을 도출할 수 있게 한다.

또 원초적 입장의 사람들은 자기 이익을 추구하는 합리적인 존재이고, 타인의 이익에는 무관심해서 타인을 시기 또는 동정하지 않는다.

롤스는 원초적 입장에 있는 합의의 당사자들이 최소극대화의 원칙에 따라 아래에 서술된 정의의 두 원칙에 합의할 것으로 보았다. 최소극대화의 원칙은 최소수혜자의 기대치를 극대화하는 것이다.

- 제1원칙(평등한 자유의 원칙): 각자는 모든 사람의 유사한 자유 체계와 양립할 수 있는 평등한 기본적 자유의 가장 적합한 전체 체계에 대해 평등한 권리를 가져야 한다.
- 제2원칙: 사회적·경제적 불평등은 다음 두 가지 즉 차등의 원칙으로서 정의로운 저축 원칙과 양립하면서 최소 수혜자에게 최대의 이득이 되고, 공정한 기회균등의 조건 아래 모든 사람들에게 개방된 직책과 직위가 결부되게끔 편성되어야 한다.

정의의 제1원칙에 따라, 어떤 사람의 자유가 다른 그 누구의 자유도 침해하지 않는 선에서, 사회는 구성원들에게 최대한의 가능한 자유를 부여하도록 구조화되어야 한다. 즉 정의의 제1원칙은 모든 이에게 자유를 완벽하게 누릴 수 있도록 해야 한다는 것이다.

정의의 제2원칙은 사회적·경제적 불평등이 정당화될 수 있는 조건을 설정하였다. 정의의 제2원칙에 따라 사회적·경제적 불평등은 사회의 최소수혜자에게 최대의 이익이 되는 때에 허용될 수 있고, 모두에게 공정한 기회의 균등이 보장되어야 한다.

정의의 제2원칙 중에서 차등의 원칙에 따르면, 가장 어려운 상황에 있는 사람들이 평등한 분배하에 있을 때보다 더 나아질 수 있을 때에만 사회적·경제적 불평등이 허용될 수 있다. 공정한 기회 균등의 원칙에 따르면, 위에서 말한 유익한 불평등하에서, 이 불평등이 자원을 가지지 못한 사람들로 하여금 공직과 같은 권력이 있는 지위에 진출하는 것을 더 어렵게 해서는 안 된다.

정의의 제1원칙은 정의의 제2원칙에 우선한다. 정의의 제1원칙의 평등한 기본적인 자유는 더 큰 사회적·경제적 이득에 의하여 침해될 수 없다. 정의의 제2원칙 중에서는 공정한 기회 균등의 원칙이 차등의 원칙에 우선한다.

4) 사회복지정책의 영역과 유형

사회복지정책이 어떠한 분야에서 제기되는 어떠한 욕구를 해결하고자 하는 것인가는 해결해야 할 욕구가 무엇인가에 달려있다. 기본적 욕구는 육체적 생존의 욕구이다. 음식 등 육체적 생존에 필요한 기본적 재화를 구입할 수 있는 소득보장, 질병이나 부상을 치료할 수 있는 의료서비스, 거주에 필요한 주택 등은 육체적 생존에 필수적이다. 비물질적 측면의 욕구도 중요한데, 이를 위해 사회통합을 위한 교육과 아동·노인·장애인 등 사회적 약자의 심리·사회적 욕구 해결을 위한 개별 사회서비스가 필요하다.

영국의 사회행정가를 중심으로 한 이론으로는 사회복지정책의 주요 분야를 소득보장, 건강, 교육, 주택, 개별 사회서비스 등 다섯 영역을 기본으로 꼽는데, 우리나라는 교육, 주택 영역을 사회복지정책의 차원에서 다루는 경우가 상대적으로 적다(박병현, 2019). 한편 사회복지정책의 개념을 보다 넓게 바라보는 시각은 경제정책의 영역이라 할 수 있는 조세정책이나 노동시장정책을 사회복지정책의 영역에 포함하기도 한다. 우리나라 사회복지정책의 영역과 내용을 정리하자면 〈표 5-2〉와 같다.

〈표 5-2〉 우리나라 사회복지정책의 영역과 내용

영역		사회복지정책의 내용
주요 분야	소득보장정책	사회보험, 공공부조, 각종 수당제도 등
	건강보장정책	국민건강보험, 의료급여, 공공보건의료서비스 등
	개별 사회서비스	아동복지, 여성복지, 장애인복지, 청소년복지, 노인복지 등
	주택정책	주택자금 대출제도, 임대료 보조, 공공임대주택 등
	교육정책	학자금 지원, 영유아보육·교육 지원, 학교급식 등
확장된 분야	조세정책	소득공제, 조세감면, 근로장려세제(EITC) 등
	노동정책	고용정책, 조세정책, 임금정책, 교육·훈련정책(적극적 노동시장 정책) 등

2. 사회복지행정

1) 사회복지행정의 개념

사회복지행정은 사회복지와 행정의 합성어로 사회복지를 행정·관리한다는 의미이다(천정웅 외, 2015). 일반적으로 사회복지영역은 정책, 행정, 실천으로 구분되는 데, 행정은 정책과 실천을 이어주는 가교 역할을 한다. 그래서 사회복지행정은 인적·물적·사회적 자원을 동원하여 클라이언트를 위한 프로그램을 개발하고 실행하며, 지역사회와의 관계를 정립하고, 사회복지조직의 전 활동

과정을 평가하고 혁신시키는 일을 수행한다.

오늘날 사회복지행정의 중요성은 부각되고 있지만, 그 개념에 대해서는 아직 이론적 일치를 이루지 못하였다. 학자에 따라 사회복지행정을 다양하게 정의하고 있다. 관리적인 측면을 강조하는 학자가 있는가 하면, 기능적인 측면을 강조하는 학자도 존재한다. 하지만 대체적으로 사회복지행정은 협의의 사회복지행정과 광의의 사회복지행정으로 구분하고 있다.

협의의 사회복지행정은 사회복지행정을 사회복지실천 방법 중 하나로 간주하는 것이다. 이는 사회복지조직의 목표달성을 용이하게 하고자 조직관리자가 체계적으로 개입하여 수행하는 과정을 의미한다. 협의의 사회복지행정을 사회사업행정(social work administration) 또는 사회복지시설기관행정(social agency administration)이라고 부르기도 한다.

사회복지실천은 전통적으로 개별사회사업, 집단사회사업, 지역사회조직이라는 3대 방법으로 나뉘어 발달해왔다. 개별사회사업(case work)은 구체적이며 특수한 환경에 처한 개인과 그 가족을 대상으로 하고, 집단사회사업(group work)은 집단을 대상으로 하며, 지역사회조직(community organization)은 지역사회를 대상으로 변화를 모색하는 실천방법이다. 이와 마찬가지로 사회복지행정은 사회복지 시설 및 기관에서 사회복지서비스를 계획하고 시행해 나가는 과정을 통하여 변화를 이루어 가는 활동이다.

광의의 사회복지행정은 사회복지조직에 다양하게 기여하는 조직구성원들이 협동하도록 조정하는 활동뿐만 아니라 국가의 사회복지정책을 사회복지서비스로 구체화하는 데 필요한 사회복지 분야의 총체적인 활동을 말한다. 즉, 다양한 사회과학적 지식을 접목시켜 사회복지가 원활하게 시행되도록 하는 활동이다.

오늘날 우리 사회에는 다양한 공공 및 민간 사회복지조직이 생겨나고 있고, 사회과학이 지속적으로 발전하면서 사회복지행정의 범위가 점차 확대되고 있다. 따라서 광의의 사회복지행정은 협의의 사회복지행정을 포괄하는 것은 물론 사회복지조직 자체의 관리와 업무의 집행, 국가에서 시행하는 사회복지정책을 구체화하는 것 등 총제적인 활동을 말한다.

정리하자면 사회복지행정은 학자들에 따라 사회복지 실천방법 중 하나로 간주되기도 하지만, 직접 클라이언트를 대면하기 보다는 사회복지 시설 및 기관을 대상으로 하는 조직관리, 인사관리, 재정관리, 정보관리, 환경관리 등에 초점을 두기 때문에 사회복지실천을 지원하는 간접적인 사회복지실천으로 보는 것이 적절하다고 말할 수 있다.

2) 사회복지행정의 필요성

일반적으로 사회적 목적이 설정되고, 그 목표가 구체화되어 개인에게 사회복지서비스의 형태로 전달되기까지 복잡한 과정이 존재한다. 또한 빈곤, 실직을 비롯한 사회문제는 가족이나 이웃과 같은 1차 집단이 아니라 상당수가 다양한 공식조직 즉 2차 집단에 의해 해결된다. 이러한 점 때문에 조직활동을 기획하고, 실행하고, 평가하고, 피드백하는 일련의 체계가 필요하다. 이에 대응하는 것이 사회복지행정이다. 즉, 개별화되고 분화된 각종 사회복지 활동이 전체 사회적 목표를 달성하는데 기여하기 위해 사회복지 행정이 등장한 것이다. 이러한 사회복지행정은 책임성을 향상시켜주고, 시행착오를 줄여주기 때문에 조직운영의 효과성을 높인다.

3) 사회복지행정의 특징

사회복지행정이 일반 행정과 다른 점은 휴먼서비스에서 출발한다는 점이다. 휴먼서비스(human service)란 인간에게 직접적으로 제공하는 서비스를 모두 포괄하는 개념이다. 휴먼서비스의 본질은 서비스 대상이 사람이라는 점이다. 휴먼서비스는 도덕적 가치가 있는 사람 그 자체를 그 대상으로 삼는다. 서비스 이용자에게 직접적으로 서비스를 전달한다는 점과 이용자가 생산과정에 참여하여 영향을 미친다는 점에서 사회복지행정과 일반행정은 다르다(이종복 외, 2014).

따라서 휴먼서비스를 실천하는 사회복지행정에서는 인간의 고유한 가치와 특성을 이해하는 것이 무엇보다도 중요하다. 즉, 인간은 도덕적 존재이고, 그 자체로서 고귀한 존재라는 것이다. 그러므로 획일적인 서비스 제공이 아니라 각자에게 맞는 개별화된 서비스를 제공해야 한다.

휴먼서비스로서의 사회복지행정은 인본주의를 지향하므로, 가치중립적이지 않고 가치지향적인 행정기술을 활용한다. 예를 들어 사회복지사의 업무시간이 종료되었다고 하더라도 행정 편의상 클라이언트를 돌려보내기보다는 클라이언트의 요청에 친절히 응대하는 경우가 많다. 그 뿐만 아니라 사회복지행정은 클라이언트와 조직의 변화라는 목표달성을 위해서 조직간 연계와 협력을 강조한다. 그러다보니 변화하는 클라이언트의 욕구와 지역사회의 특성에 맞추어 조직의 목표를 끊임없이 수정할 수밖에 없다. 그러나 목표를 구체적이고 명확하게 설정하는 것은 쉽지 않다. 따라서 사회복지행정은 아무나 할 수 있는 일이 아니라서 전문가의 직무수행에 대한 의존도가 높을 수밖에 없다. 즉, 사회복지행정은 사회복지사의 업무수행능력에 크게 의존할 수밖에 없다. 다음의 〈표 5-3〉에는 사회복지행정의 특징을 정리하였다.

〈표 5-3〉 사회복지행정의 특징

구분	특징	내용
조직의 지향점	도덕적 가치와 사회적 책임성	– 사회복지행정은 인본주의를 지향하므로, 가치중립적이지 않고 가치 지향적이다. – 사회복지조직은 상당수가 외부의 인적·물적 자원을 동원하여 비영리를 기초로 운영되므로, 사회적 책임성에 대한 요구를 받는다. 따라서 사회복지조직에서 활용하는 기술은 사회적으로 정당성을 인정받아야 한다.
조직의 목표	목표의 모호성	– 사회복지조직은 목표를 수치화하거나 계량화하기 어려운 경우가 많다. 더구나 운영자금을 지역사회의 후원자로부터 받기 때문에 그 후원집단에 의존하기 쉽고, 외부환경의 영향을 쉽게 받는다. – 따라서 정부의 정책방향과 다양한 이해관계자의 목표를 수용하는 과정에서 조직의 목표는 간명하게 정의내리기 어려워지기 때문에, 결과적으로 모호하거나 불확실해질 수밖에 없다. 조직목표가 불명확하여 합의 도출이 어려운 한계점 역시 갖는다.
조직의 기술	기술의 불확실성	– 인간은 복잡한 형태로 서로 연관되어 있고, 다양한 속성을 지녔으며, 변동적이고 불안정한 존재이다. 인간을 대상으로 하는 사회복지행정 역시 이러한 속성을 갖는다. – 따라서 서비스를 제공하는 전문가의 역량에 의존하는 경우가 많으므로, 기술은 명료하지 못하고 불확실하다.
서비스 전달 과정	전문가와 대상자의 상호작용 강조	– 사회복지조직의 핵심 활동은 전문가와 클라이언트의 상호작용에 의해 이루어지므로, 전문가의 재량이 많이 발휘된다. – 따라서 전문가와 클라이언트의 상호작용의 질이 조직의 목표달성에 중요한 요인이 된다.
성과 평가	성과측정의 어려움	– 인간의 심리·정서적 변화 양상은 측정하기 쉽지 않다. 인간의 심리·정서적 변화를 측정할 수 있는 신뢰도와 타당도가 확보된 척도를 찾기도 어렵다. – 따라서 성과측정이 용이하지 않고, 또한 조직성과의 객관적 증명도 쉽지 않다.

4) 사회복지행정의 가치

사회복지행정의 가치는 사회복지행정이 지향하고자 하는 이념과 정신을 의미한다. 사회복지행정의 가치는 사회복지정책을 서비스로 전환시키는 과정에서 중요한 기준이자 목표로 작용하여 실천방향을 제시해주는 나침반과 같다. 즉 그것은 행정가들이 맡은 바 임무를 수행하고 당면한 문제를 올바른 방향으로 이끌어가는 지침, 그리고 행정 활동의 결과를 분석하고 평가하기 위한 기준이 된다. 사회복지행정의 가치에는 여러 가지가 있으나, 핵심적인 가치는 다음과 같다.

(1) 효과성

효과성은 처음 계획한 목표의 달성정도를 의미한다. 욕구충족이나 문제해결 과정에서 조직과 서비스가 어느 정도 유효한가를 뜻하는 것이다. 사회복지조직의 목표가 명확하게 설정되어 있어야만 그 달성 여부를 파악할 수 있다. 따라서 조직의 목표설정이 명확하게 선행되어 있어야만 그 효과성을 평가할 수 있다.

(2) 효율성

효율성은 최소의 자원으로 최대의 효과를 어떻게 창출해 낼 것인가와 관련된 개념이다. 즉 가능한 한 적은 인적·물적 자원과 시간을 투입하여 많은 서비스를 제공할 수 있어야 한다는 것이다. 효율성은 자원이 한정되어 있는 사회복지서비스를 공급하는데 있어서 중요한 가치이다. 그러나 사회복지의 특성상 현장에서 효율성을 추구한다는 것이 어려운 것도 사실이다. 따라서 자원의 한계를 넘어서 주어진 자원으로 최적의 서비스와 최대한의 만족을 클라이언트에게 제공해야 한다는 뜻으로 효율성을 이해하는 것이 바람직하다.

(3) 공평성

공평성은 동일한 욕구를 가진 대상자에게는 동일한 혜택을 제공해야함을 뜻한다. 이 경우 공평성이란 형식적 평등만을 뜻하는 것이 아니다. 기회의 평등이 확보되었다고 하더라도, 그것이 반드시 결과의 평등으로 이어지는 것은 아니기 때문이다. 장애를 가진 대상자에게 특별한 서비스를 제공하였다고 하더라도 항상 만족스러운 결과가 나오는 것은 아닌 경우가 많은 것도 사실이다. 공평성은 수평적 공평성과 수직적 공평성으로 구분할 수 있다.

① 수평적 공평성

수평적 공평성은 동일한 것을 동일하게 취급하는 것(equal treatment for equals)을 말한다. 수평적 공평성은 모든 사람이 인간의 존엄과 인격 면에서 동등하기 때문에 기계적으로 동일하게 취급되어야 한다고 주장하는 경우의 공평성을 말한다. 예를 들어 선거 시 국민 모두 한 표씩만 투표할 수 있다거나, 만 7세 미만일 경우 아동수당을 지급하는 등의 사례들은 수평적 공평성에 해당하는 사례라고 말할 수 있다.

② 수직적 공평성

수직적 공평성은 상이한 사람들을 서로 다르게 취급하는 것(unequal treatment for unequals)을 말한다. 수직적 공평성은 사람들이 인간의 존엄과 인격 면에서는 동등하지만, 경제력이나 능력 등 다른 측면에서 차이가 있을 경우 다르게 취급되어야 한다고 주장하는 경우의 공평성을 의미한다. 예를 들어 의료급여 대상자 선정, 장애인 편의시설 확충 등이 수직적 공평성에 해당하는 사례라고 말할 수 있다.

(4) 접근성

편의성 또는 접근성은 사회복지 대상자가 서비스를 쉽게 이용할 수 있도록 해야 함을 뜻한다. 예를 들어 사회복지시설이 충분한 설비를 갖추고 있다고 하더라도, 그러한 설비가 이용자와 물리적으로 멀리 떨어져 있거나, 시설의 운영·관리가 지나치게 관료적이라면 클라이언트가 서비스를 이용하는 데 어려움을 겪는다. 따라서 접근성을 높이기 위해서는 시설의 위치나 교통수단 등과 같은 물리적 요소뿐만 아니라 서비스에 대한 홍보 같은 요소도 고려해야 한다.

교통이 불편한 곳에 사회복지기관이 위치해 있거나, 서비스 이용절차가 까다롭거나, 서비스 정보가 충분히 제공되지 않거나, 서비스 이용비용이 너무 높거나, 낙인을 부여하는 등은 접근성을 떨어뜨리는 주요 원인이다. 따라서 접근성을 높이기 위한 방안으로서 아웃리치 활동을 실시하는 경우도 많다. 이는 사회복지기관이나 서비스 기관을 찾지 않는 사람을 직접 찾아가서 실시하는 지원활동이다. 또한 서비스가 필요한 인구수와 특성을 고려하여 서비스 조직을 배치하는 것, 서비스 이용에 대한 비용부담을 낮추는 것도 접근성을 높이기 위한 방법으로 활용된다.

사회복지행정의 가치를 정리하자면 [그림 5-1]과 같다.

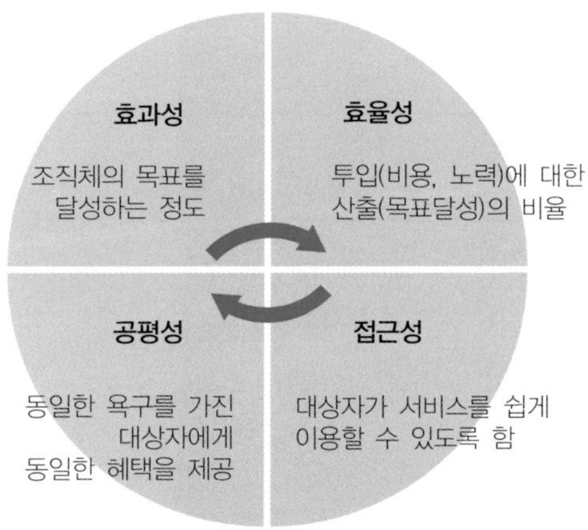

[그림 5-1] 사회복지행정의 가치

5) 사회복지행정의 과정

사회복지행정도 일반 행정과 마찬가지로 조직을 통해 실천되는 과정이기 때문에 일반 행정에서처럼 기획, 조직, 인사, 지시, 조정, 보고, 재정, 평가와 같은 일련의 과정을 따른다(Gulick, 1937). 사회복지행정의 과정을 정리하면 〈표 5-4〉와 같다.

〈표 5-4〉 사회복지행정의 과정

구분	내용
기획(planning)	조직의 목적과 목표를 달성하기 위한 과업 및 수행방법을 결정하는 과정으로서, 사회복지행정가는 변화하는 환경에 맞추어 과업을 기획하고 방법과 기술을 결정해야 한다.
조직(organization)	성정한 목표를 달성하기 위하여 조직의 공식구조를 통해 직무를 배분하고, 규정하며, 조직목표와 과업변화에 부응하여 조직구조를 설정하는 단계로서, 주로 과업을 할당한다.
인사(staffing)	직원을 채용하고, 교육·훈련하며, 경우에 따라서는 해고한다.
지시(directing)	조직의 관리자로서 여러 가지 의사결정을 한 후, 그 결정을 구체적이고 일반적인 명령, 지시의 형태로 구체화하는 과정을 말한다.
조정(coordinating)	업무의 다양한 부분들을 상호 관련시키는 중요한 과정으로서, 사회복지행정가는 부서 간, 직원 간 효과적인 의사소통의 망을 만들어 유지·조정한다.
보고(reporting)	업무의 진행상황을 알리는 것이다. 기록, 조사·연구, 감독과정을 통해 직원, 이사회, 지역사회, 행정기관, 후원자 등에게 조직에서 발생하는 상황을 전달한다.
재정(budgeting)	예산편성 및 결산과 관련된 모든 일을 수행하는 과정이다. 재정을 투명하게 관리·운용할 수 있어야 하며, 중장기적인 재정계획을 수립한 후, 회계규정에 따라 재정운영에 대한 책임을 진다.
평가(evaluating)	서비스의 효과성과 효율성을 평가한다.

CHAPTER 06

Introduction to Social Welfare

사회보장

1. 사회보장의 이해
2. 사회보장의 종류

CHAPTER 06

사회보장

1. 사회보장의 이해

1) 사회보장의 개념과 정의

사회보장은 모든 국민이 다양한 사회적 위험으로부터 벗어나 행복하고 인간다운 생활을 향유할 수 있도록 자립을 지원하며, 사회참여·자아실현에 필요한 제도와 여건을 조성하여 사회통합과 행복한 복지사회를 실현하는 것을 기본 이념으로 한다. 사회보장은 기초생활의 보장(국민의 생존권 보호), 소득재분배(사회적 불평등 완화), 사회적 연대감 증대(사회통합)를 주요 목적으로 하고 있다. 이처럼 사회보장은 전 국민을 사회복지의 대상자로 하여 하나의 권리로 복지서비스를 제공하고, 복지수혜 자격과 기준을 균등화하여 복지서비스의 수급자들이 그 어떤 낙인감이나 열등감도 갖지 않게 하는 보편주의를 추구하고 있다.

사회보장제도가 실질적으로 시행된 것은 1880년대 독일의 비스마르크 시대에 사회입법으로서 건강보험(1883), 산재보험(1884), 노령폐질보험(1889)이 제정되면서부터이다. 사회보장이라는 용어는 미국의 루즈벨트(Roosevelt, F. D.) 대통령이 1934년 의회에서 뉴딜(New Deal)정책을 설명하면서 사용하기 시작하였으며, 1935년 사회보장법(Social Security Act)이 제정된 이후 점차 세계 각국으로 사회보장의 개념이 전파되었다. 사회보장에 관한 이론적 접근은 1942년 영국의 베버리지(Beveridge, W. H.)에 의해 〈사회보험 및 관련 서비스(social insurance and allied services)에 관한 보고서〉가 발간된 때부터라고 할 수 있다.

대표적인 사회보장의 정의는 다음과 같다.

- 베버리지 보고서(1942): 사회보장은 결핍, 질병, 무지, 불결, 나태 중 결핍으로부터의 자유를 지향하며 빈민과 같은 특정 집단뿐 아니라 모든 국민을 대상으로 최저한의 소득을 보장해주는 제도이다.
- 국제노동기구(ILO, 1952): 사회보장은 사람들이 여러 가지 위험들로 인해 소득이 일시적으로 중단되었거나, 소득이 영원히 중단되거나, 지출이 크게 증가하여 사람들이 이전의 생활을 하지 못할 경우, 이전의 생활을 유지할 수 있도록 지원하는 국가의 모든 프로그램이다.
- 우리나라 「사회보장기본법」(1995. 제정, 2021. 12. 9. 시행) 제3조(정의): 사회보장이란 출산, 양육, 실업, 노령, 장애, 질병, 빈곤 및 사망 등의 사회적 위험으로부터 모든 국민을 보호하고 국민 삶의 질을 향상시키는 데 필요한 소득·서비스를 보장하는 사회보험, 공공부조, 사회서비스[1)]를 말한다.

1) "사회서비스"란 국가·지방자치단체 및 민간부문의 도움이 필요한 모든 국민에게 복지, 보건의료, 교육, 고용, 주거, 문화, 환경 등의 분야에서 인간다운 생활을 보장하고 상담, 재활, 돌봄, 정보의 제공, 관련 시설의 이용, 역량 개발, 사회참여 지원 등을 통하여 국민의 삶의 질이 향상되도록 지원하는 제도를 말한다(사회보장기본법 제3조 4호).

2) 사회보장 급여 지급의 3가지 형태

(1) 비기여/자산조사 형태

소득과 재산이 기준 이하인 가구 혹은 개인에게 별도의 기여 없이 급여를 지급하며 최저한의 생활을 보장하는 형태로써 사회보장제도 중 가장 오래된 유형이다. ➢ 공공부조 프로그램

(2) 비기여/비자산조사 형태

국적이나 인구학적 조건만 충족시키면 별도의 보험료 등의 기여나 소득·재산의 자산조사 없이도 급여를 지급하는 형태이다. 사회수당 또는 데모그란트(demogrant)라고 한다. ➢ 아동수당, 장애수당, 노인수당 등

(3) 기여·비소득/자산조사 형태

위험에 대한 예방의 차원에서 소득이 있을 때 보험료를 납부하고 위험이 발생했을 때 급여를 제공받는 형태로써 사회보험이 이에 해당한다. ➢ 국민연금, 건강보험, 고용보험, 산업재해보상보험, 노인장기요양보험(5대 보험)

3) 사회보장의 4가지 원칙

(1) 보편성의 원칙: 사회보장이 대상으로 하는 '사회적 위험'과 '가입대상자 범위'에 있어서 포괄적이고 보편적이어야 한다.
(2) 최저선 보장과 충분성의 원칙: 사회보장의 급여수준은 전 국민의 사회적 최저선 보장과 가족의 소득보장에 충분할 정도로 되어야 한다.
(3) 국가책임의 원칙: 국가는 국민에 대한 최저한의 생활보장과 의료보장을 위한 비용을 보장해야 한다.

(4) 행정의 민주와 참여자 존중의 원칙: 사회보장 행정에 있어서 민주원칙과 가입자의 참여가 존중되어야 한다.

2. 사회보장의 종류

우리나라 「사회보장기본법」 제3조에서 "사회보장이란 출산, 양육, 실업, 노령, 장애, 질병, 빈곤 및 사망 등의 사회적 위험으로부터 모든 국민을 보호하고 국민 삶의 질을 향상시키는 데 필요한 소득·서비스를 보장하는 사회보험, 공공부조, 사회서비스를 말한다."고 그 종류를 규정하고 있다.

1) 사회보험

사회보장제도 중에서 가장 중요한 것이 사회보험이다. 사회보험은 질병, 장애, 산업재해, 실업, 노령 등의 사회적 위험으로부터 국민들을 보호하기 위하여, 수혜자로부터 보험료를 미리 거두어 두었다가 필요할 때 비용을 지급해 주는 사전적·예방적 공공보험이다. 이러한 사회보험의 특징은 강제가입, 최저생활의 보장, 국가독점운영이다.

"사회보험"이란 국민에게 발생하는 사회적 위험을 보험의 방식으로 대처함으로써 국민의 건강과 소득을 보장하는 제도를 말한다(사회보장기본법 제3조 2호). 우리나라의 5대 사회보험[2]으로는 국민연금, 국민건강보험, 고용보험, 산

---

2) 5대 사회보험 중 노인장기요양보험을 제외한 국민연금, 국민건강보험, 고용보험, 산업재해보상보험을 일반적으로 4대 (사회)보험이라고 한다. 우리나라 5대 사회보험법의 제정순서는 산업재해보상보험법(1963.11), (국민건강)의료보험법(1963.12), 국민연금법(1986.12), 고용보험법(1993.12), 노인장기요양보험법(2007.4)이다. 따라서 우리나라 사회보험법 중에서 최초로 제정된 법은 산업재해보상보험법이다.

업재해보상보험, 노인장기요양보험이 있다.

(1) 국민연금

① 국민연금의 의의와 목적

국민연금이란 가입자인 국민이 노령에 달하거나 장애, 사망에 처하는 경우 본인이나 그 유족에게 일정액의 연금을 지급함으로써 소득능력 상실 시에도 사회적 차원에서 대응하여 기본생활을 보장하는 보편적 노후소득보장 제도이다. 기여를 조건으로 하는 보험원칙이 적용되고, 법률로 가입이 강제되며, 급여가 저소득층에 유리하게 되어 있어서 소득재분배 기능이 있다. 국민연금은 국가의 지급보장으로 안정성을 확보하고, 물가변동에 따른 실질가치가 보장되는 장점이 있다.

국민연금은 국민의 노령, 장애 또는 사망에 대하여 연금급여를 실시함으로써 국민의 생활안정과 복지증진에 이바지하는 것을 목적으로 한다(국민연금법 제1조).

② 국민연금의 가입대상

- 내국인: 국내에 거주하는 18세 이상 60세 미만의 국민으로, 공무원연금법, 군인연금법, 사립학교교직원연금법, 별정우체국법의 적용을 받는 자는 제외한다.
- 외국인: 국내에 거주하는 외국인도 내국인과 동일하게 국민연금에 가입해야 한다. 다만 우리나라와 사회보장협정을 맺은 나라에서 파견된 근로자는 양국의 사회보장협정에서 정하는 바에 따른다.

③ 국민연금 급여의 종류

- 노령연금: 가입기간 10년 이상인 자가 60세에 달한 때

- 소득활동에 따른 노령연금: 10년 이상 가입하고 60세에 도달하여 노령연금을 받고 있는 자로서 월평균 소득이 기준 값을 초과하는 소득의 업무에 종사하는 경우에는 60세에서 65세 미만의 기간 동안 일정 금액의 연금액을 감액
- 조기 노령연금: 10년 이상 가입하고 55세 이상 60세 미만인 자로서 소득이 있는 업무에 종사하지 아니하는 경우 본인이 희망한 때
- 배우자 분할 노령연금: 혼인기간이 5년 이상인 자가 이혼한 경우에는, 배우자가 노령연금 수급권을 취득하고 본인이 60세에 도달하였을 때 청구하여 혼인 기간에 해당하는 연금액을 균등하게 나누어 받는 제도로써 재혼 여부에 관계없으며 청구 권리의 시효는 5년
- 장애연금: 가입자가 가입 중에 질병 또는 부상으로 인해 완치 후에도 장애가 남는 경우에 지급
- 유족연금: 노령연금 수급권자 등이 사망했을 경우 그에 의해 생계를 유지하고 있던 유족에게 지급
- 반환 일시금: 가입자 또는 가입자였던 자가 가입기간이 10년 미만으로 60세가 된 때, 사망한 때, 국적을 상실하거나 국외로 이주한 때에는 본인 및 유족의 청구에 의해 일시금으로 지급
- 사망 일시금: 가입자 또는 가입자였던 자가 사망한 때에 유족연금과 반환 일시금의 수급요건을 충족하는 유족이 없을 경우에 일시금으로 지급(순위는 배우자, 자녀, 부모, 손자녀, 조부모, 형제자매 또는 4촌 이내 방계혈족(傍系血族)의 순서로 우선 순위자에게 지급)

(2) 국민건강보험

① 국민건강보험의 의의와 목적

국민건강보험은 사회보험방식을 통하여 국민의 건강을 확보하고, 소득유지

와 생활의 안정을 함께 도모하는 사회보장제도로써 기본적인 진료비 보장과 질병치료는 물론 건강진단·재활 및 예방의 범위까지 포함하는 적극적이고 포괄적인 의미를 가지는 제도이다.

국민의 질병·부상에 대한 예방·진단·치료·재활과 출산·사망 및 건강증진에 대하여 보험 급여를 실시함으로써 국민보건 향상과 사회보장 증진에 이바지함을 목적으로 한다(국민건강보험법 제1조).

② 국민건강보험의 가입대상

국내에 거주하는 모든 국민은 가입자 또는 피부양자가 된다. 기초생활수급자나 독립유공자 등으로 보험료를 납부하지 않는 의료급여 대상자를 제외한 모든 국민은 국민건강보험의 가입자가 된다. 제외 대상자의 경우 의료급여법의 적용으로 건강보험료를 납부하지는 않지만 국가 및 지방자치단체의 재정으로 조성된 의료급여기금에서 급여비용을 부담하므로 국민건강보험 가입자와 같은 건강보장급여를 받을 수 있다.

③ 국민건강보험 급여의 종류

국민건강보험 급여의 종류에는 현물급여(요양급여, 건강검진), 현금급여(요양비, 장애인보장구, 본인부담상한제, 임신·출산진료비)가 있다. 우리나라의 건강보험제도는 현물급여를 원칙으로 일부 현금급여를 병행하고 있으며 본인일부부담금제도를 채택하고 있다. 본인일부부담금은 요양급여를 받은 자가 비용의 일부를 부담하는 제도로 거의 모든 국가에서 이 제도를 채택하고 있다. 본인일부부담금제도를 두는 이유는 서비스의 남용을 억제하고(도덕적 해이 방지), 수익자와 비수익자 간의 형평성을 도모하며, 수익자 부담금을 사회보장 재원으로 재 충당할 수 있다는 데 있다.

(3) 고용보험

① 고용보험의 의의와 목적

고용보험은 실직 근로자에게는 실업급여 지급과 고용촉진 등을 위한 고용안정사업, 직업능력개발사업을 연계 실시하는 사회보장제도로서, 이를 통해 실직 근로자의 생활보장과 고용대책을 통합적으로 운영하고 있다. 따라서 고용보험은 실직자에 대한 생계지원을 포함하여 근로자의 재취업 촉진, 실업의 예방 및 고용안정, 노동시장의 구조 개편, 직업능력개발을 강화하기 위한 사전적·적극적 차원의 종합적인 노동시장정책이라 할 수 있다.

고용보험은 실업의 예방, 고용의 촉진 및 근로자의 직업능력의 개발과 향상을 꾀하고, 국가의 직업지도와 직업소개기능을 강화하며, 근로자가 실업한 경우에 생활에 필요한 급여를 실시하여 근로자의 생활안정과 구직활동을 촉진함으로써 경제 및 사회 발전에 이바지하는 것을 목적으로 한다(고용보험법 제1조).

② 고용보험의 가입대상 및 급여종류

1인 이상 근로자를 사용하는 모든 사업 또는 사업장이 가입대상[3]이다. 고용보험의 급여종류는 다음과 같다.

- 실업급여: 구직급여, 취업촉진수당(조기재취업수당, 직업능력개발수당, 광역구직활동비, 이주비), 연장급여(훈련연장급여, 개별연장급여, 특별연장급여), 상병급여
- 모성보호급여: 출산전후 휴가급여, 육아휴직급여, 육아기 근로시간 단축
- 고용안정 및 직업능력 개발사업: 고용창출의 지원, 고용조정의 지원, 지역

---

3) 가입 적용제외 사업장: ① 농업·임업 및 어업 중 법인이 아닌 자가 상시 4명 이하 근로자를 사용하는 사업, ② 총 공사금액이 2천만 원 미만인 공사, ③ 연 면적 100㎡ 이하인 건축물 건축 또는 200㎡ 이하인 건축물의 대수선 공사, ④ 가구 내 고용활동 및 달리 분류되지 아니한 자가소비 생산 활동

고용의 촉진, 고령자 등 고용촉진의 지원, 건설근로자 등의 고용안정 지원, 고용안정 및 취업촉진, 고용촉진시설에 대한 지원, 사업주에 대한 직업능력개발 훈련의 지원, 피보험자들에 대한 직업능력개발 지원, 직업능력개발 훈련시설에 대한 지원, 직업능력개발의 촉진, 건설근로자 등의 직업능력개발 지원, 고용정보의 제공 및 고용지원 기반의 구축, 지방자치단체에 대한 지원

(4) 산업재해보상보험

① 산업재해보상보험의 의의와 목적

산업사회의 고유한 문제인 업무상 재해와 업무상 질병으로 인한 소득상실을 보전함과 동시에 요양서비스와 재활서비스를 충분히 제공하여 성공적인 직업복귀를 도모하는 제도이다. 대부분의 국가에서 의료보장제도와 함께 가장 오래된 사회보장제도로 우리나라에서도 사회보험 중에서 가장 먼저 도입된 제도이다.

근로자의 업무상 재해를 신속하고 공정하게 보상하며, 재해근로자의 재활 및 사회복귀를 촉진하기 위하여 이에 필요한 보험시설을 설치 운영하고, 재해예방과 그밖에 근로자의 복지증진을 위한 사업을 시행하여 근로자 보호에 이바지하는 것을 목적으로 한다(산업재해보상보험법 제1조).

산업재해보상보험의 기초는 무과실책임주의이다. 무과실책임주의는 자기의 행위에 고의 및 과실이 없더라도 자기의 기업 행위나 소유물이 위험성을 갖고 있어 타인에게 손해를 야기하였다면 그 기업주, 행위자, 소유자는 위험 야기에 따른 손해배상 책임을 져야 한다는 위험책임의 법리로 산업재해보상보험의 기초가 되었다.

② 산업재해보상보험의 가입대상

- 당연적용사업: 근로자를 사용하는 모든 사업 또는 사업장에 적용한다.
- 임의적용사업(임의가입자): 사업의 위험률, 규모 및 사업장소 등을 참작하여 대통령령에 의하여 「산재보험법」의 적용이 제외되는 사업(공무원, 군인, 선원, 건설업자, 전기공사업자, 소방시설업자, 정보통신공사업자, 문화재수리업자 등 타 법에 의하여 재해보상을 받는 사업 등)의 사업주도 근로복지공단의 승인을 얻어 가입할 수 있다.
- 적용특례: 근로자가 아닌 사람도 「산재보험법」에서 특별히 정한 사람(현장실습생, 산업연수생, 해외에 근무하는 근로자, 중소기업의 사업주 등)은 이 보험의 혜택을 받을 수 있다.

③ 산업재해보상보험의 급여종류

산업재해보상보험의 급여종류에는 요양급여, 휴업급여, 장해급여, 간병급여, 유족급여, 상병보상연금, 장의비, 직업재활급여, 특별급여(장해특별급여, 유족특별급여)가 있다.

(5) 노인장기요양보험

① 노인장기요양보험의 의의와 목적

노인장기요양보험이란 고령이나 노인성 질병 등으로 인하여 6개월 이상 동안 혼자서 일상생활을 수행하기 어려운 노인 등에게 신체활동 또는 가사지원 등의 장기요양급여를 사회적 연대원리에 의해 제공하는 사회보험제도이다. 국민건강보험과의 차이점은 국민건강보험은 주로 병·의원 및 약국에서 제공하는 치료서비스를 제공하는 반면, 노인장기요양보험은 요양시설이나 재가 장기요양기관을 통해 신체활동 또는 가사지원 등의 서비스를 제공한다는 점이다.

고령이나 노인성 질병 등의 사유로 일상생활을 혼자서 수행하기 어려운 노인 등에게 제공하는 신체활동 또는 가사활동 지원 등의 장기요양급여에 관한 사항을 규정하여 노후의 건강증진 및 생활안정을 도모하고 그 가족의 부담을 덜어줌으로써 국민의 삶의 질을 향상하도록 함을 목적으로 한다(노인장기요양보험법 제1조).

② 노인장기요양보험의 가입대상

노인장기요양보험의 가입대상은 국민건강보험 가입자와 동일하다. 따라서 모든 국민은 노인장기요양보험 가입자와 피부양자가 된다. 의료급여 수급권자 등은 국민건강보험과 장기요양보험의 가입대상에서 제외되지만 국가 및 지방자치단체의 부담으로 적용대상에는 포함된다.

③ 노인장기요양보험의 급여대상

노인장기요양보험 가입자 및 피부양자, 의료급여 수급자가 노인장기요양보험 급여를 받기 위해서는 장기요양인정(일정한 절차에 따라 장기요양급여를 받을 수 있는 권리 즉 수급권을 부여하는 것)을 받아야 한다. 장기요양인정을 신청하기 위해서는 ① 장기요양보험 가입자 또는 피부양자, 의료급여 수급권자여야 하며, ② 65세 이상의 노인 또는 65세 미만의 자로서 치매·뇌혈관성질환 등의 노인성 질병을 가진 자의 두 가지 요구자격을 모두 갖추어야 한다.

④ 노인장기요양보험의 급여 제공시기와 종류

장기요양급여는 1-5등급 및 인지지원등급의 장기요양인정을 받은 사람을 대상으로 하며, 장기요양인정서가 도달한 날부터 장기요양급여를 받을 수 있다. 급여의 종류는 재가급여(방문요양, 방문목욕, 방문간호, 주야간보호, 단기보호, 복지용구지원), 시설급여(노인요양시설, 노인요양공동생활가정), 특별현금급여(가족요양비, 특례요양비, 요양병원간병비)가 있다.

2) 공공부조

공공부조(公共扶助)란 국가와 지방자치단체의 책임하에 생활 유지 능력이 없거나 생활이 어려운 국민의 최저생활을 보장하고 자립을 지원하는 제도를 말한다(사회보장기본법 제3조 3호). 우리나라 공공부조에는 5대 제도로써 국민기초생활보장제도, 의료급여제도, 기초연금, 장애인연금, 긴급복지지원제도가 있다.

(1) 국민기초생활보장제도

① 국민기초생활보장제도의 의의와 목적

국민기초생활보장제도란 헌법상의 생존권 보장의 이념을 실현하기 위한 공공부조제도로, 생활이 어려운 자에게 필요한 급여를 행하여 이들의 최저생계를 보장해줌으로써 인간다운 생활을 구체적으로 실현하기 위한 법적 제도이다. 즉 생계급여, 주거급여, 의료급여, 교육급여, 해산급여, 장제급여를 통해 저소득층의 생활상 곤란을 완화시켜 주고, 자활급여를 제공하여 빈곤에 처한 사람들이 스스로 자립·자활할 수 있도록 도와준다.

국민기초생활보장제도는 생활이 어려운 자에게 필요한 급여를 행하여 이들의 최저생활을 보장하고 자활을 조성하는 것을 목적으로 한다(국민기초생활보장법 제1조). 이러한 목적은 기존의 생활보호법에 의한 국가 재량의 자선적 생활보호급여에서, 법적인 보장을 받는 국민의 권리성 급여로 전환되었다는 것을 의미한다.

② 국민기초생활보장제도의 수급권자 선정기준 및 급여종류

수급권자란 급여를 받을 수 있는 자격을 가진 사람을 의미한다. 국민기초생활보장 수급자가 되기 위해서는 근로능력과 연령 등에 관계없이 가구의 소득인정액이 급여별 선정기준 금액 이하이어야 하고, 부양의무자가 없거나 부양의무자가 있어도 부양능력이 없거나 부양을 받을 수 없어야 하는(교육급여는 제외) 두 가지 기준을 동시에 충족해야 된다.

보건복지부장관 또는 소관 중앙행정기관의 장은 매년 8월 1일까지 중앙생활보장위원회의 심의·의결을 거쳐 다음 연도 급여의 종류별 수급권자 선정기준 및 최저보장수준을 결정하고 공표해야 한다.

급여종류는 현재 7가지로써 생계급여, 의료급여, 해산급여, 장제급여, 자활급여, 주거급여, 교육급여가 있다.[4)]

급여의 보장기관인 시장·군수·구청장은 수급자와 부양의무자에 대하여 필요한 조사를 실시한 후 그 결과에 따라 지체 없이 급여실시 여부와 급여내용을 결정하여야 한다. 급여실시는 수급권자 또는 수급자의 거주지를 관할하는 시·도지사와 시장·군수·구청장이 하며, 교육급여인 경우에는 시·도교육감이 실시한다. 다만, 주거가 일정하지 아니한 경우에는 수급권자 또는 수급자가 실제 거주하는 지역을 관할하는 시장·군수·구청장이 실시한다.

(2) 의료급여제도

① 의료급여제도의 의의와 목적

의료급여제도는 「국민기초생활보장법」에 의한 수급자 등 생활유지능력이 없거나 경제능력을 상실한 사람들을 대상으로 정부가 의료서비스를 제공하는 공공부조제도로, 국민건강보험제도와 함께 의료보장정책의 중요한 수단이 되고 있다.

「의료급여법」은 생활이 어려운 사람에게 의료급여를 함으로써 국민보건의 향상과 사회복지의 증진에 이바지함을 목적으로 한다(의료급여법 제1조).

4) 자활급여는 보건복지부장관이, 주거급여는 국토교통부장관이, 교육급여는 교육부장관이 수급권자 선정기준 및 최저보장수준을 결정한다.

② 의료급여의 내용

수급권자의 질병·부상·출산 등에 대한 의료급여의 내용에는 진찰·검사, 약제(藥劑)·치료재료의 지급, 처치·수술과 그 밖의 치료, 예방·재활, 입원, 간호, 이송과 그 밖의 의료목적 달성을 위한 조치가 있다.

③ 의료급여의 상한일수

수급권자가 의료급여기금의 부담으로 의료급여를 받을 수 있는 상한일수는 다음과 같다.

- 결핵질환, 희귀난치성질환 및 중증질환: 각 질환 별로 연간 365일
- 정신 및 행동장애(뇌전증을 포함) 등 질환: 각 질환 별로 연간 365일
- 상기 질환 외의 기타 질환: 모든 질환의 의료급여 일수를 합하여 연간 365일 (다만, 인체면역결핍증바이러스 질환자에 대하여는 상한일수를 제한하지 아니함)

(3) 기초연금

① 기초연금의 의의와 목적

기초연금제도는 국민연금에 가입하지 못했거나, 가입기간이 짧아 충분한 연금을 받지 못하는 생활이 어려운 노인에게 정기적·안정적인 소득기반을 제공하여 생활안정을 지원하는 노후소득보장제도이다.

기초연금제도는 노인에게 기초연금을 지급하여 안정적인 소득기반을 제공함으로써 노인의 생활안정을 지원하고 복지를 증진함을 목적으로 한다(기초연금법 제1조).

② 기초연금의 수급권자

기초연금의 수급권자는 65세 이상으로서 소득인정액이 보건복지부장관이

고시하는 선정기준액 이하인 사람(소득 하위 70% 수준)이다. 직역연금(공무원, 사학, 군인, 별정우체국)의 수급자 및 배우자는 원칙적으로 적용이 제외된다.

(4) 장애인연금

① 장애인연금의 의의와 목적

장애인연금은 중증장애인에게 근로능력의 상실 또는 현저한 감소로 인하여 줄어드는 소득과 장애로 인하여 추가로 드는 비용을 보전하기 위하여 매월 일정액의 연금을 지급하는 제도이다.

장애인연금은 장애로 인하여 생활이 어려운 중증장애인에게 장애인연금을 지급함으로써 중증장애인의 생활 안정 지원과 복지 증진 및 사회통합을 도모하는 데 이바지함을 목적으로 한다(장애인연금법 제1조).

② 장애인연금의 수급권자

장애인복지법에 따라 등록된 중증장애인 중에서 만 18세 이상으로 본인과 배우자의 소득인정액(기초연금의 기준과 동일함)이 선정기준 이하인 자이다.

장애인연금의 특징은 무기여 연금으로써 재원은 국가의 일반재정으로 조달하고, 자산조사를 실시하여 수급권자를 결정하며, 장애수당과 달리 물가상승률을 반영하여 매년 인상된 연금을 수급권자에게 지급한다.

③ 장애인연금 기초급여와 부가급여

기초급여는 근로능력의 상실 또는 현저한 감소로 인한 소득을 보전해 주기 위한 소득보장 성격의 급여이며, 부가급여는 장애로 인하여 추가로 드는 비용의 전부 또는 일부를 보전해 주는 급여이다. 장애인연금의 경우 만 18~64세까지는 기초급여(기초연금법에서의 기준연금액)를 지급하고, 만 65세 이상이 되면 기초연금으로 전환하여 기초연금 수급자가 된다.

(5) 긴급복지지원제도

① 긴급복지지원제도의 의의와 목적

긴급복지지원제도는 가구의 주 소득자가 사망, 행방불명, 구금시설 수용 등으로 소득을 상실하였거나, 가구구성원이 중한 질병 또는 부상을 당하는 등의 사유로 생계유지가 어렵게 된 저소득층을 적극 발굴하여 생계, 의료, 주거비 등을 우선적으로 지원하고 사후에 지원의 적정성 여부를 조사하는 제도이다.

긴급복지지원제도는 생계곤란 등의 위기상황에 처하여 도움이 필요한 사람을 신속하게 지원함으로써 이들이 위기상황에서 벗어나 건강하고 인간다운 생활을 하게 함을 목적으로 한다(긴급복지지원법 제1조).

② 긴급복지지원대상자 및 급여종류

긴급복지지원대상자는 위기상황에 처한 사람으로서 「긴급복지지원법」에 따른 지원이 긴급하게 필요한 사람이다. 그럼에도 불구하고 「재해구호법」, 「국민기초생활 보장법」, 「의료급여법」, 「사회복지사업법」, 「가정폭력방지 및 피해자보호 등에 관한 법률」, 「성폭력방지 및 피해자보호 등에 관한 법률」 등 다른 법률에 따라 이 법에 따른 지원 내용과 동일한 내용의 구호·보호 또는 지원을 받고 있는 경우에는 이 법에 따른 지원을 하지 아니한다.

또한 국내에 체류하고 있는 외국인 중 대통령령으로 정하는 사람(대한민국 국민과 혼인 중인 사람, 대한민국 국민인 배우자와 이혼하거나 그 배우자가 사망한 사람으로서 대한민국 국적을 가진 직계존비속을 돌보고 있는 사람, 「난민법」에 따른 난민으로 인정된 사람, 본인의 귀책사유 없이 화재, 범죄, 천재지변으로 피해를 입은 사람, 그 밖에 보건복지부장관이 긴급한 지원이 필요하다고 인정하는 사람)이 긴급지원에 해당하는 경우에는 긴급지원대상자가 될 수 있다.

긴급복지지원제도의 급여종류는 생계지원, 의료지원, 주거지원, 교육지원, 사회복지시설이용지원, 민간기관·단체연계지원, 기타지원(동절기 연료비, 해산비, 장제비, 전기요금 등)이 있다.

3) 사회서비스

(1) 사회서비스의 개념과 목적

사회서비스란 일반적인 의미에서 개인 또는 사회전체의 복지증진 및 삶의 질 향상을 위해 사회적으로 제공되는 서비스를 말하며 공공행정(일반행정, 환경, 안전), 사회복지(보육, 아동, 장애인, 노인 보호), 보건의료(간병, 간호), 교육(방과 후 활동, 특수 교육), 문화(도서관, 박물관, 미술관 등 문화시설 운영)를 포괄하는 개념이다.

사회서비스란 국가·지방자치단체 및 민간부문의 도움이 필요한 모든 국민에게 복지, 보건의료, 교육, 고용, 주거, 문화, 환경 등의 분야에서 인간다운 생활을 보장하고 상담, 재활, 돌봄, 정보의 제공, 관련 시설의 이용, 역량 개발, 사회참여 지원 등을 통하여 국민의 삶의 질이 향상되도록 지원하는 제도를 말한다(사회보장기본법 제3조 4호).

「사회서비스 이용 및 이용권 관리에 관한 법률」은 국민들에게 사회서비스의 이용을 활성화하고 이용자의 선택권을 보장하도록 하여 국민의 복지증진에 이바지하는 것을 목적으로 한다(사회서비스 이용 및 이용권 관리에 관한 법률 제1조).

(2) 사회서비스 전자바우처 사업종류

바우처란 이용 가능한 서비스의 금액이나 수량이 기재된 증표(이용권)로, '전자바우처'는 서비스 신청, 이용, 비용 지불/정산 등의 전 과정을 전산시스템으로 처리하는 전달수단을 말한다.

보건복지부에서 전국적으로 실시하고 있는 사회서비스 전자바우처 관리센터인 '사회서비스 전자바우처(www.socialservice.or.kr.444)' 홈페이지에서 사업의 종류 및 서비스 대상과 자세한 이용방법을 확인할 수 있다. 사회서비스 전자바우처의 주요 사업으로는 산모/신생아건강관리지원사업, 지역사회서비스투자사업, 가사간병방문지원사업, 장애아동가족지원사업, 발달장애인지원사업, 임신출산진료지지원제도, 청소년산모임신출산의료비지원사업, 기저귀/조제분유지원사업, 아이돌봄지원사업, 에너지바우처사업, 여성청소년생리대바우처지원사업, 첫만남이용권지원사업 등이 있다.

CHAPTER

07

Introduction to Social Welfare

지역사회복지

1. 지역사회복지의 개념과 구성요소·특성
2. 지역사회복지실천(community practice)의 개요
3. 지역사회보장계획
4. 지역사회보장협의체
5. 지역사회복지의 추진기관

CHAPTER 07

지역사회복지

1. 지역사회복지의 개념과 구성요소·특성

1) 지역사회복지의 개념

지역사회(community)란 지리적으로는 특수성과 경계를 가지며 심리적으로는 구성원들의 동질감과 공동체성을 가지고 있는 포괄적이며 실제적인 활동을 추구하는 장(場)이라고 할 수 있다. 이러한 지역사회의 개념은 〈표 7-1〉과 같이 오래 전부터 지역사회가 수행하여 온 각종 제도적인 측면(가족, 종교, 경제, 정치, 사회복지)과 기능적인 측면(사회화, 사회통합, 생산·분배·소비, 사회통제, 상부상조)에서 폭넓게 사용하고 있다.

지역사회복지(community welfare)는 "주민의 복지증진과 삶의 질 향상을 위하여 지역사회 차원에서 전개하는 사회복지"(사회복지사업법 제2조 2호)로 정의하고 있다. 이러한 정의에서 볼 때 지역사회복지는 아동복지, 청소년복지, 노인복지와 같은 대상층 중심의 복지활동보다는 지역성을 기반으로 하는 뚜렷한 특징이 있다.

〈표 7-1〉 지역사회 내의 제도와 주요기능

제도	주요 기능 (길버트와 스펙트, 1974)	예
가족	사회화	자녀들이 노인을 공경하도록 가정교육을 실시하는 것
종교	사회통합	종교단체가 지역 내 어르신 대상으로 경로잔치를 개최하고 후원물품을 나누어주는 것
경제	생산·분배·소비	기업이 제품을 생산하여 판매하는 것
정치	사회통제	지역사회 내 경찰과 사법권을 통해 구성원들에게 순응하도록 강제력을 발휘하는 것
사회복지	상부상조	수급자인 독거어르신을 위하여 주민 일촌 맺기를 실시하고 생계비를 지원하는 것

출처: 염일열 외(2022), 지역사회복지론. p.16.

2) 지역사회복지의 특성

지역사회복지는 지역사회라는 독특한 체계를 기반으로 하기 때문에 일반적으로 예방성, 통합성과 포괄성, 연대성(공동성), 지역성의 4가지 특성을 가지고 있다(박태영, 2012. 요약 재구성).

(1) 예방성

사회복지 욕구나 생활문제를 주민참여를 통해 조기에 발견하여 대응할 수 있으므로 예방적 효과를 거둘 수 있다는 것을 의미한다. 복지욕구나 생활문제의 조기발견과 대응에는 주민참여와 네트워크 구축이라는 원리가 핵심이라고 할 수 있다.

(2) 통합성과 포괄성

지역사회복지서비스의 제공은 서비스 공급자 측면에서는 통합성을, 서비스 이용자 측면에서는 포괄성이라는 특성을 가지고 있다. 통합성은 서비스 제공기관 간의 연락, 조정, 협의 등의 네트워크 구축을 통하여 서비스를 패키지화하여 주민들에게 종합적으로 원스톱 서비스를 제공하는 것을 의미한다. 또한 포괄성은 주민의 욕구충족과 문제해결은 복지, 보건, 의료, 고용, 교육, 문화, 교통, 안전, 환경 등 주민생활의 전반적인 영역을 다각도에서 포괄하여 다루어야 한다는 것을 의미한다.

(3) 연대성

지역사회복지에서는 주민 개인의 사적 활동으로는 해결이 곤란한 과제를 주민들이 연대를 형성하고 공동의 행동을 통하여 해결하는 특성을 가지고 있다. 이러한 연대성은 대외적으로는 주민운동으로 나타나게 되고 대내적으로는 상호부조활동으로 나타난다.

(4) 지역성

지역사회복지는 주민의 생활권역을 기초로 하여 전개되는 것으로 주민의 생활권역은 주민생활의 장인 동시에 사회참여의 장으로서 의미를 갖는다. 주민의 생활권역을 구분하는 기준은 물리적·심리적 거리 및 서비스 이용과 공급의 효율성을 적절하게 고려하여 다양하게 지역성을 파악해야 한다.

2. 지역사회복지실천(community practice)의 개요

1) 지역사회복지실천의 개념과 목적

지역사회복지실천(community welfare practice)은 지역사회의 자원을 동원하여 지역사회 내의 특정한 클라이언트를 포함하는 개인, 가족 및 지리적·기능적 지역사회를 대상으로 이루어지는 통합적인 사회복지실천을 의미한다.

지역사회복지실천의 중요한 목적으로 웨일과 갬블(Weil, M. & Gamble, D., 1995)[1]은 시민과 시민집단을 조직화하는 기술과 능력 개발, 포괄적이며 수용 가능한 지역사회 내의 사회계획 수립, 지역사회문제를 해결하는데 있어서 폭넓은 연대의 구축, 사회정의의 관점에서 사회계획의 과정을 실현하는 것 등을 구체적으로 제시하고 있다.

2) 지역사회복지실천의 원칙

지역사회복지실천의 원칙은 민주주의 국가와 사회에 있어서는 시민들에 의한 조직적인 복지노력을 의미하므로 민주적인 이념과 가치체계에 합당해야 하며, 지역사회복지를 수행하는 데 필요로 하는 올바른 행동에 관한 규칙(rule of right action)으로 사회복지사의 개입활동에 대한 가치판단의 기준을 의미한다.

지역사회복지실천의 5가지 핵심 원칙은 다음과 같다(염일렬 외, 2022 재구성).

(1) 클라이언트와 협력적 관계 구축

사회복지사는 주민 중심 서비스, 클라이언트의 자기결정권 보장 등을 실천해야 하며, 타 전문직과 마찬가지로 자신도 모르게 빠져들 수 있는 권력 지향적 유혹의 가능성을 항상 경계해야 한다.

(2) 지역사회구성원 중심의 목표설정

지역사회 개입 프로그램의 목표설정은 참여자의 관심, 욕구, 관점을 반영해야 하며, 프로그램의 개발과 성과측정이 서비스 수요자인 지역사회구성원의 입장에서 이루어져야 한다.

---

1) Weil, M., & Gamble, D. (1995). Community Practice Models, In *The Encyclopedia of Social Work, 1.* Washington D. C.: NASW Press.

(3) 사회구조적 요인을 반영한 개입전략

참여 대상자의 선택과 개입방안의 선택 모두는 지역사회가 지닌 문제의 다층적이고 체계적인 본질을 반드시 반영해야 하며, 변화대상 목표는 문제를 직접 경험하는 개인, 가족 및 지역사회 문제 발생을 지속시키는 제도와 사회구조도 포함해야 한다.

(4) 전략적 성공을 위한 전술적 소규모 승리의 활용

사회복지사는 거시적 변화와 전망을 계속 유지하면서, 지역사회 체계의 다층적 수준에서 '전술적 소규모 승리'를 활용하여 전략적 성공을 거두기 위한 단계별 계획을 수립해야 한다.

(5) 지역사회 수준에서의 지속가능성

사회복지사의 개입 방안들은 지역사회 수준에서 문제 해결과 삶의 질 향상을 위한 네트워크 구축과 역량강화를 증진할 수 있는 지속가능성이 있어야 한다.

3) 지역사회복지실천의 과정

지역사회복지실천의 과정은 지역사회가 당면하고 있는 문제와 충족되지 않은 욕구를 발견해 효과적인 대응책을 수립하고 이를 실천에 옮기는 일련의 과정이라고 말할 수 있다. 지역사회 문제해결을 위한 지역사회복지실천의 과정에 대해 많은 학자들이 다양한 모형을 제시하고 있지만, 이러한 모형들을 토대로 살펴보면 사회복지실천의 과정은 문제 확인 및 분석, 개입전략 수립과 프로그램의 개발, 프로그램 실행, 프로그램 평가 등 4단계로 구분할 수 있다.

(1) 문제 확인 및 분석

지역사회 문제를 해결하기 위한 첫 단계는 지역사회 내에 내재되어 있거나 표출된 문제들이 무엇인지를 확인하고 분석하는 단계이다. 문제를 확인하기 위해 지역사회의 상황을 파악하고 문제와 관련된 객관적 문헌과 실증자료를 분석해야 하며, 문제의 원인 및 그동안의 문제 해결을 위해 노력한 과정들과 문제가 해결되지 않은 요인을 분석해야 한다. 문제 확인 및 분석 과정에서 사회복지사가 지역사회 문제를 어떻게 이해하고 개념화하는가에 따라 이를 해결하기 위한 정책수립의 구상이 달라지며, 구체적인 해결방안과 실천전략에 영향을 미치게 된다.

(2) 개입전략 수립과 프로그램 개발

문제 확인 및 분석 결과를 토대로 사회복지사가 지역사회 문제해결을 위해 실현가능한 개입전략을 수립하고, 개입전략을 실천하기 위한 구체적인 프로그램을 개발하는 단계이다. 이러한 개입전략 수립과 프로그램 개발에는 필요한 인적·물적 자원들을 어떻게 동원할 것인가, 참여자들의 역할들과 수행방법 그리고 지역사회 문제를 해결한 뒤에 나타나게 될 영향(impact)까지도 기술해야 한다.

(3) 프로그램 실행

지역사회 문제해결을 위한 개입전략 및 프로그램을 실천하고 활동하는 단계이다. 프로그램 실천 활동은 클라이언트 집단이 스스로 문제를 해결할 수 있도록 능력을 증진시켜 주는 '과정 중심적 활동', 클라이언트 집단이 필요로 하는 서비스를 직접 제공해 주는 '과업 중심적 활동', 과정 중심적 활동과 과업 중심적 활동이 혼합적으로 이루어지는 '복합적 활동'이 있다.

(4) 프로그램 평가

마지막으로 사회복지사가 개입전략에 따라 구체적인 프로그램을 실천하고 활동한 결과를 총체적으로 평가하는 단계이다. 효과성, 효율성, 영향력 등의 측면에서 프로그램 평가의 2가지 목적은 프로그램 실천 활동의 과정과 결과에 대한 중간평가를 반영하여 개입전략 및 프로그램의 방향을 수정하는 목적, 문제해결의 전 과정과 최종 산출 결과에 대하여 목표달성 여부 등을 종결평가 하는 목적이 있다. 이러한 프로그램 평가는 이후 지역주민의 자신감 향상, 지역사회복지 실천 활동의 재 조직화 등에 큰 영향을 미치기 때문에 반드시 필요하다.

4) 지역사회복지실천에서 사회복지사의 기술

지역사회복지실천 과정에서 사회복지사는 다양한 기술들을 활용하게 된다. 이러한 기술들은 개별단위의 기술로도 활용할 수 있지만, 2가지 이상의 기술을 동시에 복합적으로 사용하기도 한다. 지역사회복지 현장에서 가장 많이 사용하는 사회복지사의 기술을 요약하면 다음과 같다.

(1) 옹호(advocacy) 기술

옹호 기술은 클라이언트의 이익 또는 권리를 위해 싸우거나 대변하거나 방어하는 기술로써 다양한 수준의 클라이언트로 하여금 문제 해결에 적극적으로 참여할 수 있도록 돕고 그들의 이익을 대변하는 것이 핵심인 실천기술이다. 구체적인 방법은 억압된 집단 입장의 정당성 주장 및 지도력과 자원 제공, 지역의원들에게 정치적 압력행사, 피케팅 항의, 행정기관에 대한 증언과 청취 요청, 지역주민의 탄원서 서명과 제출, 소외되고 억압된 집단의 입장에 대한 설득 등이 있다.

(2) 연계(networking) 기술

연계 기술은 서비스 중복과 누락 방지, 효율적 자원관리, 주민에게 필요한 지역사회 자원이나 서비스 연계, 참여를 통한 시민 연대의식 강화, 상호 신뢰, 호혜성 등을 위해 개별 기관들이 정기적인 모임을 통해 서비스 계획을 수립한 후 각각 서비스를 제공하는 실천기술이다. 예를 들어, '지역사회보장협의체'는 수요자 중심의 보건과 복지서비스를 위해 제공자 간 연계망을 구축한 대표적인 연계기술의 사례이다.

(3) 조직화(organizing) 기술

조직화 기술은 지역주민이 자신들의 문제를 함께 풀어나가는 과정을 포함하며, 조직의 목표를 성취하도록 합당하게 운영해 나가는 실천기술이다. 지역주민이 주체가 되어 사회복지조직의 목표를 성취하도록 운영하며, 지역사회 역량강화를 위해 지역사회복지 거버넌스 구조와 기능을 확대시킨다. 조직화 단계의 순서는 준비 → 계획화 → 조직화 → 지역활동 및 복지운동 → 과제 전환 등이다. 조직화는 클라이언트의 문제를 해결하기 위해 필요로 하는 인력이나 서비스를 규합하는 기술로써, 조직화 기술의 유형은 회의 기술, 협상 기술[2], 주민참여촉진(주민참여지원) 기술, 지역문제 이슈 설정 기술, 지역사회 지도자 발굴 기술 등이 있다.

---

2) '협상(negotiation) 기술'은 지역사회복지실천 과정에서 서로 다른 이해관계를 가진 둘 이상의 집단, 조직 간 갈등을 해결하고 쌍방이 의도하는 최선의 목적을 달성하려고 할 때 사용하는 실천기술이다. 협상은 협상목표와 전략수립 → 교섭 → 설득 → 절충 → 합의결정의 순서로 진행하게 된다. 구체적인 방법은 협상에 시한(deadline)을 두어야 하며, 무엇을 요구하는지 입장을 확고히 해야 한다. 양보는 협상에서 가장 핵심적인 기술로 너무 성급하게 타협하거나 너무 협상을 끌어 타협 거부로 이어지지 않도록 주의해야 하며, 상대방의 제안에 신중하게 대응해야 한다. 협상에 참여하는 사람들은 주된 협상 안건에 매달리겠지만 때로는 간단한 양보를 함으로써 협상이 계속 진행되도록 해야 하며, 쌍방이 도저히 타협할 수 없는 차이가 있을 때 쌍방이 신뢰할 수 있고 협상에 참여하기를 원하는 중재자를 개입시킴으로써 협상 결렬 가능성을 낮추고, 합의 가능성을 높일 수 있게 해야 한다.

(4) 자원동원(resource mobilization) 기술

자원동원 기술은 지역사회 기존 조직 활용, 개별 접촉, 지역사회 네트워크 활용 등을 통하여 클라이언트의 변화 및 생활 향상을 위해 유용하게 사용할 수 있는 인력, 물질, 조직, 기관, 정보를 개발하고 동원하는 실천기술이다. 지역사회에서 동원할 수 있는 자원은 인적 자원, 물적 자원, 제도 자원, 정보 자원 등 다양하다. 인적 자원은 사회복지 전문인력 등 공공 인적 자원과 민간 복지시설에 종사하는 사회복지사, 자원봉사자 등 민간 자원으로 구분되며, 물적 자원은 설비, 건물, 기자재, 후원금품 등을 뜻한다. 그리고 제도 자원에는 사회복지와 관련된 정책, 법, 행정 체계 등이, 정보 자원에는 국내와 국외에서 제공되는 정보들이 있다.

(5) 임파워먼트(empowerment) 기술

임파워먼트 기술은 사회복지실천 활동에서 클라이언트의 잠재 역량 및 자원을 인정하고 클라이언트 내외에 회복력이 있음을 전제하여 클라이언트가 삶을 결정할 수 있도록 권한과 힘을 부여하는 실천기술이다. 지역주민의 강점을 인정하고, 스스로 삶을 결정할 수 있도록 역량을 강화하며, 지역구성원의 능력에 대한 신념을 중요시한다. 지역사회의 임파워먼트를 높이기 위한 구체적인 기술로는 의식 제고(consciousness raising), 자기주장(self-assertion), 공공의제로 만들기(framing the agenda), 권력 키우기(building power), 역량 구축(capacity building), 사회자본의 창출(creating social capital) 등의 방법이 있다.

5) 지역사회복지실천에서 사회복지사의 역할

지역사회복지실천 현장에서 활동하는 사회복지사는 인간의 가치와 존엄성을 추구하는 전문직업인으로서 지역사회복지 전반에 관한 전문적 지식, 가치, 기술을 갖추고 있어야 하며, 그 역할은 다음과 같다.

- 안내자(guider)의 역할: 지역사회문제 해결을 위하여 올바른 목표를 정하고, 구체적인 방법을 강구하도록 도와주는 역할이다.
- 조력자(enabler)의 역할: 지역사회조직의 과정에서 개인, 가족, 혹은 집단을 원조하는 경우에 문제해결과 변화를 위한 활동주체는 클라이언트이지만, 조력자로서 사회복지사는 변화가 일어날 수 있는 조건과 환경을 조성하는 역할이다.
- 전문가(expert)의 역할: 지역사회문제 해결과정에서 사회복지사가 전문성을 바탕으로 필요한 자료와 정보 제공, 직접적인 충고나 조언 등을 하는 역할이다.
- 치료자(therapist)의 역할: 지역사회의 공동적 노력을 저해하는 사고나 태도가 긴장을 조성하고 집단들을 분리시키는 요인으로 작용할 경우, 사회복지사가 지역사회수준에서 원인들을 사정하고 적절한 진단과 치료를 하는 역할이다.
- 분석가(analyst)의 역할: 지역사회의 계획된 변화를 효율적으로 달성하기 위한 사실 발견과 지역사회 문제와 욕구에 대한 정확한 조사, 문제의 해결방법 등에 대해 면밀하고 정확한 분석을 하는 역할이다.
- 계획가(planner)의 역할: 지역사회의 문제해결을 위해 누가, 언제, 무엇을, 어떻게 접근하고, 얼마만큼 할 것인지 구체적인 계획을 수립하는 역할이다.
- 조직가(organizer)의 역할: 지역사회조직 계획의 수립과 실천과정에서 지역사회에 있는 행동체계를 적절히 참여시키며, 지역주민들의 효과적인 역할수행, 역량강화, 참여의식 고취 등을 위해 활동하는 역할이다.
- 행정가(administrator)의 역할: 지역사회복지 프로그램을 계획에서 목표에 이르기까지 효율적이고 효과적으로 달성하기 위해 모든 인적·물적·재정적

측면에서 자원을 관리하는 역할이다.

- 행동가(activist)의 역할: 사회정의와 평등 실현에 앞장서는 사회복지사로서 지역사회 내 불이익을 당하는 개인 또는 집단의 입장에 서서 그들의 이익을 대변하는 역할이다.
- 교육자(educator)의 역할: 지역사회의 문제 해결을 위하여 클라이언트에게 관련 정보를 제공하고 구체적인 대응방법을 교육하는 역할이다.
- 중개자(broker)의 역할: 지역사회 내에서 원조가 필요한 개인, 가족 혹은 집단을 지역사회 자원과 연결하는 역할이다.
- 옹호자(advocator)의 역할: 기존 지역사회체계가 원조가 필요한 클라이언트에게 무관심하거나 부정적 혹은 적대적인 경우에 클라이언트의 이익 또는 권리를 위해 싸우거나 대변하는 역할이다.

3. 지역사회보장계획

보건복지부(2020)는 지역사회보장계획의 개념을 "지역주민의 사회보장 욕구와 지역 내 복지자원 등을 고려하여 지자체 실정에 부합하도록 수립하는 지역사회보장에 관한 4년 단위의 계획"이라고 규정하고 있다. 2003년 「사회복지사업법」 개정에 의한 지역사회복지계획의 규정이 신설되었고, 제1기 지역사회복지계획(2007~2010)을 시작으로 시·도지사 또는 시·군·구청장은 4년마다 복지계획과 연차별 시행계획을 의무적으로 수립하도록 하는 법 규정에 따라 지역복지 추진 기반을 구축하였다. 지역사회복지계획은 2015년 7월 「사회보장급여의 이용·제공 및 수급권자 발굴에 관한 법률」(약칭: 사회보장급여법)이 제정되면서 지역사회보장계획으로 명칭이 바뀌게 되었다.

1) 지역사회보장계획의 수립

사회보장급여법 제35조의 규정에 따라 시장·군수·구청장은 시·군·구 지역사회보장계획을 수립해야 한다. 시장·군수·구청장은 지역사회보장계획을 매 4년마다 수립하고, 매년 지역사회보장계획에 따라 연차별 시행계획을 수립하여야 한다. 시·군·구의 지역사회보장계획을 지역주민 등 이해관계인의 의견을 들은 후 수립하고, 지역사회보장협의체의 심의와 시·군·구 의회의 보고를 거쳐 시·도지사에게 제출하여야 한다. 지역사회보장계획을 수립할 때 필요하다고 인정하는 경우에는 사회보장 관련 기관·법인·단체·시설에 자료 또는 정보의 제공과 협력을 요청할 수 있다. 지역사회 내 사회보장 관련 실태와 지역주민의 사회보장에 관한 인식 등에 관하여 필요한 지역사회보장조사를 실시할 수 있으며, 지역사회보장계획 수립 시 지역사회보장조사 결과를 반영할 수 있다.

2) 지역사회보장계획의 내용

사회보장급여법 제36조의 규정에 따라 시장·군수·구청장은 시·군·구 지역사회보장계획의 내용에 지역사회보장 수요의 측정, 목표 및 추진전략, 지역사회보장의 목표를 점검할 수 있는 지역사회보장지표의 설정 및 목표, 지역사회보장의 분야별 추진전략, 중점 추진사업 및 연계협력 방안, 지역사회보장 전달체계의 조직과 운영, 사회보장급여의 사각지대 발굴 및 지원 방안, 지역사회보장에 필요한 재원의 규모와 조달 방안, 지역사회보장에 관련된 통계 수집 및 관리 방안, 지역 내 부정수급 발생 현황 및 방지대책, 그밖에 대통령령으로 정하는 사항을 포함시켜야 한다.

4. 지역사회보장협의체

2015.7.1. 이후 「사회보장급여법」 제41조의 규정에 따라 종전의 지역사회복지협의체가 지역사회보장협의체로 명칭이 변경되었다. 지역사회의 사회보장 증진 및 사회보장과 관련된 서비스를 제공하는 관계기관·법인·단체·시설과 연계 및 협력기능을 강화함으로써 기존 지역사회복지에서 탈피하여 지역사회보장으로 범주를 확대하였다.

지역사회보장협의체는 민관 복지관계자 및 학계전문가, 주민대표, 공무원 등이 참여하여 지역의 사회보장 관련 사안 등을 심의·자문하는 민관협의기구이다.

1) 지역사회보장협의체의 운영목적

사회보장급여법 제41조의 규정에 따라 시장·군수·구청장은 지역의 사회보장을 증진하고, 사회보장과 관련된 서비스를 제공하는 관계 기관·법인·단체·시설과 연계·협력을 강화하기 위하여 해당 시·군·구에 지역사회보장협의체를 두게 되어 있다. 이 규정을 근거하여 볼 때 시·군·구 지역사회보장협의체의 운영목적은, 민관협력의 구심점으로써 지역사회보호체계의 구축·운영, 수요자 중심의 통합적 사회보장급여 제공기반 마련, 지역사회 복지자원의 효율적 활용체계 조성, 사각지대 발굴 및 지원 강화를 위해 읍·면·동 단위에서의 주민 네트워크 조직 등이다.

2) 지역사회보장협의체의 기능과 업무

지역사회보장협의체의 3대 기능은, 협치(governance) 기능(지역사회보장계획의 수립·과정·평가 등 지역사회보장의 주요 사항에 대하여 민간과 공공이 협의하여 심의 및 자문을 제공), 연계(network) 기능(사회보장과 관련된 서비스를 제공하는 관계기관·법인·단체·시설과 연계·협력을 강화), 통합서비스(one-stop service) 기능(협의체 내 각 분과 간 통합 및 조정 역할을 수행하고 지역주민의 욕구를 반영한 보건복지, 고용, 주거, 교육, 문화, 환경 등 다양한 영역과 연계된 통합적 서비스 제공)이다. 지역사회보장협의체는 이러한 기능을 수행하기 위해, 대표협의체(지역사회보장계획 등 사회보장 관련 중요사항 심의·자문), 실무협의체(대표협의체 심의 지원, 실무분과 간 연계·조정), 실무분과(사회보장기관 간 연계·협력 강화 및 통합서비스 연계)를 구성하고 있다.

지역사회보장협의체의 업무는 주로, 시·군·구의 지역사회보장계획 수립·시행 및 평가에 관한 사항, 지역사회보장조사 및 지역사회보장지표에 관한 사항, 사회보장급여 제공에 관한 사항, 사회보장 추진에 관한 사항, 읍·면·동 단위 지역사회보장협의체의 구성 및 운영에 관한 사항, 그밖에 위원장이 필요하다고 인정하는 사항 등을 심의·자문하는 것이다(사회보장급여법 제41조 2항).

5. 지역사회복지의 추진기관

지역사회복지의 추진기관은 클라이언트에게 직접적인 서비스를 제공하는지의 여부에 따라 직접 서비스기관과 간접 서비스기관으로 구분한다.

직접 서비스기관(1차 서비스기관)은 지역사회에 살고 있는 클라이언트인 주민이나 집단을 상대로 하여 진단, 치료, 사업이나 서비스를 직접적으로 제공하는 기관들로 종합사회복지관, 노인재가복지시설, 사회서비스원, 지역자활센터 등이 있다.

간접 서비스기관(2차 서비스기관)은 개별 클라이언트에게 직접적으로 서비스를 제공하지 않고, 다른 기관을 돕거나 지역사회의 복지를 위해 복지서비스를 개선하고 지역사회의 태도를 변화시키는 계획, 지원, 관리 등의 역할을 수행하는 기관들로 사회복지협의회, 사회복지공동모금회, 자원봉사센터 등이 있다.

1) 직접 서비스기관

(1) 종합사회복지관 등

사회복지관은 지역사회복지사업의 중심적인 역할을 수행하는 대표적인 민간복지기관으로서 그동안 지역사회의 문제 해결과 지역주민의 복지 증진을 위해 다양한 사업을 수행해 왔으며, 지금도 여전히 중요한 위치를 차지하고 있다. 종합사회복지관(community welfare center)은 지역사회 내에서 일정한 시설과 전문인력을 갖추고 지역사회의 인적·물적 자원을 동원하여 모든 지역사회 주민을 대상으로 종합적인 복지서비스를 제공하는 직접적인 서비스기관으로써 규모에 따라 종합사회복지관 또는 사회복지관으로 지칭된다.

「사회복지사업법 시행규칙」 제23조의2 제3항에 따르면 사회복지관은 지역사회의 특성과 지역주민의 복지욕구를 고려하여 3대 기능사업 즉, 사례관리 기능(사례발굴, 사례개입, 서비스연계), 서비스제공 기능(가족기능강화, 지역사회보호, 교육문화, 자활지원), 지역조직화 기능(복지네트워크 구축, 주민조직화, 자원개발 및 관리)으로 구분하여 복지사업을 수행하고 있다. 이러한 종합사회복지관 이외에도 지역사회 내에서 대상별로 서비스를 제공하고 있는 노인종합복지관, 장애인종합복지관, 건강가정지원센터, 다문화가정지원센터 등이 있다.

(2) 재가노인복지시설

재가노인복지시설은 경제적, 신체적, 정신적, 사회적 이유로 일상생활유지가 곤란한 복지사각지대의 취약 및 위기 노인에게 전문사례관리를 비롯한 상담, 자원연계, 일상생활지원 등의 노인지원서비스를 통합적·연속적으로 제공하여 지역사회에서 건강하고 안정된 노후생활을 영위하도록 예방적 복지 실현과 사회안전망 구축을 목적으로 운영되고 있는 사회복지시설이다. 재가노인복지사업의 종류는 방문요양서비스, 주야간보호서비스, 단기보호서비스, 방문목욕서비스, 재가노인지원서비스 등이 있다.

(3) 사회서비스원

전국 시·도 및 시·군·구에서는 직영 공공기관으로 사회서비스원을 설치하여 지역사회의 주민들을 대상으로 다양한 이용자 맞춤형 통합서비스를 제공하는 종합재가센터를 설치·운영하고 있다. 사회서비스원에서 제공하는 직접 서비스는, 장기요양서비스(방문요양, 방문목욕, 방문간호, 주야간보호), 돌봄SOS센터와 연계한 긴급돌봄지원 서비스, 지역사회 통합돌봄지원 서비스, 장애인활동지원서비스, 발달장애청소년 방과 후 활동지원 서비스 등이 있다.

(4) 지역자활센터

우리나라에서 자활사업이란 IMF 경제위기의 산물로 도입된 국민기초생활보장법상 근로능력이 있는 저소득층에게 자활할 수 있도록 일자리 제공과 자활능력을 배양하고자 하는 사업을 말한다. 이러한 자활사업을 실시하는 기관을 지역자활센터라고 한다.

지역자활센터는 근로능력이 있는 저소득층에게 집중적·체계적인 자활지원서비스를 제공함으로써 자활의욕 고취 및 자립능력 향상을 지원하고, 기초수급자 및 차상위계층의 자활 촉진에 필요한 사업을 수행하는 핵심 인프라로서의 역할을 수행한다. 지역자활센터의 효율적인 업무 수행을 위하여 시·도 광역자활센터를 두고 있다. 광역자활센터는 시·군·구 자활센터에서 단편적으로 추진되고 있는 자활지원체계를 광역단위의 자활사업 인프라를 통해 종합적으로 추진하고 있다.

2) 간접 서비스기관

(1) 사회복지협의회

사회복지협의회는 1952년 2월에 (사)한국사회사업연합회로 설립되었으며, 현재는 사회복지법인으로 2009년 1월에 보건복지부 산하 기타 공공기관으로 지정된 법정단체이다. 한국사회복지협의회 정관 제1조는 "사회복지에 관한 조사연구와 각종 복지사업을 조성하고, 사회복지 사업과 활동을 조직적으로 협의·조정하며 사회복지에 대한 국민의 참여를 촉진시킴으로써 우리나라의 사회복지 증진과 발전에 기여한다."고 규정하고 있다.

이러한 목적을 수행하기 위해 한국사회복지협의회는 사회복지사업법 제33조에 따라 전국 단위의 한국사회복지협의회(약칭: 중앙협의회)와 광역 시·도 및 시·군·구 사회복지협의회를 두고 있다.

(2) 사회복지공동모금회

민간 주도의 사회복지공동모금의 필요성에 대한 관심이 꾸준히 제기되면서 1997년 3월 사회복지공동모금법이 제정되었고, 이 법은 1999년 3월 사회복지공동모금회법으로 개정되었다.

'사회복지공동모금회법'은 공동모금을 통하여 국민이 사회복지를 이해하고 참여하도록 함과 아울러 국민의 자발적인 성금으로 조성된 재원(財源)을 효율적이고 공정하게 관리·운용함으로써 사회복지 증진에 이바지함을 목적으로 하고 있다(공동모금회법 제1조).

'사회복지공동모금'이란 사회복지사업이나 그 밖의 사회복지활동 지원에 필요한 재원을 조성하기 위하여 이 법에 따라 기부금품을 모집하는 것을 말한다.

‘사회복지공동모금회’는 1998년 처음 설립된 이후 어려운 여건에서도 공동모금을 통해 지역사회복지를 실천하는 대표적인 민간복지기관으로서의 역할을 하고 있다. 사회복지공동모금회법 제4조에 의한 법정단체로 민간복지 재원운용에 대한 전문성을 보유하여 운영 중인 모금·배분 전문기관으로 기획, 홍보, 모금, 배분, 운용·관리, 조사·연구, 교육·훈련, 국제교류 및 협력증진사업 업무를 수행하고 있다.

우리나라의 사회복지공동모금회는 단일 사회복지법인으로 현재 중앙회와 17개 광역시·도에 지회가 운영되고 있다. 사회복지공동모금회는 '사랑의 열매'를 이웃사랑의 상징으로 정하고 연말연시는 물론 연중 불우이웃돕기 캠페인을 펼치고 있으며, 지역사회의 주민들의 복지욕구를 충족시키고자 노력하는 민간봉사조직(주로 사회복지기관)들을 적극 지원하기 위해 기업이나 국민들의 자발적인 기금조성 시스템이나 지역사회복지사업 지원시스템을 효율적이고 공정하게 체계화하여 운영하고 있다.

(3) 자원봉사센터

자원봉사센터는 자원봉사활동의 수요와 공급의 상호조정 역할을 수행하고 자원봉사자들이 효율적으로 활동할 수 있도록 지원하기 위해 설치된 조직으로, “자원봉사 활동의 개발·장려·연계·협력 등의 사업을 수행하기 위해 법령과 조례 등에 의해 설치된 기관·법인·단체 등을 말한다.”라고 규정되어 있다(자원봉사활동기본법 제3조).

자원봉사센터는 1995년 본격적인 지방자치 시대를 맞으면서 주민들의 민주적 참여정신과 협동적 자세, 더불어 사는 공동체 의식으로의 변화를 이끌어 내기 위해 1998년부터 지역사회별로 자원봉사 활동을 수행해 왔다. 2006년 3월 자원봉사활동기본법을 제정해 자원봉사센터를 각 지방자치단체마다 1개소를 설치하도록 하여 국민의 자원봉사 참여를 활성화시키는 인프라 기능을 수행하고 있다.

자원봉사센터는 자원봉사에 대한 이해와 정보가 없어 참여하지 못한 사람들이 참여할 수 있도록 유도하고, 개인 및 초·중·고·대학·기업 등 각계각층 자원봉사 그룹들과 자원봉사활동이 좀 더 효율적인 활동이 되도록 적절하고 전문성 있는 자원봉사 프로그램 개발과 활동지도 등의 구체적인 과업을 연구·모색하고 있다.

CHAPTER

08

Introduction to Social Welfare

아동복지

1. 아동과 아동복지
2. 아동권리
3. 아동복지의 조건과 원칙
4. 아동복지 기능에 따른 아동복지서비스 분류
5. 아동복지 서비스 전달체계 및 현황
6. 아동복지의 과제

CHAPTER 08

아동복지

1. 아동과 아동복지

1) 아동의 개념

일반적으로 아동이란 성인에 대응되는 개념으로 사용되고 있으며, 발달상 미성숙하고 미완성의 존재로 이해될 수 있다. 또한 아동은 심신의 발달과정에 놓여 있는 존재로 발달심리학적 측면에서 아동은 연령에 따라 분류되며, 영아기, 유아기, 아동기 등으로 세분하고 있으며, 교육학적 입장에서는 12세까지로 구분되고 있다. 연령구분에 있어 아동의 정의는 해당 법률에 따라 다소 상이한 차이를 보이고 있다. 우리나라 아동복지는 '아동복지'법 제3조 제1호에 '18세 미만의 사람'으로 규정하고 있으며, 그 외 입양특례법, 영유아보육법, 등등에 근로기준법 등 다양한 법률에 의한 구분은 아래 표와 같다.

〈표 8-1〉 아동관련 법률의 적용연령 기준

관련법	호칭	연령기준
아동복지법	아동	18세 미만의 자
민법	미성년	19세 미만
영유아보육법	영유아	6세 미만 미취학
소년법	소년	20세 미만
아이돌봄 지원법	아동	만 12세 미만
실종아동 보호 및 지원법	아동	만 14세 미만
근로자 기준법	연소자	18세 미만

따라서 아동복지 영역에서 아동복지의 대상이 되는 아동이란 18세 미만의 사람으로 또는 고등학교 졸업 시기까지의 연령에 속하는 자를 기본으로 하고 있으며, 24세 미만 사람 중 취업 및 기술교육 중이거나 고등학교 학업 중인 자, 보호대상아동으로 보호시설 퇴소 후 5년 이내의 자를 포함하고 있다.

2) 아동복지의 개념

우리나라 아동복지법(2014)에서는 아동복지란 '아동이 행복한 삶을 누릴 수 있는 기본적인 여건을 조성하고 조화롭게 성장 발달할 수 있도록 하기 위한 경제적, 사회적, 정서적 지원을 말한다'고 정의하고 있다. 좀 더 구체적으로는 아동복지를 협의의 개념과 광의의 개념으로 구분하여 설명할 수 있다.

협의의 개념으로써의 아동복지란 특별한 문제나 욕구가 있는 아동(종전의 요보호 아동에서 현재 보호대상아동으로 명칭 변경)을 중심으로 한 복지활동을 말하며, 광의의 개념으로써의 아동복지는 일반아동과 그 가족을 대상으로 하는 복지활동을 의미한다. 아동복지 대상에 가족이 포함되는 것은 아동복지의 일차적인 책임이 가족에 있다는 것을 의미하며, 최선의 아동복지는 아동양육에 대한 가족의 기능 및 역량을 강화해 주는 것을 의미한다.

오늘날 대부분의 나라에서 넓은 의미의 아동복지 개념을 받아들이고 있으며, 아동복지란 특별한 문제가 있는 아동뿐 아니라 모든 아동이 건강하게 성장 발달할 수 있도록 아동과 가족에 대한 개인, 민간 국가 및 사회가 협력하는 모든 복지적 활동으로 정의할 수 있다.

3) 아동복지의 이념과 아동복지의 필요성

우리나라 '아동복지법' 제2조에서는 아동복지의 이념을 다음과 같이 규정하고 있다. 첫째, 아동은 자신 또는 부모의 성별, 연령, 종교, 사회적 신분 , 재산, 장애 유무, 출생지역, 인종 등에 따른 어떠한 종류의 차별을 받지 아니하고 자라나야 하며, 둘째, 아동은 완전하고 조화로운 인격발달을 위하여 안정된 가정환경에서 행복하게 자라나야 하고, 셋째, 아동에 관한 모든 활동에 있어 아동의 이익이 최우선적으로 고려되어야 한다고 규정하고 있다.

위의 이념을 기반으로 아동복지는 아동의 기본적 생활보장, 미래 인력의 양성, 사회문제 예방이라는 측면에서 그 필요성이 강조되고 있다. 아동의 기본적 생활을 보장하기 위해 부모와 국가 및 사회는 아동을 보호하고 양육하는 책임과 의무를 가지며 이를 위해 국가 및 사회는 다양한 아동복지정책 및 서비스를 개발하고 시행해야 한다. 또한 아동은 미래사회를 이끌어 가야하는 존재로 건강한 성장을 지원받아야 하며 이는 아동에 대한 사회적 인적자원형성 및 투자라는 관점에서 중요시 되고 있다. 현대 사회는 아동의 성장 및 행복을 위협하는 다양한 사회적 상황은 아동의 학교부적응, 학업중단, 비행 등 아동기 건강한 성장을 저해하는 다양한 문제의 원인으로 대두되고 있다. 따라서 아동복지 서비스는 아동에게 필요한 다양한 욕구를 충족시키며 궁극적으로 사회문제 발생 가능성을 방지할 수 있다.

4) 아동복지의 대상

아동복지의 대상은 18세 미만의 모든 아동이 되고 있으며, 아동을 보호하고 양육하는 성인 또는 보호자에 의해 아동복지가 좌우될 수 있으므로, 임산부를 포함하여 부모 및 아동을 보호하고 있는 보호자가 그 대상이 될 수 있다. 보호자란 친권자, 후견인, 아동을 보호, 양육 및 교육하고 있거나 그러한 의미가 있는 사람 또는 업무, 고용 등의 관계로 사실상 아동을 보호, 감독하는 사람을 의미한다.

구체적으로 아동복지의 대상을 보호대상아동, 지원대상아동, 일반아동 및 보호자로 구분되어 지원이 이루어지고 있다.

'보호대상아동'이란 보호자가 없거나 보호자로부터 이탈된 아동 또는 보호자가 아동을 학대하는 경우 등 그 보호자가 아동을 양육하기에 적절하지 아니하거나 양육할 능력이 없는 경우의 아동을 말한다(아동복지법 제3조). 이전에는 요보호아동이라는 용어를 사용하였으나 현재는 보호대상아동으로 명칭이 변경되었으며, 보호대상아동의 경우, 부모의 사망, 아동유기, 부모의 질병, 수감 및 학대 등의 여러 이유로 가정 내 보호가 어려운 아동들로 아동양육시설, 일시보호시설, 공동생활가정 등의 시설입소와 가정위탁, 입양 등의 원가정이 아닌 타가정 또는 시설 보호를 필요로 하는 아동을 의미한다.

'지원대상아동'이란 아동이 조화롭고 건강하게 성장하는데 필요한 기초적인 조건이 갖추어지지 아니하여 사회적, 경제적, 정서적 지원이 필요한 아동을 말한다. 지원대상아동은 저소득, 빈곤가정 아동으로 규정되며(빈곤아동 예방 및 지원에 관한 법률), 생활여건과 자원의 결핍으로 인해 복지, 교육, 문화 등의 격차를 해소하기 위하여 경제적 지원과, 드림스타트, 지역아동센터를 통한 방과후 돌봄, 결식지원 등의 서비스가 제공되고 있다.

'일반아동 및 보호자'의 경우 현재는 문제가 없으나, 아동복지의 실현은 건강한 가정에서 이루어진다는 것을 감안한다면, 아동과 아동을 보호하고 양육 및 교육하는 의무가 있는 보호자에 대한 지원이 함께 이루어져야 한다.

아동복지서비스아동의 건강하고 행복한 성장을 위한 사회적 여건을 아동복지란 아동의 행복하고 건강한 성장을 지원하기 위한 것이라 할 때 모든 아동들이 행복하게 성장할 수 있는 여건을 조성하는 것이 무엇보다 중요하다.

2. 아동권리

아동권리란 아동의 성장발달과 관련하여 차별받지 않고 마땅히 누려야하는 모든 것을 의미하며, 아동들을 단순히 의존적이고 미성숙한 존재로 간주하는 것이 아니라 아동 스스로 자신의 권리를 주장할 수 있는 독자적이고 독립된 인격체로서 인식해야 한다. 따라서 아동들의 건강하고 행복한 성장을 지원하기 위해 보호자를 포함한 성인들은 아동들의 권리를 존중하고 보장해야 하며, 아동들 또한 자신의 권리를 누리기 위한 적극적인 참여도 필요하다.

아동권리를 보장하기 위해 1914년 세계 1차 대전이후 아동들과 여성들 등 사회적 약자들이 심각한 피해를 입는 것을 계기로 1924년 국제연맹에서 채택된 '제네바 선언'을 시작으로 지속적으로 국제적 노력이 이루어졌다. 이 선언에서는 사회가 아동에 대하여 최선의 것을 주어야 할 의무가 있음을 인정하고 인종, 국가, 신념과 관계없이 아동을 보호해야 함을 명시하고 있다. 이후 1959년 전문 10조로 된 '세계아동권리선언'을 공포하고 아동들이 단순한 보호의 대상이 아닌 권리를 가진 독자적인 존재임을 강조하며, 아동에 대한 차별금지, 아동최선의 이익 강조, 국적을 가질 권리, 사회보장의 혜택을 받을 권리, 교육받을 권리 및 학대, 방임, 고용 등의 금지 등을 포함한 내용으로 이전의 제네바선언에 비해 보다 구체적으로 아동들의 권리에 대해 명시하고 있다. '제네바선언' 및 '세계아동권리선언' 등과 같은 아동권리에 대한 세계적인 관심과 노력에도 불구하고 법적 구속력이 없다는 이유로 아동권리보장을 위한 사회적 제반 여건 조성이 구체화되기에는 한계가 있었다. 따라서 1989년 유엔에서는 '아동권리에 관한 국제 협약'을 선포하고 아동을 권리 주체로 인정하면서 법적 구속력을 가진 보다 포괄적인 아동권리에 관한 협약을 만들게 되었다.

'유엔아동권리협약(Convention on the Rights of the Child: CRC)'은 국제사회가 이 세상 모든 아이들을 위해, 그 아이들의 인권을 보호, 증진, 실현하기 위해 만든 약속이다. 유엔아동권리협약은 우리나라도 비준한 국제법이며, 우리 헌법 제6조에서는 헌법에 의하여 체결·공포된 조약과 일반적으로 승인된 국제법규는 국내법과 동일한 효과를 지님을 명시하고 있다. '유엔아동권리협약'에서 아동은 18세 미만의 모든 사람으로 정의되며, 아동은 부모의 소유나 미래를 준비하는 존재가 아닌 지금-현재 우리 사회를 구성하고 있는 존귀하고, 존엄한 존재이며, 권리의 주체자로 천명하고 있다. 그리고 아동을 폭력과 차별로부터 자유롭게 하며, 그들의 참여를 촉진하고, 아동의 이익을 최우선으로 할 것을 명시하고 있다.

'유엔아동권리협약'은 각국이 아동복지를 위해 관련 법령 및 정책을 마련하고 적절한 서비스를 제공할 것을 규정하고 있다. 실제 이 협약을 계기로 아동권리가 보다 구체적이고 포괄적으로 보장되기 시작하였다. '유엔아동권리협약'은 아동들도 권리를 가진 주체로 인정한 유일한 협약이며, 국제협약 중 가장 많은 국가의 비준을 받은 협약(현재 비준국가 196개국)으로 우리나라는 1990년 9월에 협약에 서명하고 1991년 11월에 이 협약에 비준하여 협약이 당사국이 되었다. 협약의 가입국은 매 5년마다 협약의 내용 이행에 관한 보고서를 제출해야 하는 의무를 가지고 있다.

유엔아동권리협약은 무차별원칙, 아동 최상의 이익 원칙, 생존 및 발달의 보장 원칙, 아동의견 존중원칙의 4가지 기본 원칙하에 생존권, 보호권, 발달권 및 참여권의 4대 권리를 규정하고 있다. 첫째, 생존권으로 아동 생존에 필요한 모든 권리를 보장하는 것으로 아동이 적절한 생활수준을 누릴 권리, 안전한 주거지에서 살아갈 권리, 충분한 영양을 섭취하고 기본적인 보건서비스를 받을 권리 등, 기본적인 삶을 누리는데 필요한 권리이다. 둘째, 보호권은 모든 형태의 학대와 방임, 차별, 폭력, 고문, 징집, 부당한 형사처벌, 과도한 노동, 약물과 성폭력 등 어린이에게 유해한 것으로부터 보호받을 권리를 말한다. 셋째, 발달권은 아동의 잠재능력을 최대한 발휘하는데 필요한 권리로 교육 받을 권리, 여가를 즐길 권리, 문화생활을 하고 정보를 얻을 권리, 생각과 양심과 종교의 자유를 누릴 권리가 여기에 속한다. 넷째, 참여권으로 아동이 자신의 생활에 영향을 주는 일에 대하여 의견을 말할 수 있어야 하며, 그 의견을 말하고 존중 받을 권리이다. 표현의 자유, 양심과 종교의 자유, 의견을 말할 권리, 평화로운 방법으로 모임을 자유롭게 열 수 있는 권리, 사생활을 보호받을 권리, 유익한 정보를 얻을 권리 등이 포함된다. 우리나라는 유엔아동권리협약에서 규정하고 있는 아동의 권리 및 아동권리 원칙에 의거하여 아동권리보장을 위한 다양한 아동복지 서비스 및 정책을 입안하는 등 사회적 제도적 여건마련에 노력하고 있다.

3. 아동복지의 조건과 원칙

1) 아동복지의 조건

① 안정된 가정환경

가정은 아동을 보호하고 양육하는 기본적인 기능을 하며, 가정 내 부모의 애정과 사랑은 아동들의 발달에 매우 필수적인 요인이라 할 수 있다. 특히, 부모와의 애착은 이후 아동의 모든 발달 영역에 영향을 미치므로 부모는 아동들의 발달과 욕구에 민감해야 하며 안정된 가정환경 조성을 위해 충분한 역할을 해야 한다.

② 경제적 안정

아동의 기본적인 의식주의 해결, 교육지원 및 문화적 경험 등은 아동발달에 있어 필수적인 요소이라 할 수 있다. 따라서 가정 내 경제적 어려움은 아동의 심리적 부적응, 학교생활 부적응, 가출 및 비행과 같은 사회적 문제의 원인으로 작용될 수 있으므로 아동의 건강한 성장발달을 위해 경제적 안정이 보장되어야 한다.

③ 보건 및 의료 지원

아동의 건강은 아동복지의 중요한 지표이며, 아동의 건강한 발달을 지원하기 위한 노력과 함께 임신 및 출산 지원을 통한 모자보건에 대한 중요성도 강조되고 있다.

④ 교육

교육이란 아동의 잠재력을 개발하기 위해 필수적인 것이며 모든 아동에게는 균등하게 교육받을 권리를 보장해야 한다. 교육이란 아동을 위한 투자적 관점에서 그 중요성이 강조되고 있다.

⑤ 노동으로부터의 보호

아동은 신체적, 심리적 발달과정 중에 있는 미성숙한 존재이므로, 노동 및 유해노동으로 보호되어야 한다. 현재 근로기준법에서는 15세미만의 아동에 대한 근로를 금지하며 근로시간 규정을 통해 노동으로부터 아동을 보호하고 있다.

⑥ 오락 및 놀 권리 보장

아동에게 있어 오락 및 놀이는 아동 성장, 발달에 기본적인 요인으로, 아동의 신체적, 인지적, 심리적, 사회적 발달에 긍정적인 영향을 미치며, 이를 통해 욕구 및 감정 발산, 신체발달, 대인관계 기술 습득할 수 있는 기회를 갖게 된다. 따라서 아동의 오락 및 놀이에 대한 권리보장을 위한 다양한 노력이 필요하다.

⑦ 특수보호

특수한 문제 및 욕구가 있는 아동에 대해서는 국가 및 사회는 그에 적절한 서비스를 마련하고 제공해야 한다. 장애아동, 영재아동 및 이주배경을 가진 아동 등과 같이 아동의 기본적 욕구 이외에 특별한 욕구가 있는 아동에 대한 전문적 지원이 이루어져야 한다.

⑧ 종교와 도덕

유엔아동권리협약에서는 아동이 사상, 양심, 종교에 대한 권리를 존중해야 함을 명시하고 있으며, 아동이 참된 인간으로서의 성장을 위한 기본적인 태도와 가치에 대한 교육이 필요함을 강조하고 있다.

2) 아동복지의 원칙

(1) 권리와 책임의 원칙

아동복지는 아동, 부모, 국가 및 사회 3주체의 노력이 필요하며, 각자의 권리와 책임을 분명하게 규정하고 있다. 아동복지법, 아동권리에 관한 국제협약 등을 통해 아동의 권리를 명시하고 있으나, 아동들에게는 이러한 권리와 함께 책임도 부여되고 있다. 아동은 사회가 원하는 바람직한 인재로 성장해야 하며,

아동에게 부여되는 과업을 충실히 수행해야 한다. 부모의 경우, 아동을 보호하고 양육하는 1차적 책임이 있으며, 아동에 대한 친권을 행사할 수 있는 권리를 가지고 그들의 양육관에 따라 양육할 권리가 있다. 또한 자녀 양육에 필요한 정서적 지원, 경제적, 교육적 지원을 해야 하는 책임을 갖는다. 국가 및 사회의 경우, 아동복지 증진을 위해 필요한 정책, 법률 및 전달체계를 마련하여 아동 및 부모의 복지 증진을 위한 최선을 노력을 기울어야 한다.

(2) 예방과 치료의 원칙

아동문제를 예방하기 위해 국가 및 사회는 다양한 아동복지 서비스를 제공하고 그에 대한 적절한 경제적 지원을 해야 할 필요가 있으며, 문제 발생 이후에 적절한 치료적 개입이 이루어져야 한다. 예를 들어 아동학대 및 방임의 문제의 경우 다양한 홍보 및 교육 등을 통해 예방적 조치를 실시하고 문제 발생 시 아동 및 부모를 위한 다양한 상담, 치료, 법적 조치 등의 서비스를 제공해야 한다.

(3) 보편성과 선별성의 원칙

아동복지 서비스는 모든 아동의 복지증진을 위해 차별 없이 제공되어야 한다. 이렇듯 아동의 조건과 관계없이 제공되는 서비스 원칙을 보편성의 원칙이라 한다. 보육서비스, 의무교육서비스 및 아동수당제도와 같은 아동복지서비스는 모든 아동에게 제공되는 대표적인 보편적인 아동복지 서비스라 할 수 있다. 그와는 달리 선별성의 원칙은 서비스의 대상이 되기 위한 조건에 해당되어 특별한 문제나 욕구가 있는 아동 및 부모에게 제공되는 서비스를 말한다. 드림스타트와 같은 빈곤아동 지원사업과 아동학대 및 보호대상 아동을 위한 입양, 가정위탁 및 시설보호 사업이 이에 해당된다. 이러한 서비스의 경우, 서비스를 제공받는 아동 및 부모에 대해서는 낙인의 문제가 발생되기도 한다.

(4) 보호와 개발의 원칙

아동이 가진 능력을 최대한 발휘할 수 있도록 하는 것으로, 모든 아동에 적용되나 특히 발달상의 문제를 가진 아동 및 우수아동이 주 대상으로 서비스를 제공해야 한다.

(5) 개별성과 종합성의 원칙

개별성의 원칙이란 아동복지서비스는 아동 및 부모 혹은 가족의 문제에 적절한 서비스가 제공되어야 한다. 이는 유사한 문제를 가진 아동 및 가족이라 하더라도 아동의 발달상황, 경제적 상황, 가정의 내외적 환경 등이 서로 상이하기 때문에 그에 적절한 개별화된 지원이 이루어져야 한다.

종합성의 원칙이란 아동 및 가족의 문제는 하나의 서비스만으로 해결되기 어려운 상황이 대부분이라 할 수 있으며, 아동 및 가정의 상황을 파악하여 아동복지는 여러 가지 다양한 유형의 서비스를 제공해야 한다는 것을 의미한다.

(6) 전문성의 원칙

아동복지는 아동복지에 대한 전문적 지식과 기술을 가진 전문가 및 전문기관에 의해 아동의 발달상황, 아동의 사회적 상황 등을 고려하여 필요한 서비스를 제공해야 한다.

4. 아동복지 기능에 따른 아동복지서비스 분류

카두신(kadushin, 1984)은 아동복지서비스를 아동복지가 수행하는 기능에 따라 지지적 서비스(supportive service), 보호적 서비스(protective service), 보충적 서비스(supplementary service), 대리적 서비스(substitute service)로 분류하고 있다.

아동을 보호하고 양육하는 일차적인 책임을 부모 및 가정에 있다는 것을 전재로 부모의 역할을 지지하거나 보충해주는 서비스와 가정 내 부모의 역할이 어려운 경우 그 역할을 대신해 주는 서비스 및 아동복지에 위협이 되는 상황에서 이루어지는 강제보호서비스 등으로 구분된다고 할 수 있다. 구체적으로 서비스 내용을 살펴보면 다음과 같다.

1) 지지적 서비스(supportive service)

지지적 서비스는 부모의 양육기능을 강화하기위하여 부모의 역할을 지지하는 서비스를 의미한다. 지지적 서비스는 아동과 가족이 자신의 집에서 서비스를 제공받는 것으로 아동 및 가족문제에 예방적 기능을 수행하고 있다. 지지적 서비스는 부모가 아동의 발달에 대한 지식과 기술이 부족하여 자녀 양육에 어려움을 경험하거나, 부부갈등 및 원만하지 못한 가족관계, 혹은 부모-자녀간의 갈등 관계 등으로 인해 아동 양육에 어려움을 경험하는 아동, 부모 및 가족을 대상으로 부모의 역할을 지원하는 서비스를 해당된다. 아동상담, 부모상담 및 교육, 가족복지사업, 빈곤아동사업 등이 이에 해당된다. 지지적 서비스는 가족관계 개선과 가족 기능 회복, 유지 및 강화를 통해 아동이 자신의 집에서 부모와 함께 생활할 수 있도록 지원한다는 점에서 아동복지사업의 1차 방어선의 기능을 수행한다.

2) 보호적 서비스(protective service)

보호적서비스는 학대와 방임과 같은 문제에 대처하기 위한 아동의 안전이 위협 받는 다고 판단될 경우 부모의 의사와 상관없이 아동을 원가정으로부터 강제적으로 분리조치하거 부모에 대한 강제적 서비스를 제공하게 된다. 보호적 서비스의 경우 현재, 아동보호전담공무원 및 아동보호전문기관에서 서비스가 제공되고 있다.

3) 보충적 서비스(supplementary service)

보충적 서비스는 부모 혹은 가족의 노력으로 아동을 보호하고 양육하는 기능을 충분히 수행하기 어려운 경우에 국가 및 사회는 부모의 양육기능의 일부를 보충하는 서비스를 의미한다. 보충적 서비스는 부모의 경제적 문제를 보충하기 위한 공공부조 및 소득보완사업과 취업 및 기타 이유로 인해 돌봄의 문제를 해결하기 위한 보육 및 돌봄사업 등이 대표적 서비스이며, 서비스를 제공받는 동안 아동은 부모나 자신의 원가정으로부터 분리되지 않은 채 서비스를 제공받을 수 있다. 보충적 서비스는 지지적 서비스 제공으로 가정의 기능 회복 및 강화에 어려움이 있는 경우, 국가 및 사회가 부분적으로 아동양육에 대한 책임을 지고 부모 역할의 일부를 대신 보충해 준다는 점에서 아동복지 사업의 2차 방어선의 역할을 한다.

4) 대리적 서비스(substitute service)

대리적 서비스는 아동이 자신의 부모 혹은 원가정과 분리되어 제공받는 서비스를 의미한다. 즉, 부모 혹은 원가정이 아동을 보호하고 양육하는 기능을 일시적으로 혹은 영구적으로 상실되는 경우 제공되며, 이 경우 아동들은 자신의 부모 혹은 원가정과 분리되어 타 가정, 시설 등에서 생활한다. 대리적 서비스의 주 대상은 보호대상아동이며, 주로 부모 및 원가정의 보호가 불가능한 상황에 놓인 아동들이라 할 수 있으며, 가정위탁사업, 입양사업, 시설보호사업

등이 대리적 서비스의 대표적 유형이라 할 수 있다. 대리적 서비스는 아동이 생존권 보장을 국가 및 사회가 전적으로 책임진다는 데 그 의의가 있으며, 부모의 양육 및 보호의 기능의 전부를 국가 및 사회가 전적으로 대신한다는 점에서 아동복지사업의 3차 방어선의 역할을 한다.

5. 아동복지 서비스 전달체계 및 현황

1) 아동복지 서비스 전달체계

(1) 아동권리보장원

아동권리보장원은 보건복지부장관이 아동정책에 대한 종합적인 수행과 아동복지 관련 사업의 효과적인 추진을 위하여 필요한 정책의 수립을 지원하고 사업평가 등의 업무를 수행하는 보건복지부 산하 공공기관으로 2019년 7월 16일 설립되었다.

아동권리보장원은 그간 지속적으로 제기되어 오던 아동보호서비스의 분절성, 높은 민간 의존도 등을 해소하기 위한 대응으로 아동인권 보장을 증진하는 데 기여하고 모든 아동에 대한 국가 책임강화를 위한 아동복지사업의 역할과 기능을 명시하고 있다. 구체적 사업내용으로는 아동보호서비스에 대한 기술지원 및 아동학대예방사업의 활성화, 가정위탁사업의 활성화, 지역 아동복지사업 및 아동복지시설의 원활한 운영을 위한 지원, 지역 아동복지사업 및 아동복지시설의 원활한 운영을 위한 지원, 「입양특례법」에 따른 국내입양 활성화 및 입양 사후관리, 국내외 입양정책 및 서비스에 관한 조사 · 연구, 아동 관련 조사 및 통계 구축, 아동 관련 교육 및 홍보 등을 실시하고 있다.

(2) 아동복지 서비스 시설 유형

'아동복지법 제52조'에 명기하고 있는 아동복지 시설은 생활시설과 이용시실로 구분하고 있으며, 생활시설로는 아동양육시설, 아동일시보호시설, 아동보호치료시설, 공동생활가정, 자립지원시설이 있고, 이용시설로는 아동상담소, 아동전용시설 지역아동센터, 아동보호전문기관 및 가정위탁지원센터가 있다. 각 시설의 고유 기능은 아래 〈표 8-2〉와 같다.

〈표 8-2〉 아동복지시설 유형 및 내용

시설유형	내용
아동양육시설	보호대상아동을 입소시켜 보호, 양육 및 취업훈련, 자립지원서비스 등을 제공하는 것을 목적으로 하는 시설
아동일시보호시설	보호대상아동을 일시보호하고 아동에 대한 향후의 양육대책 수립 및 보호조치를 행하는 것을 목적으로 하는 시설
아동보호치료시설	아동에게 보호 및 치료 서비스를 제공하는 다음 각 목의 시설 가. 불량행위를 하거나 불량행위를 할 우려가 있는 아동으로서 보호자가없거나 친권자나 후견인이 입소를 신청한 아동 또는 가정법원, 지방법원소년부지원에서 보호위탁된 19세 미만인 사람을 입소시켜 치료와 선도를 통하여 건전한 사회인으로 육성하는 것을 목적으로 하는 시설 나. 정서적, 행동적 장애로 인하여 어려움을 겪고 있는 아동 또는 학대로 인하여 부모로부터 임시 격리되어 치료받을 필요가 있는 아동을 보호, 치료하는 시설
공동생활가정	보호대상아동에게 가정과 같은 주거 여건과 보호, 양육, 자립지원서비스를 제공하는 것을 목적으로 하는 시설
자립지원시설	아동복지시설에서 퇴소한 사람에게 취업준비기간 또는 취업 후 일정기간 동안 보호함으로써 자립을 지원하는 것을 목적으로 하는 시설
아동상담소	아동과 그 가족의 문제에 관한 상담, 치료, 예방 및 연구 등을 목적으로 하는 시설
아동전용시설	어린이 공원, 어린이 놀이터, 아동회관, 체육·연극·영화·과학실험전시시설, 아동 휴게숙박시설, 아영장 등 아동에게 건전한 놀이·오락, 그 밖의 각종 편의를 제공하여 심신의 건강유지와 복지증진에 필요한 서비스를 제공하는 것을 목적으로 하는 시설
지역아동센터	지역사회 아동의 보호·교육, 건전한 놀이와 오락의 제공, 보호자와지역사회이 연계 등 아동의 건전육성을 위하여 종합적인 아동복지서비스를 제공하는 시설
아동보호전문기관	아동보호전문기관은 학대받은 아동의 발견, 보호, 치료의뢰, 아동학대의 예방 및 방지를 위한 홍보, 아동학대행위자를 위한 상담·교육, 아동학대행위자, 아동학대행위자로 신고된 자 및 그 가정에 대한 조사, 기타 학대받은 아동의 보호를 위하여 필요한 사항에 관한 업무를 하는 시설

가정위탁지원센터	보호대상아동의 보호를 위해 위탁가정을 발굴 및 교육하고 가정위탁보호아동의 전문적인 사례관리와 지원 등을 통해 위탁가정에서 아동이 친가정으로 복귀할 수 있도록 지원하며, 아동의 성공적인 자립을 위한 자립계획 수립 등을 지원하는 시설

2) 아동복지 서비스 현황

(1) 취약아동지원서비스

① 드림스타트

드림스타트란, 취약계층 아동에게 맞춤형 통합서비스를 제공하여 아동의 건강한 성장과 발달을 도모하고 공평한 출발기회를 보장함으로써 건강하고 행복한 사회구성원으로 성장할 수 있도록 지원하는 사업이다. 빈부격차와 같은 사회양극화 현상이 심해짐에 따라 늘어나는 빈곤아동을 위해 만들어진 서비스이며, 빈곤아동에게 공평한 출발기회를 제공하여 빈곤의 대물림을 차단하는 것을 목표로 실시되었다. 드림스타트는 보건복지부가 2007년 희망스타트 시범사업이라는 명칭으로 시작하여 2008년 드림스타트로 변경하였으며, 빈곤가족의 0~12세 빈곤아동, 임산부와 만 12세 이하 초등학생을 양육하는 복지여건이 취약한 가정, 국민기초수급 및 차상위계층 가정, 결손가정, 성폭력피해아동, 한부모가정, 다문화가정, 조손가정 등이 우선 지원대상이며, 지속적인 관리가 필요한 경우에는 만 15세까지 연장하여 사례관리가 진행되기도 한다.

대표적인 지원 내용으로는 아동 발달에 필요한 신체/건강 정보 제공과 정서발달 서비스 교육, 부모의 양육기술 지원 등이 있다. 여기서 사례관리란, 각 가정마다의 빈곤 유형을 파악하고, 그 유형에 맞게 비슷한 사례를 적용하고 맞춤형 서비스를 제공하는 것이다. 물론, 해당 서비스를 사례관리를 통해 제공 받은 가정 또한 하나의 사례로서 등록이 된다. 드림스타트는 이와 같은 서비스를 통하여 아동의 양육 환경을 개선하고, 능력을 개발하는 것과 같은 부분에서 높은 만족도를 제공하고 있다.

② 지역아동센터

지역아동센터는 1980년대 중반 공부방이라는 이름으로 시작한 지역아동센터는 산업화의 과정에서 도시 빈민 지역의 아동들을 보호하고 교육하기 위해 생겨난 시설로 공부방은 정부의 빈곤아동에 대한 정책이 없었던 1980년대부터 도시의 저소득층 밀집지역에서 민간단체나 개인이 아동 및 청소년을 대상으로 학습지도와 보호, 상담, 전건한 문화경험을 위한 공간으로 역할을 수행해 왔었다. 정부는 2004년 지역아동센터의 법제화를 통해 빈곤 아동에 대한 방과 후 방치를 예방하고 적절한 보호와 교육이 제공될 수 있는 지역사회 지원프로그램을 제공하기 시작하였다.

아동복지법 제 52조에 의하면 지역아동센터는 '지역사회아동의 보호, 교육, 건전한 놀이와 오락의 제공, 보호자와 지역사회의 연계 등 아동의 건전육성을 위하여 종합적인 아동복지서비스를 제공하는 시설'로 만 18세 미만의 방과 후 돌봄이 필요한 아동에게 보호, 교육, 급식, 지역사회 자원 연계 등 서비스 제공하고 있다. 지역아동센터는 현재 최대 이용자 수를 확보한 아동복지 이용시설이면서 동 단위 지역밀착형의 예방적 성격이 강한 아동복지시설로 아동의 보호뿐만 아니라 교과 학습 지도 등의 교육과 각종 놀이 활동을 통한 기본적 문화생활, 가족 전체에게 심리적 상담 프로그램을 제공함으로써 아동에게 필요한 정서지원의 서비스를 제공한다. 더불어 지역사회와의 연계를 통해 빈곤아동에게 직접적으로 물적 자원을 지원하는 등의 서비스를 제공하고 있다.

③ 디딤씨앗통장(아동발달지원계좌, Child Development Account: CDA)

디딤씨앗통장은 빈곤의 대물림을 방지하고 건전한 사회인으로 육성하고자 아동에 대한 투자의 일환으로 도입하여 저소득층 아동들의 자산형성을 지원하기 위하여 2007년부터 시행된 사업이다. 디딤씨앗통장은 아동이 사회 진출 시 학자금이나, 취업, 창업, 주거마련 등의 비용을 지원하고 있다. 디딤씨앗통장은 저소득층 아동(보호자, 후원자)이 매월 일정금액을 저축하면 국가(지자체)에서 1:1 정부 매칭지원금으로 월 5만원까지 같은 금액을 적립해 줌으로써 아동이 준비된 사회인으로 성장할 수 있도록 도와주는 자산형성지원사업이다. 주 대상아동으로는 시설보호아동, 가정위탁보호아동, 소년소녀가정아동, 공동생활가정(그룹홈)아동, 장애인시설보호아동, 가정복귀아동, 기초생활수급자가구 아동이라 할 수 있다.

(2) 보호아동지원사업

① 아동학대 및 예방사업

학대아동보호사업은 학대아동의 발견, 보호, 치료 및 아동학대의 예방 등을 전문적으로 실시하는 사업이다. 아동보호전문기관은 아동학대의 발견, 보호, 치료에 대한 신속한 처리 및 아동학대 예방을 위해 보건복지부에 의해 2001년에 설치된 기관이며, 2020년 10월부터는 기존에 해오던 아동학대 현장조사 업무를 아동학대전담공무원이 실시하며, 아동보호전문기관은 학대아동 및 가정에 대한 사례관리 중심으로 서비스를 제공하고 있다. 피학대 아동을 위한 그룹홈인 학대피해 아동쉼터는 각 시·도에 설치되어 있는 아동보호전문기관에서 격리 보호할 필요가 있다고 판단한 피학대아동을 보호하기 위해 시·도에 필수적으로 1개소 이상씩 설치·운영하고 있으며, 학대피해아동을 학대가해자로부터 신속히 분리하여 보호, 숙식제공, 생활지원, 상담, 치료, 교육 및 정서지원 등의 서비스를 제공하고 있다. 현재 아동학대예방센터에서 실행되고 있는 아동보호서비스 업무진행과정을 살펴보면, 신고 → 현장조사 및 사정 → 사례판정 → 조치의 결정 → 서비스 계획 및 제공 → 사례평가 및 종결의 과정을 거치고 있다.

② 가정위탁 및 입양

아동은 친가정에서 보호받는 것이 아동의 발달에 가장 적절하지만 친가정보호가 어려운 경우 가정 외 보호서비스를 필요로 하게 된다. 이 경우 가정위탁과 입양사업이 아동에게 제공되는 대표적인 아동복지사업이다.

가정위탁이란 부모의 질병·가출·이혼·수감·실직·사망·학대 등의 사유로 원가정에서 아동을 양육하기 어려운 경우, 타 가정에서 일정한 계획된 기간 동안 보호와 양육을 하는 대리보호서비스이다. 가정위탁은 친부모와의 상담 및 지원을 통해 가족해체를 예방하는 것을 목적으로 아동의 시설입소대신 대리가정에서 보호받고 양육될 수 있도록 지원하는 서비스이다. 타 가정에 배치 시 아동의 특성을 고려하여 위탁된 아동이 자신의 가정에서 보다 더 나은 서비스를 받을 수 있도록 지원함으로써 아동의 권리가 최대한 보장될 수 있도록 한다. 가정위탁의 유형으로는 친조부모, 외조부모에 의한 대리양육가정위탁, 친인척에 의한 양육가정위탁, 아동과 관련 없는 일반인에 의한 일반가정위탁 및 가정위탁보호 신청 아동 중 2세 이하 아동이나 전문적이고 특별한 보호가 필요한 경우에 제공되는 전문가정위탁 등이 있다.

입양이란 혈연적으로 친자관계가 없는 사람 사이에 법률적으로 친자관계를 맺는 것을 의미한다. 모든 어린이는 태어나면서 부모의 보호를 받으며 건강하게 성장할 수 있는 권리를 가지고 있지만, 부모가 없거나 부모가 있더라도 더 이상 보호할 수 없는 아동의 경우, 새로운 가정을 찾아주고, 가정이라는 틀에서 정상적으로 성장할 수 있도록 도와주어, 아동의 정신적·사회적 욕구를 충족시켜 주기 위한 아동복지사업이다. 입양사업은 아동을 위한 비시설보호의 방법으로 새로운 가족관계를 창출함으로써 아동을 위해 일정한 법적 절차에 따라 아동 양육에 대한 무제한적인 책임이 따르는 아동복지사업이다.

③ 시설아동 자립지원

시설보호사업이란 아동과 혈연관계가 없는 성인의 보호 아래 하루 24시간 함께 거주함으로써 사회적으로 보호하는 아동복지사업으로, 아동 자신 및 부모의 문제로 인해 원가정에서의 생활이 불가능할 때 제공되는 대리보호의 한 형태이다. 아동복지시설, 위탁가정에서 보호 중인 아동은 만 18세가 되면 보호가 종료되는 것을 대비하여 다양한 프로그램을 통해 자립준비에 대한 지원이 이루어지고 있으며, 자립 시 교육, 주거, 의료와 같은 지원을 통해 건강한 사회 구성원으로서 역할을 할 수 있도록 서비스 제공이 이루어지고 있다.

6. 아동복지의 과제

아동복지의 발전을 위해 나가야할 방향을 제시하면 다음과 같다.

1) 아동문제에 대한 예방적, 보편적 아동복지서비스 강화

아동복지란 아동의 행복한 삶을 보장하기 위한 실천적, 제도적 총체적 노력으로 국가 및 사회, 부모, 아동 모두의 참여와 노력이 필요하다. 아동복지는 미래 인력으로서의 아동이 건강하게 성장, 발달할 수 있도록 지원하며, 사회적 문제를 예방하기 위한 다각적 노력이 필요하다. 이러한 과정에서 아동복지는 사후, 선별적 대처가 아닌 사전 예방적이고 모든 아동에게 적용될 수 있는 다양한 지원이 이루어져야 한다. 이에 1981년 아동복지법의 개정을 통해 모든 아동의 복지 증진을 위한 노력이 지속적으로 이어져왔다. 그러나 가족의 빈곤, 학대, 미혼모 발생들의 가족 기능의 약화로 인한 보호대상 아동이 꾸준히 증가하고 있는 사회적 상황을 반영한다면 가족의 아동보호기능을 강화하기 위한 사회적, 경제적 측면에서의 보편적이고 예방적인 아동복지서비스를 적극적으로 추진해야 한다.

2) 아동권리에 입각한 아동복지서비스 강화

아동복지는 아동이 한 독립된 인간으로서 인간다운 생활을 영위할 권리가 있으며 사회와 국가는 이러한 권리를 보장해 주어야 할 의무가 있다는데서 출발한다. 무엇보다도 사회구성원들이 이념적으로 아동의 권리를 인정하는 것이 아동복지를 이루기 위한 필수조건이 된다. 그러나 우리사회에서 아동은 독립된 인격체로 권리의 주체로 인정되기보다는 성인에 비해서 열등하여 보호받아야 할 존재이거나 또는 부모가 원하면 어떻게든 할 수 있는 존재로서 인식되는 경향이 강하다. 아동의 건전한 성장과 발달을 위해서 보장되어야 하는 권리는 매우 광범위한 영역에 걸쳐있으며, 이 권리들은 가정을 포함하여 아동이 일상적으로 생활하는 환경뿐만 아니라 아동에게 영향을 미치는 사회의 여러 체계에서 구체적으로 실현되어야만 하는 것이다. 따라서 모든 사회 성원들이 아동권리에 소중함을 알고, 우리사회의 아동권리 침해의 실태와 문제점을 인식하며, 아동의 권리를 옹호할 수 있도록 교육하고 계몽하는 것이 필요하다.

3) 지역사회의 역할 강화

'한 아동을 키우는 데는 한 마을이 필요하다'는 아프리카 속담이 있다. 이는 아동이 생활하는 밀접한 환경으로써의 지역사회는 아동의 복지 향상에 중요한 역할을 담당해야 한다는 의미로, 아동 문제 발생 시 지역사회의 적극적인 관여가 필요하다. 아동학대의 발생, 보호대상 아동의 발생, 아동 돌봄 등 아동문제 발생 시 지역사회 아동관련 전문가 및 지역사회 주민의 협조체계를 통해 아동

문제에 적극적 개입이 이루어져야 한다. 따라서 아동 및 아동복지에 대한 지역사회 중심의 참여는 아동복지 증진에 있어 매우 중요한 요인을 작용될 것이다.

4) 재원의 확보

아동의 권리와 복지를 강화하는 법적 장치가 마련되고 전문적인 서비스를 제공할 수 있는 규정이 있다 하더라도 이를 실행에 옮길 수 있는 인력과 시설을 위한 예산의 배당이 없이는 그 의미를 찾을 수 없다. 유엔아동권리위원회에 의하면 우리나라 정부예산에서 아동에게 할당된 예산이나 지출수준은 우리나라와 비슷한 경제발전 수준에 있는 다른 나라에 비해 적다고 지적하였다. 아동복지재원의 마련을 위하여 정부나 민간단체는 다각적인 노력을 기울여야 할 것이다.

CHAPTER

09

Introduction to Social Welfare

노인복지

1. 노인복지의 기본적 이해
2. 노인복지의 원칙
3. 우리나라의 노인복지 정책 및 서비스
4. 우리나라 노인복지의 이슈 및 과제

CHAPTER 09

노인복지

1. 노인복지의 기본적 이해

1) 노인의 정의

노인이라는 용어는 일반적으로 생물학적으로 '나이 들어 늙은 사람'을 지칭하는 단어로, 노인복지 실천현장에서는 존칭의 의미를 담아 '어르신'이라는 용어가 사용되고 있다. 대개의 경우 노인에 대한 정의는 연령을 기준으로 편의상 65세 이상인 사람들을 노인으로 지칭하고 있거나 노화의 특성을 고려하여 노년기 정의를 통해 노인의 개념으로 정의한다. 사회가 점차 고령화로 진행되면서 노인에 대한 명확한 정의가 절실히 요구되는 가운데 복지국가의 등장도 노인의 정의에 영향을 미쳤는데, 어느 정도의 연령에 이르렀을 때 보편적 수당(Demogrant)[1) 성격의 수급권을 줄 것인가? 또는 노인복지정책의 기준 연령을 어떻게 적용할 것인가? 등의 필요성이 증가하였기 때문이다.

---

1) 국가가 사회적·경제적 지위나 수준과 관계없이 국민 전체 혹은 일정 연령 또는 특정한 부류에 속하는 사람에게 일정한 액수 또는 서비스를 제공하는 제도이다. 예를 들어 우리나라 65세 이상 노인에게 주어지는 기초연금, 지하철이나 철도 이용 시 적용하는 할인혜택 등이 있다. 이는 국가가 65세 이상의 노인들에게 사회보장의 하나로서 최저한의 인간다운 생활을 보장하기 위한 것으로, 이 제도에서는 경제적 수준이나 부양자의 유무에 관계없이 혜택이 주어진다.

노인의 개념은 다양한 측면에서 규정될 수 있으나 대표적인 개념정의를 살펴보면, 1951년 제2회 국제노년학회에서는 노인을 "인간의 노령화 과정에서 나타나는 생리적·심리적·환경적 변화 및 행동의 변화가 상호작용하는 복합적 형태의 과정에 있는 사람으로서 ① 환경의 변화에 적절히 적응할 수 있는 조직기능이 쇠퇴되고 있는 사람, ② 인체의 자체 통합능력이 쇠퇴되고 있는 사람, ③ 인체의 기관, 조직, 기능에 쇠퇴현상이 일어나는 시기에 있는 사람, ④ 인체의 적응능력이 점차로 감퇴되고 있는 사람, ⑤ 조직의 예비능력이 감퇴하여 적응력이 떨어지는 사람"으로 정의하고 있다. Breen(1960)은 생물학적·심리적 및 사회적 노화의 개념을 포함시켜 노인을 이해하고 있는데, ① 생리적 및 생물학적 측면에서 퇴화기에 있는 사람, ② 심리적인 측면에서 정신기능과 성격이 변화되고 있는 사람, ③ 사회적인 측면에서 지위와 역할이 상실되어 가고 있는 사람으로 정의하였다.

또한 사회과학적 조사연구 및 복지정책의 수립과 행정적 집행의 편의와 목적을 위해 조작적으로 정의한 노인의 개념을 살펴보면, ① 역연령에 근거한 정의, ② 사회적 역할에 의한 정의, ③ 기능적 역할에 의한 정의, ④ 주관적 연령에 의한 정의 등으로 구분할 수 있다. 노인을 정의하는 다양한 방법 중 가장 보편적으로 사용되는 역연령(歷年齡, chronological age)은 출생 이후부터 달력상의 나이로 계산한 만 나이가 일정 연령(60세 또는 65세 등) 이상일 경우 노인으로 규정한다. 사회보장제도가 발달하면서 사회보장의 수급 기준을 설정함에 있어서 가장 명확한 기준으로 활용할 수 있기 때문이다. 역연령은 1889년 독일의 비스마르크에 의해 세계 최초로 제정된 연금보험의 노령연금 수급기준을 65세로 규정한 것에서 유래한 것으로, 서구에서는 일반적으로 사회보장제도 수급자격 기준으로 노인을 65세로 규정하고 있다. 우리나라 노인 관련 법규에서는 노인복지법과 기초연금법에서 65세를 노인으로 규정하고 있다. 기능적 연령(functional age)은 개인의 특수한 신체적·심리적 영역에 있어서의 기능의 정도에 의해서 노인의 개념을 규정하는 것이다.

2) 노인과 사회문제

우리나라 인구의 고령화는 세계에서 가장 빠른 속도로 진행되고 있는데 2010년도에 접어들면서 출산율은 급격하게 감소하는 반면 인구의 고령화는 빠른 속도로 진전되면서 2020년 65세 이상 고령인구는 우리나라 전체 인구의 15.7%로, 향후에도 계속 증가하여 2025년에는 20.3%에 이르러 초고령사회로 진입할 것으로 전망되고 있다. 이와 같은 급속한 고령화의 가장 큰 문제점은 고령화 속도에 비해 대응하기 위한 충분한 대비 기간의 절대적 부족으로 우리 사회에 많은 노인관련 사회문제를 대두시킨다는 점이다(통계청, 2020). 주요 문제들 몇 가지를 간략히 살펴보면 다음과 같다.

통계청(2017)의 사회조사에 따르면 우리 사회 노인이 겪고 있는 어려움은 아래 〈표 9-1〉에서와 같이 건강(43.6%), 경제적인 어려움(38.4%), 소일거리 없음(5.3%), 외로움과 소외감(3.7%) 등으로 나타났다. 일반적으로 질병, 빈곤, 고독, 무위는 노인이 되어 크게 겪는 4가지 고통이라는 뜻으로 '노인의 4고(四苦)'라는 표현으로 사용하는 대표적인 노인 문제로 다양한 노인복지정책을 요구하고 있다.

〈표 9-1〉 노인들이 겪는 어려운 문제(단위: %)

어려움 / 성별	건강문제	경제적인 어려움	소일거리 없음	노인복지 시설부족	외로움 소외감	직업이 없거나 고용이 불안정	사회의 경로의식 약화	일상생활 도움 서비스 부족	가족의 무관심	기타
남	37.4	40.7	6.8	4.0	2.7	4.1	2.5	0.6	0.1	0.9
여	47.9	36.8	4.4	2.3	4.4	1.2	1.3	0.7	0.3	1.1
계	43.6	38.4	5.3	3.0	3.7	2.4	1.7	0.7	0.2	0.7

출처: 통계청(2017).

(1) 빈곤

노인의 경제적 빈곤은 한시적인 생활 사건이라기보다 지속적이라는 점에서 만성적인 생활 곤경을 설명해 주는 요인인 동시에 노인의 생활만족도에 지대한 영향을 미치는 요인이다(허준수, 2021). 기본적인 생계유지와 경제적 안정 그리고 최소한의 인간다운 삶의 수준을 유지하기 위해서는 소득의 확보가 필수적이나 2017년 기준 우리나라 66세 이상 은퇴연령층의 상대적 빈곤율은 경제협력개발기구(OECD) 가입국 중 가장 높은 수준으로 나타났다.

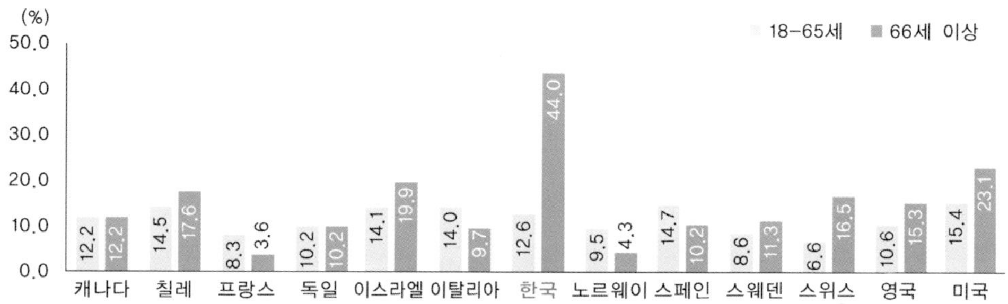

[그림 9-1] OECD 주요 국가 은퇴연령층의 상대적 빈곤율(중위소득 50% 이하, 2017)

주: OECD Stat의 한국자료는 잠정치로, 가계금융복지조사 공표 자료로 대체

출처: OECD(2020.8.19. 기준). Social and Welfare Statistics.

은퇴한 노인들의 낮은 생활만족도는 퇴직에 따른 수입 감소에서 기인한다(이신숙, 1997). 노년기는 직장으로부터의 은퇴로 사회 일선에서 물러나게 되고 이로 인해 소득이 격감하거나 상실이 발생함에 따라 소득감소를 제도적으로 적절하게 보완해 줄 수 있는 연금제도나 공적부조제도가 없으면 빈곤문제에 직면할 가능성이 높다. 실제로 통계청의 2020년 고령자 통계에 따르면 국민연금, 공무원연금, 사학연금, 군인연금 등 공적연금을 받는 65세 이상의 공적연금 수급률은 50.9%로 나타났다. 현세대 우리나라 노인의 경우 자녀의 교육비와 결혼준비 및 자녀들의 경제적 독립을 지원하기 위한 과도한 부담으로 인해 노인 자신이 경제활동에 참여하던 시기에 노후준비를 충분히 하지 못했고(2019

년 65세 이상 고령자 중 48.6%만 본인의 노후 준비를 하고 있음으로 조사됨) 은퇴 후 소득은 감소하고 국가의 소득보장제도가 미흡하기 때문에 경제적 어려움을 경험한다.

(2) 건강

노인의 건강은 다른 연령층보다 중요한 개인적인 자원으로 생활만족도에 영향을 미치는 중요한 요인이다. 건강한 노인은 건강하지 못한 노인들과 비교해서 개인적인 역할뿐만 아니라 사회활동에 지장이 없어서 생활만족도의 정도가 증가한다(허준수, 2021).

2020년 사회보장 통계에서 노인 건강수준을 나타내는 지표로 65세 기대여명, 노인의 ADL 제한율, 노인의 운동 실천율, 노인의 학대경험률이 제시되었는데(보건복지부, 2021. 6. 28.), 우리 사회 고령자의 건강수준을 나타내는 대표적인 지표인 2018년 65세 생존자의 기대여명(Average remaining life expectancy)[2)]은 20.8년, 75세 인구의 기대여명은 12.7년으로 OECD 평균보다 높은 수준을 보인다.

이와 같은 인구의 고령화 현상은 단순히 노인 인구의 증가뿐만 아니라 질병 및 장애 등의 건강문제를 초래할 수 있으며, 건강 약화에 따른 노인의 어려움은 개인이 겪을 수 있는 가장 어려운 문제임과 동시에 경제적 문제까지 유발하는 원인이 된다. 실제로 2020년 노인실태조사에서 노인가구가 부담을 느끼는 지출항목으로 '식비'와 '주거관련비'에 이어 '보건의료비'로 조사되었다. 2018년 65세 이상 고령자의 1인당 진료비는 448만 7천 원, 1인당 본인부담 의료비는 104만 6천 원이며, 고령자의 1인당 진료비 및 본인부담 의료비는 전체 인구와 비교했을 때, 각각 2.9배, 2.8배 높은 것으로 나타났다(통계청, 2020).

---

2) 특정 연령의 사람이 앞으로 살 것으로 기대되는 연수를 말한다. 출생아(연령 0세의 사람)의 기대여명은 '기대수명'이라고 한다.

노인이 되면 자연적인 노화현상과 함께 면역력의 저하로 질병이 만성화되는 특징을 보인다. 2020년 노인실태조사에서는 3개월 이상 지속적으로 앓고 있으며 의사의 진단을 받은 만성질병이 있다고 응답한 비율은 전체 노인의 84.0%이며, 또한 노인의 우울 증상 조사에서 13.5%는 우울증상을 보였으며, 특히 연령이 높아질수록 우울증상이 심해지는 것으로 나타났다. 이러한 결과들을 통하여 노년기의 건강문제가 얼마나 심각한지 알 수 있다.

(3) 역할상실

개인의 일상생활은 사회적 지위나 역할에 의해 주로 결정된다. 이때 사회적 지위란, 신분에 따라 개인이 차지하는 계급이나 자리를 의미하며, 역할이란 지위의 동적인 표현으로 특정한 지위를 말하는 기대행동이라고 할 수 있다. 이러한 사회적 지위와 역할은 한 개인이 행사할 수 있는 권력, 사회적 영향력, 그리고 삶의 질을 결정하는 매우 중요한 요소다(권중돈, 2007). 일반적으로 노년기 역할변화는 퇴직으로 인한 직업상실, 사별로 인한 배우자 상실, 장애나 질병으로 인한 건강상실 등의 경험을 한다. 이러한 배경하에서 노인문제는 여러 가지 양상으로 나타나고 있는데, 신체적 노화에서 비롯되는 질병의 문제로부터 은퇴에 따른 노인의 빈곤문제, 남아도는 시간을 무료하게 보내야 하는 무위의 문제, 그리고 노인 자신이 지각하는 역할상실의 문제 등 여러 가지 형태로 나타나고 있다(박의연 · 유영주, 1989). 직장으로부터의 은퇴와 노인계층으로의 편입은 이전에 가지고 있던 사회적 지위 및 경제적 능력의 약화와 사회적 역할을 감소시킨다. 이로 인해 자아정체성의 혼돈, 자아상실감, 무력감을 야기하며 나아가 노년기의 소외와 고독으로 이어진다(고수현 외, 2009).

현세대 노인은 생계와 자녀교육에 모든 것을 헌신한 세대로서 여가에 대한 예비사회화가 거의 이루어지지 못했기 때문에 여가시간이 주어져도 자발적 여가생활을 향유하는 것이 아니라 활용할 수 있는 능력이 제한되어 여가시간을 효과적으로 활용하지 못하고 소일로 시간을 보내는 경우가 많다(나항진, 2003). 그러나 긍정적 노년기를 보내기 위해서는 적합한 새로운 삶의 목표를 설정하고 계획하면서 사회참여의 기회를 통해 새로운 역할을 창출할 수 있어야 한다. 이를 위해 우리 사회의 지속적 노력과 더불어 노인 스스로 자조적 모임을 구축한다거나 자원봉사활동, 여가문화활동, 학습활동 등의 위축된 사회관계망을 보완하고 확대할 수 있는 기회의 모색이 필요하다. 2020년 노인실태조사의 향후 노후 생활에서 희망하는 활동으로 취미여가활동(37.7%), 경제활동(25.4%), 친목(단체)활동(19.3%), 종교활동(14.1%), 자원봉사활동(1.7%), 학습활동(0.9%), 정치사회(단체)활동(0.2%) 등의 순으로 나타났다.

2. 노인복지의 원칙

1990년 UN총회에서는 매년 10월 1일을 국제 노인의 날(The International Day of Elderly)로 제정[3)]하였으며 또한 1991년 12월 16일 세계 각국의 사회문제로 대두되고 있는 노인문제를 대응하기 위해 '노인을 위한 UN원칙(United Nations Principles for Older Persons)'을 채택하였다. 각국 정부가 노인 관련 프로그램을 운영해 나가는데 있어 반영해야 할 18개의 원칙들을 5가지 목표를 기준으로 하여 총회결의를 통해 채택되었는바 '독립, 참여, 돌봄, 자아실현, 존엄'이라는 내용으로 이루어진 원칙들을 살펴보면 다음과 같다(행정안정부, 2022).[4)]

---

3) 우리나라의 노인의 날 기념일은 10월 2일이다. 원래 노인의 날을 국제연합이 지정한 10월 1일 국제 노인의 날에 맞추려 했으나, 국군의 날이 겹침에 따라 그 다음날인 10월 2일을 기념일로 정하였다.

4) 해당 내용은 행정안정부 국가기록원 홈페이지(https://www.archives.go.kr)에서 안내한 내용을 참고하여 작성하였음을 밝힌다.

(1) 자립(Independence)

가족과 지역사회의 지원 및 자조를 통하여 적절한 식량, 물, 주거, 의복 및 건강보호를 받을 수 있어야 하며, 일을 할 수 있는 기회를 제공받거나, 다른 소득을 얻을 수 있는 기회를 얻을 수 있어야 한다. 직장에서 언제 어떻게 그만둘 것인지에 대한 결정에 참여할 수 있어야 하며, 적절한 교육과 훈련 프로그램을 받을 수 있어야 한다. 개인의 선호와 변화하는 능력에 맞추어 안전하고 적응할 수 있는 주거환경에서 살 수 있어야 하며, 가능한 오랫동안 가정에서 살 수 있어야 한다. 이는 노인이 독립성을 누릴 수 있는 소득과 교육 등에 대한 접근이 보장되어야 함을 제시하고 있다.

(2) 참여(Participation)

사회에 통합되어야 하며, 노인복지정책 수립과 시행과정에 적극적으로 참여하고, 노인들의 지식과 기술을 젊은 세대와 함께 공유하여야 한다. 또한, 지역사회 봉사를 위한 기회를 찾고 개발하여야 하며, 그들의 흥미와 능력에 알맞은 자원봉사자로서 봉사할 수 있어야 한다. 노인의 사회참여는 단순한 임금노동 이상의 것으로 일상생활의 영위, 지역사회 참여 등을 포함하며, 노인 자신을 위한 사회운동과 단체를 형성하고 참여하도록 원칙을 제시하고 있다.

(3) 돌봄(Care)

각 사회의 문화적 가치체계에 따라 가족과 지역사회의 보살핌과 보호를 받아야 하며, 신체적·정신적·정서적 안녕의 최적 수준을 유지하거나 되찾도록 도와주고, 질병을 예방할 수 있는 건강보호를 받을 수 있어야 한다. 노인들의 자율과 보호를 확보하기 위해 사회적, 법적 서비스를 받을 수 있어야 하며, 인간적이고 안전한 시설에 입소해서 적절한 보호, 재활, 사회적, 정신적 서비스를 제공받아야 한다. 또한, 노인들이 보호시설이나 치료시설에서 거주할 때도 그들의 존엄, 신념, 욕구와 사생활을 존중받으며, 노후생활에 필요한 보호와 삶의 질에 대한 사항을 스스로 결정할 수 있는 인권과 자유를 가지고 있음을 명시하고 있다.

(4) 자아실현(Self-fulfillment)

노인들이 가지고 있는 잠재능력을 충분히 발휘할 수 있는 기회를 가지며, 지역사회에서 제공하는 교육, 문화, 종교, 여가 프로그램을 이용할 수 있어야 한다.

(5) 존엄성(Dignity)

존엄과 안전 속에서 살 수 있어야 하며, 착취와 육체적 정신적 학대로부터 자유로워야 한다. 또한, 나이·성별·인종이나 민족적인 배경, 경제적 수준의 정도 등에 따라 차별받지 않고 항상 공정한 대우를 받아야 한다.

이 원칙의 배경은 노인도 한 사람의 인간으로서 국민의 기본적 인권인 행복추구권을 가지며 인간으로서의 존엄성을 유지하기 위해 기본적인 의식주뿐만 아니라 적절한 보호와 의료적인 조치 및 소득에 대한 보장 등 노인의 기본적 인권이 침해받지 않도록 보장하는 제도적 장치가 마련되어져야 함이다. 이에 전 세계적으로 인구의 고령화가 급속히 진행되고, 노인의 인권보장의 차원에서 UN을 중심으로 모든 사회 구성원이 만족스러운 삶을 영위할 수 있는 환경을 만들기 위한 활동이 추진되고 있다. 또한 UN은 1982년 비엔나 회의를 개최하여 노인에 관한 최초의 국제문서라 할 '고령화에 관한 비엔나 행동계획'을 채택하였고, 이후 점차 사회문제화 되는 노인문제에 대한 관심으로 UN총회에서 노인복지정책의 근간이 되는 권장사항들을 제시하였다.

3. 우리나라의 노인복지 정책 및 서비스

우리 사회의 급속한 인구고령화는 세계적으로 유래가 없을 정도라고 평가되고 있는데, 이러한 한국 사회의 인구고령화는 개인이 더 오래 살게 되는 것 이상으로 가족, 노동시장, 연금 및 의료보장제도, 노인을 위한 사회서비스, 그리고 문화 등 사회 전반에 영향을 미치고 이를 뒷받침할 수 있는 변화와 노력을 필요로 한다. 즉 인구고령화의 속도가 빠르다는 것은 그에 따른 개인, 가족, 사회차원의 제반 문제들에 대응하기 위해 준비할 시간이 매우 짧음을 의미한다 (한경혜 외, 2019).

1) 소득보장

2020년 노인실태조사에서 노인의 항목별 소득 금액과 비율을 살펴보면, 연간 총소득은 1,557.6만원으로 공적이전소득(공적연금, 기초연금, 기타공적급여 포함)이 428.7만원으로 가장 많으며, 근로소득 375.8만원, 사업소득 267.4만원, 사적이전소득 215.8만원, 재산소득 171.8만원 그리고 사적연금소득 97.9만원, 기타소득 0.2만원으로 구성비를 살펴보면, 공적이전소득 27.5%, 근로소득 24.1%, 사업소득 17.2%, 사적이전소득 13.9%, 재산소득 11.0%, 그리고 사적연금소득 6.3% 순이다. 즉, 노인 개인의 소득원 중 가장 보편적인 것은 사적이전소득과 기초연금이다. 2020년 고령자통계 결과에서는 65세 이상 고령자 2명 중 1병(50.9%)은 공적연금을 받고 있는 것으로 조사되었다(여자의 공적연금 수급률은 35.9%로 남자(71.0%)의 약 절반 수준임).

노년기의 다양한 복지욕구 가운데 가장 중요한 소득보장은 사회보장제도의 가장 핵심적인 영역이다. 인간다운 생활을 영위할 수 있게 하는 소득의 보장은 의식주의 기본욕구, 질병의 예방과 치료 관련 건강보호의 욕구, 여가와 관련된 문화욕구의 충족에도 직간접적인 영향을 미친다. 소득보장은 사회보험, 공적부조 혹은 사회수당 등과 같은 국가의 직접적 이전소득 프로그램과 기업연금과 개인연금 등을 통하여 최저한도 이상의 소득을 보장하고자 하는 사회적 노력을 의미한다(최해경, 2020). 소득보장제도는 노인의 생활을 보장하는 유일한 제도나 빈곤대책의 전부가 아니고 다른 사회복지영역과 상호 보완적인 관계를 맺고 있으며 임금정책, 조세정책, 노동정책, 산업복지정책과 역동적인 관계에 있다(권중돈, 2019). 일반적으로 소득보장체계를 논의할 때 활용되는 3층 구조 이론에서는 첫 번째 단계로 공공부조, 두 번째 단계는 공적연금제도로 국민연금과 특수직역연금, 세 번째 단계로 개인연금, 퇴직연금, 개인저축 등이 속한다(현외성 외, 2000).

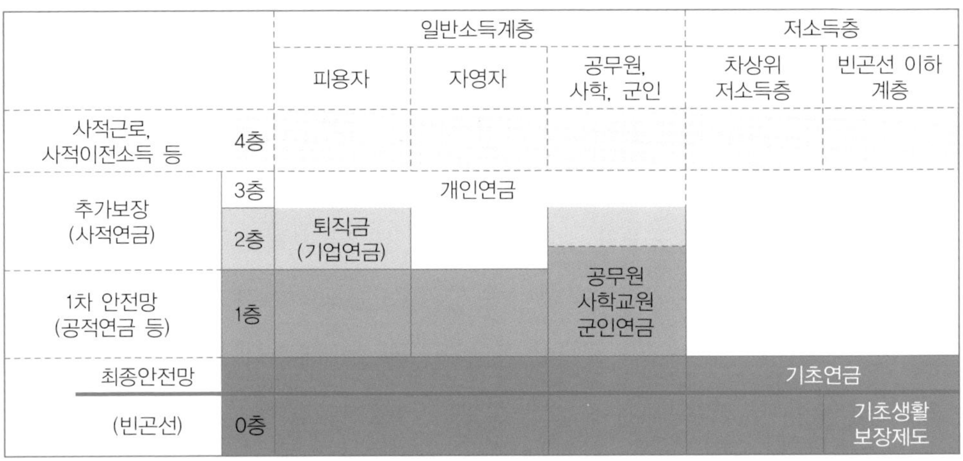

[그림 9-2] 우리나라 노후소득보장제도의 구성

출처: 정경희(2009)의 우리나라 노후소득보장제도의 구성에서 변화된 제도명을 수정함.

(1) 국민연금제도

사회보험으로 운영되는 공적연금은 소득의 감소나 상실을 초래하는 사회적 위험인 노령, 장애, 사망으로 발생하는 경제적 어려움에 대응하기 위한 소득보장제도이다. 법에서 정한 일정기간 보험료를 납부한 연금가입자는 퇴직 이후 연금 수급연령이 되었을 때 노령연금을 지급받는다. 공적연금에는 국민연금과 공무원연금, 사립학교교직원연금, 군인연금 등의 직역연금이 있다.

가장 대표적인 노후소득보장체계로 1988년 도입된 국민연금은 적용 대상이 특수직종에 종사하지 않는 자로 국민연금 가입 대상이 된다. 노령연금은 가입기간이 10년 이상인 가입자 또는 가입자였던 자에 대하여는 60세가 된 때부터 그가 생존하는 동안 노령연금(2013년부터 2033년까지 5년마다 1년씩 높아지게 되어 있음)을 지급한다. 또한 가입기간이 10년 이상인 가입자 또는 가입자였던 자로서 55세 이상인 자가 소득이 있는 업무에 종사하지 아니하는 경우 60세가 되기 전이라도 본인이 청구한 때부터 그가 생존하는 동안 일정한 금액의 조기노령연금을 받을 수 있다. 소득활동에 따른 노령연금은 노령연금 수급권자가 소득이 있는 업무에 종사하면 65세 이전에, 분할연금은 가입기간 중 혼인 기간이 5년 이상인 자가 생존하는 동안 배우자였던 자의 노령연금을 분할한 일정한 금액의 연금을 받는다.

(2) 국민기초생활보장제도

국민기초생활보장제도는 구(舊) 생활보호법을 대체한 법률로 1999년 9월 7일 제정 되고, 2000년 10월 1일부터 시행되었다. 복지사각지대를 최소화하기 위한 부양의무자 기준 폐지 등을 포함한 제도의 개선이 있어 왔으며, 2020년 국민기초생활보장 수급자 현황에서 65세 이상 노년기 수급자 비율은 전체 수급자의 35.4%이며, 총 인구수 대비 수급자 비율로는 노년기가 8.5%로 가장 높게 나타났다. 이와 같이 공적부조에서는 노인집단이 큰 비중을 차지하고 있어도 2020년 노인실태조사에서는 전체 조사대상자의 4.6%만 국민기초생활보장 수급자로 조사된 것으로 미루어 보편적 소득원이 될 수 없는 한계점이 있다(최해경, 2019).

(3) 기초연금제도

기초연금제도는 국민연금 가입이 어려운 저소득 노인 및 기초생활보장 대상 노인의 안정적인 소득기반을 제공하기 위해 지원하는 공공부조식 공적연금제도이다. 기초연금 수급자 선정기준은 65세 이상인 사람으로서 가구의 소득인정액이 70% 이하인 사람에게 지급한다. 2019년 기초연금 수급률은 66.2%(남자 59.0%, 여자 71.6%)로 나타났다. 2020년 8월 28일 시행기준으로 65세 이상인 사람 중 소득인정액이 100분의 40 이하인 사람에게 적용하는 기준연금액은 30만원이다.

국민연금과 국민기초생활보장법, 그리고 기초연금제도의 발전에도 불구하고 여전히 높은 노인빈곤율은 제도 설계 자체의 문제점과 더불어 효과적으로 실행되고 있지 못함을 보여주는 것이라 하겠다.

2) 건강보장

현대의학의 발달로 평균수명은 급증했지만 만성질환의 발생 위험이 높은 노년기의 건강문제는 돌봄 및 간병의 증가, 의료비 부담 등의 문제로 개인 차원뿐 아니라 가족과 사회 차원에서도 매우 중요하다. 또한 노년기의 건강문제는 타인 의존성이 높은 특성으로 의료, 요양, 복지서비스의 통합적 제공이 고려되어야 하는데, 우리나라 노인 건강보장정책은 사회보험방식으로 운영되는 국민건강보험과 노인장기요양보험, 저소득 노인을 대상으로 하는 공공부조인 의료급여, 그리고 노인의 건강지원을 위한 다양한 사회서비스들이 포함된다.

(1) 국민건강보험

국민건강보험제도는 생활상의 질병·부상에 대한 예방·진단·치료·재활과 출산·사망 및 건강증진에 대하여 보험급여를 실시함으로써 국민보건을 향상시키고 사회보장을 증진함으로써 보험의 원리를 이용하여 의료비의 지출부담을 국민건강보험가입자 모두에게 분산시켜 국민생활의 안정을 도모하기 위한 사회보험이다. 기여도에 따라 급여액이 비례하는 국민연금과 동일한 사회보험 방식으로 운영되지만 국민건강보험은 보험료의 기여수준과 관계없이 필요에 따라 급여가 지급되는 특성이 있다. 즉 보험료의 부담수준과 관계없이 균등한 수준의 의료보장을 받을 수 있다.

일정 수준의 재산과 수입이 있는 노인은 국민건강보험 가입자로 급여를 받을 수 있으며, 일정 수준 이하의 노인의 경우 국민건강보험 가입자인 배우자나 자녀의 피부양자로 적용을 받을 수 있다. 급여의 형태는 요양급여와 건강검진과 같이 의료 그 자체를 보장하는 현물급여와 현금급여로 두 가지 형태가 있다.

국민건강보험의 급여와 관련된 주요 이슈 중 한 가지로 보장성과 관련하여 우리나라는 전 국민이 국민건강보험의 가입자 혹은 가입자의 피부양자로 보편적 의료보장을 받을 수 있지만, 비급여를 포함한 건강보험이 보장하지 않는 노인의 본인부담금 지출이 급증하고 있어 의료비 빈곤노인을 양산할 수 있다.

(2) 의료급여

의료급여는 생활유지 능력이 없거나 생활이 어려운 저소득 국민의 의료문제를 국가가 보장하는 공공부조제도로 건강보험과 함께 국민 의료보장의 중요한 수단이 되는 사회보장제도이다. 가구당 중위소득의 40% 이하로 의료급여 대상자는 본인부담보상금제도 혹은 본인부담금상한제가 적용되어 일성 금액을 초과하는 경우 초과금액의 일부 또는 전액은 돌려받는다. 노인 인구의 상당수는 저소득 빈곤층으로 의료급여의 적용을 받고 있으며 건강보험과 마찬가지로 노인의 의료급여도 빠르게 증가하고 있다.

(3) 노인장기요양보험

노인장기요양보험제도는 고령이나 노인성 질병 등으로 일상생활을 혼자서 수행하기 어려운 이들에게 신체활동 및 일상생활 지원 등의 서비스를 제공하여 노후 생활의 안정과 그 가족의 부담을 덜어주기 위한 사회보험제도이다. 제도 운영의 효율성을 위해 보험자 및 관리운영은 국민건강보험공단으로 일원화되어 있어 국민건강보험 가입자는 자동으로 노인장기요양보험의 가입자가 된다.

급여대상은 소득수준과 상관없는 노인장기요양보험 가입자(국민건강보험 가입자와 동일)와 그 피부양자로 노인장기요양보험의 적용 대상은 65세 이상의 노인 또는 치매, 중풍, 파킨스병 등 노인성 질병을 앓고 있는 65세 미만인 자 중 6개월 이상의 기간 동안 일상생활을 수행하기 어려워 장기요양서비스가 필요하다고 인정되는 자로 신체활동・가사활동의 지원 또는 간병 등의 서비스를 받을 수 있다. 장기요양보험은 일정한 절차를 거쳐 장기요양급여를 받을 수 있는 권리를 인정받아야 하는데, 신체 기능, 인지기능, 행동 변화, 간호처치, 재활 등 다양한 영역에 걸쳐 조사하여 그 점수를 기준으로 등급을 판정한다.

그 외 건강지원서비스로 치매검진서비스, 치매치료관리비지원, 노인실명예방관리 등이 있다.

〈표 9-2〉 등급판정 기준

등급구분	판정기준
장기요양 1등급	일상생활에서 전적으로 다른 사람의 도움이 필요한 자로서 장기요양인정점수가 95점 이상인 자
장기요양 2등급	일상생활에서 상당 부분 다른 사람의 도움이 필요한 자로서 장기요양인정점수가 75점 이상 95점 미만인 자
장기요양 3등급	일상생활에서 부분적으로 다른 사람의 도움이 필요한 자로서 장기요양인정점수가 60점 이상 75점 미만인 자
장기요양 4등급	일상생활에서 일정부분 다른 사람의 도움이 필요한 자로서 장기요양인정점수가 51점 이상 60점 미만인 자
장기요양 5등급	치매환자로서 장기요양인정점수가 45점 이상 51점 미만인 자

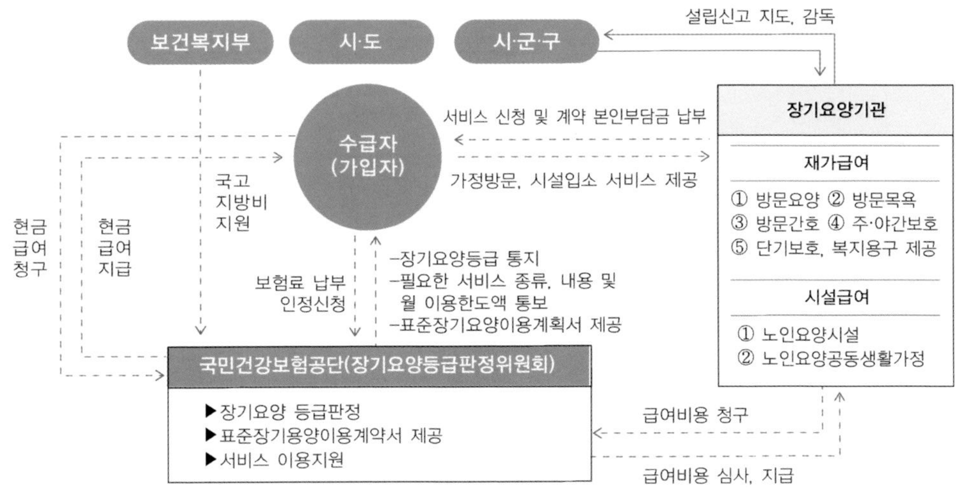

[그림 9-3] 노인장기요양보험제도 관리운영체계

출처: 보건복지부(2021).

3) 주거보장

사회적 은퇴 후 대부분의 시간을 집에서 보내게 되는 노년기의 주거보장정책은 전 생애의 어느 시기보다 노인의 일상생활과 삶의 질에 중요한 비중을 차지한다. 노인복지법상 노인복지시설의 종류는 노인주거복지시설, 노인의료복지시설, 노인여가복지시설, 재가노인복지시설, 노인보호전문기관, 노인일자리지원기관, 학대피해노인 전용쉼터로, 우리나라 주거보장정책은 재가주거보장방법과 시설보호주거보장 방법으로 나눌 수 있다.

재가 주거보장정책은 자녀와 노부모의 동거를 장려하면서 혜택과 지원을 하는 방법으로 방문요양서비스, 주·야간보호서비스, 단기보호서비스, 방문목욕서비스, 재가노인지원서비스, 방문간호 중 하나 이상의 서비스를 제공하는 시설이 재가노인복지시설에 해당된다.

〈표 9-4〉 재가노인복지시설 서비스

종류	시설	설치 목적	입소(이용) 대상자
재가노인복지시설	방문요양서비스	가정에서 일상생활을 영위하고 있는 노인으로서 신체적·정신적 장애로 어려움을 겪고 있는 노인에게 필요한 각종 편의를 제공하여 지역사회 안에서 건전하고 안정된 노후를 영위하도록 하는 서비스	ㅇ 장기요양수급자나 심신이 허약하거나 장애가 있는 65세 이상의 자(이용자로부터 이용비용의 전부를 수납받아 운영하는 시설의 경우에는 60세 이상의 자로 한다)로서 다음 각 호에 해당하는 자 가. 방문요양서비스: 가정에서 보호가 필요한 자 나. 주·야간보호서비스: 주간 또는 야간 동안의 보호가 필요한 자 다. 단기보호서비스: 단기간의 보호가 필요한 자 라. 방문 목욕서비스: 가정에서의 목욕이 필요한 자 마. 방문간호서비스: 가정에서 간호가 필요한 자 바. 복지용구지원서비스: 복지용구가 필요한 사람 사. 재가노인지원서비스: 가목부터 바목까지의 서비스 이외의 서비스로서 상담·교육 및 각종 서비스가 필요한 자
	주·야간보호서비스	부득이한 사유로 가족의 보호를 받을 수 없는 심신이 허약한 노인과 장애노인을 주간 또는 야간 동안 보호시설에 입소시켜 필요한 각종 편의를 제공하여 이들의 생활안정과 심신기능의 유지·향상을 도모하고, 그 가족의 신체적·정신적 부담을 덜어주기 위한 서비스	
	단기보호서비스	부득이한 사유로 가족의 보호를 받을 수 없어 일시적으로 보호가 필요한 심신이 허약한 노인과 장애노인을 보호시설에 단기간 입소시켜 보호함으로써 노인 및 노인가정의 복지증진을 도모하기 위한 서비스	
	방문목욕서비스	목욕장비를 갖추고 재가노인을 방문하여 목욕을 제공하는 서비스	
	방문간호서비스	간호사 등이 의사, 한의사 또는 치과의사의 지시서(이하 "방문간호 지시서"라 한다)에 따라 수급자의 가정 등을 방문하여 간호, 진료의 보조, 요양에 관한 상담 또는 구강위생 등을 제공하는 서비스	
	재가노인지원서비스	그 밖에 재가노인에게 제공하는 서비스로서 상담·교육 및 각종 서비스	
	복지용구지원서비스	수급자의 일상생활·신체활동 지원 및 인지기능의 유지·향상에 필요한 용구를 제공하는 서비스	

출처: 보건복지부(2020). 2020 노인복지시설 현황

시설보호 목적의 주거보장정책은 노인복지법상의 노인주거복지시설(양로시설, 노인공동생활가정, 노인복지주택)과 노인의료복지시설(노인요양시설, 노인요양공동생활가정) 설립과 운영 지원이 포함된다.

〈표 9-5〉 노인주거복지시설 및 노인의료복지시설 서비스

종류	시설	설치 목적	입소(이용) 대상자
노인주거복지시설	양로시설	노인을 입소시켜 급식과 그 밖에 일상생활에 필요한 편의를 제공	ㅇ다음 각 호의 어느 하나에 해당하는 자로서 일상생활에 지장이 없는 자 가. 「국민기초생활보장법」 제2조에 따른 수급권자(이하 "기초수급권자"라 한다)로서 65세 이상의 자 나. 부양의무자로부터 적절한 부양을 받지 못하는 65세 이상의 자 다. 본인 및 본인과 생계를 같이 하고 있는 부양의무자의 월소득을 합산한 금액을 가구원 수로 나누어 얻은 1인당 월평균 소득액이 통계청장이 통계법 제17조제3항에 따라 고시하는 전년도의 도시근로자가구 월평균 소득을 전년도의 평균 가구원수로 나누어 얻은 1인당 월평균 소득액 이하인 자(이하 "실비보호대상자"라 한다)로서 65세 이상의 자 라. 입소자로부터 입소비용의 전부를 수납하여 운영하는 양로시설 또는 노인공동생활가정의 경우는 60세이상의 자
	노인공동생활가정	노인들에게 가정과 같은 주거여건과 급식, 그 밖에 일상생활에 필요한 편의를 제공	
	노인복지주택	노인에게 주거시설을 분양 또는 임대하여 주거의 편의·생활지도·상담 및 안전관리 등 일상생활에 필요한 편의를 제공	단독취사 등 독립된 주거생활을 하는데 지장이 없는 60세 이상의 자
노인의료복지시설	노인요양시설	치매·중풍 등 노인성 질환 등으로 심신에 상당한 장애가 발생하여 도움을 필요로 하는 노인을 입소시켜 급식·요양과 그 밖에 일상생활에 필요한 편의를 제공	ㅇ 노인성질환 등으로 다음 각 호의 어느 하나에 해당하는 자 가. 「노인장기요양보험법」 제15조에 따른 장기요양급여수급자 나. 기초수급권자로서 65세 이상의 자 다. 부양의무자로부터 적절한 부양을 받지 못하는 65세 이상의 자 라. 입소자로부터 입소비용의 전부를 수납하여 운영하는 노인요양시설 또는 노인요양공동생활가정의 경우는 60세 이상의 자
	노인요양공동생활가정	치매·중풍 등 노인성 질환 등으로 심신에 상당한 장애가 발생하여 도움을 필요로 하는 노인에게 가정과 같은 주거여건과 급식·요양, 그 밖에 일상생활에 필요한 편의를 제공	

출처: 보건복지부(2020). 2020 노인복지시설 현황

4) 사회서비스

(1) 노인보호서비스

2004년에 16개 전담기관으로 노인학대 보호업무를 시작한 노인보호전문기

관은 노인학대예방과 학대피해 노인 및 가족에 대한 신속한 대응을 위하여 설치한 노인보호서비스기관으로 노인학대사례에 대한 전문적인 개입과 대국민인식개선활동, 그리고 노인학대 보호업무를 시작 등을 통하여 학대피해노인의 전문상담 서비스를 제공하고 있다.

(2) 노인일자리지원서비스

60세 이상 노인에게 지역사회 등에서 노인일자리의 개발·지원, 창업·육성 및 노인에 의한 재화의 생산·판매 등을 직접 담당하는 노인일자리전담기관 운영하고 있다.

(3) 학대피해노인 지원서비스

노인학대로 피해를 입은 노인을 일정기간 보호하고 심신치유 프로그램 제공하는 서비스이다. 특히, 생활시설에서 발생하는 노인학대 예방 및 조기발견을 위해 노인시설 종사자 및 입소 어르신을 대상으로 노인 학대예방 및 인권증진 교육을 실시하고, 노인학대 재발방지를 위해 노인학대행위자가 상담·교육 및 심리치료를 권고 받도록 하고 있다.

4. 우리나라 노인복지의 이슈 및 과제

1) 노인복지의 이슈

(1) 노인과 학대

노인학대는 노인에 대하여 신체적 · 정신적 · 정서적 · 성적 폭력 및 경제적 착취 또는 가혹행위를 하거나 유기 또는 방임을 하는 것을 말하는 것으로,

2004년 1월 29일 노인복지법에 노인학대방지에 대한 조항이 신설되었고, 이후 노인복지법 시행령 및 시행규칙에 의하여 노인학대예방센터가 전국적으로 설치・운영되고 있다.

보건복지부가 발표한 2020 노인학대 현황 보고서에 따르면 전국 34개소 노인보호전문기관이 지난해 접수한 노인학대 신고 건수는 1만 6973건으로 2019년(1만 6071건) 대비 5.6% 증가했다. 이 중 학대 사례로 판정된 건수는 6259건으로, 이는 2019년의 5243건보다 19.4% 증가했다. 이는 그간 노인복지시설 종사자 인권교육 강화, 노인학대 신고의무자 직군 확대, 대국민 인식개선 캠페인, 지역노인보호전문기관 확충 등 우리 사회의 노인학대 대응체계 강화 및 이에 따른 노인학대 인식 개선의 영향도 있는 것으로 분석할 수 있지만, 노출되지 않은 노인학대를 감안한다면 훨씬 더 빈번하게 일어난다고 할 수 있다.

이를 위해 증가하는 노인학대 현황을 반영해 노인학대를 조기발견하고, 피해노인을 보호하기 위한 대책을 강화하는 것이 필요하다. 또한 노인학대 재발 방지를 위해 노인학대 행위자 및 학대 피해노인의 가족 등에 대한 상담·교육 등 서비스 제공을 확대와, 개정된 노인복지법 시행에 따라 노인보호전문기관은 학대행위자에게 상담·교육·심리적 치료 등을 제공하고, 노인학대 사례가 종료된 후에도 학대 재발 여부 확인 및 필요한 경우 피해노인, 보호자·가족에게 상담·교육 등의 사후관리를 강화해야 한다(대한민국 정책브리핑, 2021).

(2) 노인과 성

최근 노인의 성문제는 심각한 사회문제로, 아동을 대상으로 한 노인의 성폭행, 공원과 유원지 등 노인들이 모여 있는 장소를 무대로 성행하는 노인 매매춘과 이에 따른 성병감염률의 증가 등이 빈번하게 노인문제로 대두되고 있다.

매슬로(Maslow)의 욕구단계설에서 생리적 욕구는 가장 우선적으로 해소되어야 할 가장 원초적인 욕구로, 현재 사회문제로 대두되고 있는 노인의 성문제는 이러한 인간의 근원적 욕구가 사회적 관습에 의해 억압된 결과의 표출이라고 할 수 있다.

평균수명 연장과 고독과 소외에 시달리는 노인계층의 증가, 성개방풍조의 확산, 전통적 가족관계의 붕괴로 인한 가족간 유대감의 약화 등은 노인과 관련된 성문제의 발생빈도를 높이는 중요요인으로, 노인과 성에 관한 우리 사회의 실질적 고민과 연구를 통해 노인 성문제에 대한 올바른 인식과 합리적 해결방안의 모색이 필요한 시점이다. 이제 노인과 성은 별개라는 인식과 노인이 되면 성욕이 사라진다는 인식의 개선이 필요하다(고수현 외, 2011).

2) 노인복지의 과제

정경희(2017)는 노인복지정책 진단과 미래 발전 방향 연구에서 다양한 관점에서 살펴본 인구고령화에 따른 주요문제, 노인복지정책에 대한 진단 등에 기초하여 앞으로 발전 방향과 수행되어야 할 과제를 제시하였다. 이는 본 장에서 제시된 노인 문제와 상응하는바, 현재 우리 사회의 노인복지정책 영역별 문제 해결 방안으로 다음과 같다.

첫째, 노후소득보장 정책과 관련해서는 다층적 노후소득보장 체계를 구축한다는 방향성과 함께 정책의 적절성 제고가 가장 우선적인 과제이다. 각 제도의 적용을 받는지 여부만으로는 안정적인 노후소득이 확보될 수 없다는 점에서 급여의 적절성 확보가 중요하다. 이는 많은 재원을 필요로 하기 때문에 다양한 관점을 가진 사회 구성원 간의 사회적 합의가 매우 중요하다고 할 수 있다(한국보건사회연구원, 2017).

둘째, 노인 건강과 관련해서는 보다 적절성 문제를 해결하기 위한 구체적인 방안 모색이 필요하다. 이용자 중심의 시각과 예방적 접근의 효과성 제고를 위해 노인건강검진사업을 세밀화하고, 인력 및 인프라의 질적 개선을 통해 적절성을 제고해 가야 할 것이다. 이에 주치의 제도 도입 방안 마련 등은 이용자중심의 원칙과, 지역사회에서의 조화가 가능한 서비스 구현을 위한 방안이 될 것이다.

셋째, 노인돌봄정책의 경우 양적 확대를 통한 접근성 제고는 이루어졌지만 다양한 서비스 간 역할 분담이 이루어지지 못하고 있는 것으로 진단되었다. 이러한 문제를 해결하기 위해서는 연속적 돌봄 체계 구축을 위한 공급 기관별 역할 정립(조세 기반 서비스와 보험 급여 간의 역할 혼재, 요양시설과 요양병원 등) 및 지자체(조세 기반 서비스)와 건강보험공단(사회보험 급여) 간 전달체계 구축이 시급하다. 또한 기본 방향으로 설정하고 있는 재가 보호 우선 원칙이 구현될 수 있도록 재가급여의 양적 확대와 가족 지원 강화를 통해 재가 중심으로 돌봄 체계를 개편해야 할 것이다.

넷째, 나이가 든 고령자들이 일하고 자립하면 국가의 노후 소득보장 부담도 줄어들고, 이들이 일해서 건강이 좋아지면 노인 의료보장 부담도 줄어들 수 있다. 21세기 고령사회에 대응하는 노인복지의 선순환구조는 국민연금과 같은 노후 소득보장과 고령자 자립을 돕는 노후 생활보장의 두 바퀴가 함께 돌아갈 때 온전히 만들어지는 것이다.

CHAPTER

10

Introduction to Social Welfare

장애인복지

1. 장애인 및 장애인복지의 이해
2. 장애인복지의 이념
3. 우리나라의 장애인복지 정책 및 서비스
4. 우리나라 장애인복지의 이슈 및 과제

CHAPTER 10

장애인복지

1. 장애인 및 장애인복지의 이해

1975년 제20차 UN 총회에서는 장애인권리선언을 선포하고, 1981년을 '세계 장애인의 해'로 정하며 완전한 참여와 평등을 통한 사회통합 달성을 슬로건으로 내걸면서 장애인에 대한 관심을 고조시켰다. 이는 세계 각국의 장애인복지 정책에 지대한 영향을 미쳤는데, 우리나라도 그러한바 장애인복지법 제3조 기본이념에서 "장애인의 완전한 사회참여와 평등을 통하여 사회통합을 이루는 데에 있다."을 명문화함으로써 이러한 흐름을 반영하고 있다.

1) 장애/장애인의 정의

장애/장애인에 대한 규정은 그 사회와 국가에서 어떤 맥락을 장애로, 어떤 사람을 장애인으로 개념화하는지에 대한 것으로, 이에 따라 해당 사회가 바라보는 장애/장애인에 대한 인식은 물론 이에 대한 국가차원의 정책과 서비스 방향 및 내용에 상당히 큰 영향을 미치기 때문에 장애인복지를 이해하는데 있어 기본적 근간이며, 중요한 이슈라 할 수 있다.

그런데 장애/장애인에 대한 개념은 태생적으로 매우 다차원적이며 또한 시간적·공간적 관점에 따라 다양한 논의가 존재하기 때문에 한마디로 정의하기는 매우 어렵다. 예를 들어 어떤 국가에서 규정하는 장애범주는 신체적·정신적 장애 등 주로 개인적 측면의 문제로 한정하는 반면 어떤 국가에서는 의사소통이 어려운 이민자 등 일시적이며 사회적 맥락이 고려된 문제까지도 장애범주에 포함시키고 있다. 여기서 공통적인 점은 활동상의 제약(restriction of activity)을 장애로, 그러한 상황에 처해있는 사람을 장애인으로 규정할 수 있다는 것이다(이에 본고에서는 장애를 활동상의 제약으로 규정하고자 함). 그리고 상이한 점은 그러한 활동상의 제약에 대한 원인을 주로 개인적 측면에서 찾는지 아니면 사회적 측면에서 찾는지의 차이가 존재한다는 것이다. 전자를 이론적으로 개인적 모델(individual model) 혹은 의료적 모델(medical model)이라 하고, 후자를 사회적 모델(social model) 혹은 생태학적 모델(ecological model)이라고 하는데, 이런 상반된 관점은 장애/장애인의 원인규정과 해결논의에 상이한 입장을 견지하게 된다. 즉 전자는 장애/장애인의 원인을 개인적 측면에서 찾아 주로 개인적 만성질환이나 사고 등에 의한 신체적 손상으로 규정하고, 이의 해결로 질환의 의료적 치료나 손상의 재활에 초점을 맞춘다. 반면, 사회적 모델에서 장애/장애인의 원인은 개인이 아닌 사회적 맥락에서 찾는데, 사회적으로 가해지는 억압과 차별이 장애/장애인의 원인이고, 이의 해결역시 사회적 노력에 의한 억압과 차별의 완화와 철폐가 된다.

국제사회는 1980년대에 들어서면서 장애에 대한 공식적인 정의 및 분류체계를 정립하는 노력을 본격적으로 기울여 왔는데, WHO의 1980년 국제장애분류 ICIDH(International Classification of Impairments, Disablities and Handicaps) 발표에 의하면 손상(impairment)은 심신의 구조적, 기능적 손상 자체를 의미하고, 불능(disability)은 손상에 의한 개인적 차원에서 일상생활의 활동에 나타나는 이차적 장애를 의미하며, 불리(handicap)는 손상과 불능으로 인한 사회적 차원에서 경험하는 불이익으로서 편견, 차별 등을 의미한다. 하지만 이러한 개념정의 및 분류는 비현실적인 단선구조와 부정적 용어, 의학적·개인적 측면에 한정한 규정으로 비판의 대상이 되었고, 이에 1997년 ICIDH-1을 대체할 ICIDH-2를 제안하게 되었다. 이에 따르면, 장애는 기본적으로 환경과 개인이라는 상황적 요인을 포함한다는 개념을 채택하고 있으며, 손상(Impairments), 활동(Activity Limitation), 참여(Participation Restrictions)의 상호작용으로 구성된 개념으로 규정하고 있다. 이후 본 ICIDH-2의 검토결과를 토대로 논리는 대부분 수용하면서 약간의 용어변경을 거쳐 최종적으로 2001년 ICF를 승인하였고, 현재 전 세계 각국의 장애개념 및 분류체계의 공식적이고 보편적 규정으로 통용되고 있다([그림 10-1] 참고).

이와 같이 WHO가 장애분류체계를 지속적으로 개정하게 된 것은 장애를 어떻게 정의할 것인가에 대한 다양한 관점과 시대적 상황을 적절하게 반영하고자 하였기 때문임을 알 수 있는 것으로, 장애/장애인의 개념규정 흐름을 통해 장애인복지 패러다임의 변화도 과거 개인적 모델 혹은 의료적 모델에서 사회적 모델 혹은 생태학적 모델로 변화하고 있음을 보여주는 것이라 하겠다.

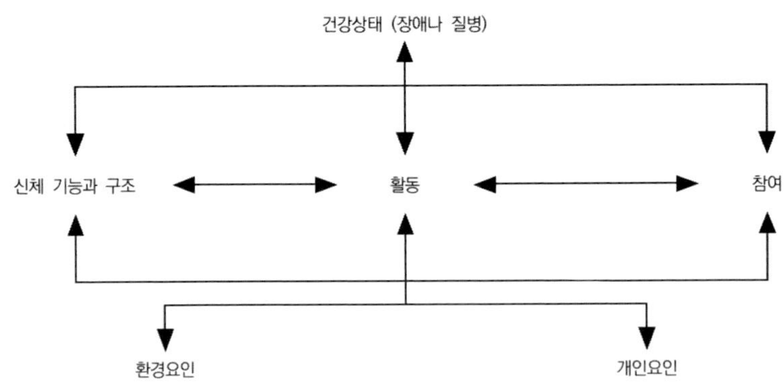

[그림 10-1] ICF에 의한 장애개념

출처: 국제기능장애건강분류(ICF) 중 구성요소 사이의 상호작용.

현재 우리나라의 장애/장애인에 대한 규정은 장애인복지 법령의 기준이 되는 장애인복지법 제2조에 명시되어 있는바 장애인의 정의를 "신체적·정신적 장애로 오랫동안 일상생활이나 사회생활에서 상당한 제약을 받는 자"로 규정하고 있다. 이는 사회생활상의 제약을 포함하여 사회적 맥락을 일정부분 고려하고는 있지만, 여전히 장애/장애인의 주된 원인을 개인의 신체적 및 정신적 손상으로 규정하고, 이러한 손상이 상당히 그리고 오랫동안 존재하는 심한 경우에 한하고 있어 매우 의료적이고 개인적이며 제한적으로 규정하고 있는 한계로 세계적 표준과는 다소 거리가 있음을 알 수 있다.

2) 장애/장애인의 유형

현재 우리나라 장애인복지법상 장애유형(범주)은 총 15가지이고, 종전에는 장애유형별로 주로 의학적 기준에 근거 장애등급을 1급에서 6급까지 구분하였으나(6급에서 1급으로 갈수록 중증에 해당), 이를 개정하여 장애정도로 명칭을 변경하고 정도 구분을 기존 6단계에서 '장애의 정도가 심한 장애'와 '장애의 정도가 심하지 않은 장애' 등 2단계로 구분 적용하고 있다. 장애유형은 크게 대분류로 신체적 장애와 정신적 장애로 구분하고, 신체적 장애는 다시 외부 신체적 장애와 내부 신체적 장애, 정신적 장애는 발달장애와 정신장애로 중분류하며 하위 개별 15가지 유형들이 소분류로 포함되어 있다. 구체적 사항은 〈표 10-1〉의 내용과 같다.

〈표 10-1〉 우리나라 장애유형(범주)

대분류	중분류	소분류	세분류
신체적 장애	외부 신체기능의 장애	지체장애	절단장애, 관절장애, 지체기능장애, 변형 등의 장애
		뇌병변장애	뇌의 손상으로 인한 복합적인 장애
		시각장애	시력장애, 시야결손장애
		청각장애	청력장애, 평형기능장애
		언어장애	언어장애, 음성장애, 구어장애
		안면장애	안면부의 추상, 함몰, 비후 등 변형으로 인한 장애
	내부기관의 장애	신장장애	투석치료중이거나 신장을 이식 받은 경우
		심장장애	일상생활이 현저히 제한되는 심장기능 이상
		간장애	일상생활이 현저히 제한되는 만성·중증의 간기능 이상
		호흡기장애	일상생활이 현저히 제한되는 만성·중증의 호흡기기능 이상
		장루·요루장애	일상생활이 현저히 제한되는 장루·요루
		뇌전증장애(간질장애)	일상생활이 현저히 제한되는 만성·중증의 간질
정신적 장애	발달장애	지적장애	지능지수와 사회성숙지수가 70 이하인 경우
		자폐성장애	소아청소년 자폐 등 자폐성 장애
	정신장애	정신장애	정신분열병, 분열형정동장애, 양극성정동장애, 반복성우울장애

3) 장애/장애인과 사회문제

장애인이 경험하는 어려움은 일상적 혹은 사회적으로 활동상의 제약이 따름으로 해서 발생하는 다양한 문제들이다. 이러한 문제들은 인간발달의 전 생애주기에 걸쳐(장애아동 문제, 장애노인 문제 등) 그리고 사회체계의 거의 모든 영역에 걸쳐(교육문제, 노동문제 등) 광범위하게 관련되는 문제들로 장애문제로서의 사회문제가 상당히 보편적임을 보여준다 하겠다.

우리나라 통계청(2017)의 사회조사결과를 기준으로 몇 가지 주된 사항들을 살펴보면, 장애인이 겪는 어려움으로 해결노력이 요구되는 사회문제들로, 경제적 어려움, 건강문제, 무직이나 고용의 불안정, 사회에서의 장애인에 대한 편견, 소일거리가 없음, 외로움과 소외감, 장애인 복지시설 부족, 일상생활 도움 서비스 부족 등으로 나타났다.

(1) 경제적 어려움

장애인은 비장애인에 비해 노동시장에서의 차별 등의 영향으로 인해 노동시장 참여율이 낮을뿐 아니라 취업한 장애인이라도 영세사업장에 고용되어 있거나 또는 종사상 지위가 낮은 불안정한 고용형태를 보이고 있다. 이러한 장애인 고용의 양적 및 질적 측면에서의 어려움은 고스란히 장애인의 경제적 궁핍을 낳는다. 따라서 소득지원과 취업지원을 통한 경제적 안정은 노동시장에서 보다 큰 어려움을 겪는 중증장애인의 자립과 통합에 매우 중요한 요인이라 할 수 있다.

장애인은 기초생활보장이라는 보편적 저소득지원정책과 장애인 수당이라는 범주적 지원정책(소득보장정책)과 의무고용 등(고용보장정책)의 고용보장 안전망에도 불구하고 사회적 취약계층 중에서도 가장 취약한 집단 중 하나이다. 이에 단선적이고 파편화된 지원정책 이상의 체계적이고 통합적인 소득보장정책이 요구된다(소득보장정책과 노동시장정책, 차별금지 정책 등의 통합적 연계).

(2) 건강문제

2019년 장애인등급제 폐지 이후 생애주기별 장애인 개인의 욕구와 환경을 고려한 맞춤형 복지서비스를 지원하기 위해 장애인복지의 전반적인 서비스체계 변화가 진행되었다. 건강권은 인간의 기본권의 하나로 생명과 건강을 지키는 인간의 권리를 의미하며 건강을 유지하기 위한 최적의 환경을 누릴 수 있는 모든 권리를 지칭한다. 이러한 건강권은 다른 권리(교육권이나 노동권 등)의 전제가 되는 기본적 권리임에 그 중요성이 더욱 크다 하겠다. 건강권과 밀접한 관계가 있는 대표적인 복지서비스는 의료서비스로, 장애인은 비장애인보다 병원의 입·내원일수와 의료비 지출이 높은 것으로 알려져 있으며, 일반적으로 장애인은 비장애인에 비해 의료이용 및 의료비 지출이 높은 것으로 보고되고 있다. 실제로 2020년 한국보건사회연구원의 장애인 실태조사 결과에 따르면, 장애인 1인의 진료비는 비장애인 1인 진료비와 비교하였을 때 약 3배이상 더 많은 것으로 조사되었으며, 장애인의 82.3%인 절대다수는 지난 1년간 치료나 재활 및 건강관리 목적으로 정기적인 치료를 받는 것으로 조사되었다. 이에 각 장애의 특성에 따른 의료이용 및 의료비에 대한 체계적 지원이 요구되고 있다. 이와 같은 실태는 장애인의 맞춤형 의료 서비스를 위해 장애유형별, 생애주기별, 소득수준 및 의료이용 및 의료비 지원 정책을 다르게 적용해야 한다는 결론을 도출할 수 있다.

또한 최근 보건의료기술의 향상, 평균 수명 증가, 급속한 인구 고령화 등에 따른 의료이용 및 의료비 증가는 건강보장이 주요한 사회적 이슈로 떠오르고 있는데, 장애인 역시 노인인구가 급속하게 증가하면서 노인층에서 장애출현율이 높아지고 있으며, 장애인이 고령화되는 경향 또한 높아지고 있다(장애인실태조사, 2017). 이는 장애와 고령의 어려움을 이중으로 경험하는 장애인이 증가하는 것을 의미하며 동시에 이로 인한 개인과 사회적 차원의 의료비 증가를 의미한다(한국장애인개발원, 2020). 이에 장애특성(특수성)을 고려한 특수 의료체계(재활의료 등)의 개선은 물론 생애주기에 따른 특히 고령화시대에 걸 맞는(보편성) 포괄적 의료체계의 공공성 확보가 무엇보다도 중요하다고 할 수 있겠다.

(3) 고용보장

1975년 제30차 UN총회에서 제정된 장애인권리선언에서 모든 장애인에게는 경제·사회적 생활 보장과 품위 있는 생활수준을 누릴 수 있는 권리가 있으며, 각자 능력에 따라 고용을 보장받거나 유익하고 생산적이고 보수가 보장되는 직종에 종사하면서 노동조합에 참여할 수 있는 권리가 있다고 하였다. 장애인의 취업은 장애인 개인의 존엄을 높이고 장애인의 사회에 대한 창조적인 기여를 도울 뿐 아니라 장애인 가족의 기능을 회복시켜 가족구성원의 생활능력을 발휘하게 하는 효과를 지니고 있으며, 장애인의 빈곤을 해소할 수 있는 수단이 되기 때문에 장애인에게 취업의 기회를 부여하는 것은 장애인의 사회참여에 가장 중요한 수단이 된다. 그러나 일반적으로 장애인은 매우 낮은 취업률과 낮은 임금을 특징으로 하고 있다. 이와 같은 상황을 개선하기 위한 정책으로 장애인고용촉진 및 직업재활법을 통해 장애인 고용의무화 제도를 실현하고, 다양한 형태의 보호 및 지원고용서비스를 시행하고는 있지만, 장애인의 취업률과 지위, 임금 등 노동여건은 여전히 매우 낮은 실정이다(유동철, 2008). 이를 위해 장애유형별 및 정도별 특성을 고려하고, 생애주기 및 생태특성을 고려한 체계적이고 통합적인 직업재활계획의 수립은 물론 노동시장에서 보다 취약한 중증장애인이나 여성장애인 등에 대한 추가적 정책노력이 요구된다.

2. 장애인복지의 이념

우리나라 장애인복지는 장애인권리선언과 장애인권리협약 등 국제사회에서 논의되는 주요 이념들을 바탕으로 인권보장, 정상화, 자립, 평등, 사회통합 등을 표방하고 있는바 장애인복지법 제3조에서 "장애인복지의 기본이념은 장애인의 완전한 사회 참여와 평등을 통하여 사회통합을 이루는 데에 있다"고 명시하고 있다.

1) 인간의 존엄성(인권보장)

인간은 다양한 개성을 가지고 살고 있지만 모두 인간으로서의 존엄성을 인정받아야 하는 존재로서 인간이 어떤 상황이나 차이를 가지든 존귀한 생명과 인격을 가지고 생존하는 존재라는 인간 이해로부터 출발한다. 인권의 존중, 즉 인간 존엄성은 장애인복지의 가장 우선적으로 추구해야할 이념으로, 장애인복지법에서는 장애인의 권리로 장애인은 인간으로서 존엄과 가치를 존중받으며, 그에 걸맞은 대우를 받으며 국가와 사회의 구성원으로서 정치・경제・사회・문화, 그 밖의 모든 분야의 활동에 참여할 권리를 가지며, 장애인 관련 정책결정과정에 우선적으로 참여할 권리가 있다고 규정하고 있다. 이는 우리 헌법 제10조 모든 국민은 인간으로서의 존엄과 가치를 가지고 행복을 추구할 권리를 가지며, 국가는 개인이 가지는 불가침의 기본적 인권을 확인하고 이를 보장할 의무를 진다는 선언과도 상통하는 내용으로 장애인복지의 목적이기도 하다.

2) 정상화

정상화(Normalization)는 그 사회의 동시대 동일연령대 구성원들이 누리는 생활을 장애인도 동등한 권리와 기회로서 누려한다는 원칙을 의미한다. 즉 장애인들도 그들의 생활이 제한되거나 분리되어서는 안 되며 비장애인과 동등한 사회구성원으로서 존중됨으로써 '동등한 생활리듬'을 통해 장애인도 비장애인과 같이 지역사회와 일반가정에서 정상적이고 일상적인 생활을 영위하는 것을 의미한다(김상균 외, 2002).

정상화의 과정에서 모든 사회가 추구하고 있는 정책들은 첫째, 장애인들은 모두가 사회, 경제, 문화, 여가 생활에 정상인들과 함께 적극적으로 참여하도록 하는 것이며, 둘째, 장애인을 등급화하여 사회적으로 낙인찍지 못하게 하는 것이다. 즉, 정상화의 궁극적인 목표는 모든 장애인들이 정상적으로 건전하게 사회에 참여하고 적응할 수 있는 기회와 방법을 극대화시키는데 있다.

3) 자립

자립은 타인에게 의존하지 않고 스스로 자주적이며 독립적인 생활을 영위하는 것으로 사회복지에서 자립은 경제적 자립과 더불어 서비스 대상자에게 내재하고 있는 잠재적 능력을 발전시키기 위한 끊임없는 노력 즉, 역량강화를 통한 스스로의 독자적이고 선택적인 주체적인 삶, 스스로 선택하고 결정한 삶에 대해 책임을 질 수 있는 삶을 촉진하는 동시에 자신의 결정권 선택권이라는 관점을 강조하는 것이다. 따라서 사회복지의 목표는 모든 국민이 자기결정 원칙에 의한 자립생활을 영위해 갈 수 있게 촉진하고, 그와 같은 생활조건을 확보해 나가는 데 있다.

4) 평등

평등은 사회복지실천의 기본이념 중 하나이며 사회복지실천의 목적이다. 장애인에 대한 차별과 편견이 팽배한 사회적 의식은 장애인에 관한 법이나 제도적인 측면에서 평등보장에 부정적인 영향을 미친다. UN의 인권선언에 의하면 인간은 어떠한 심신의 상황 속에 있더라도 자유권과 사회권의 주체로서 존재해야 한다고 주장한다. 즉, 신체적·정신적·사회적 능력의 손상으로 장애를 가지고 있는 사람도 비장애인과 동일한 의무와 권리가 인정되고 평등한 기회를 보장받아야 하며, 이것은 장애인복지를 위한 원칙의 시작이라고 할 수 있다(장영숙 외, 2003; 신현석, 2016).

5) 사회통합

장애인복지의 기본이념은 완전한 사회참여와 평등한 기회를 통한 장애인의 사회통합으로 장애를 갖고 있는 사람이 차별 없이 모든 사회활동에 참여하는 복지사회 구현을 의미한다.

장애인복지의 이념에 있어서의 사회통합이란 장애를 가진 사람들이 가치 있는 방법에 의해 정상적인 지역사회 안에서 인격적인 개인으로서 성공적으로 참여하게 하는 것을 의미한다. 즉 통합화의 과정은 장애인과 비장애인들이 모든 기회에 서로 공동으로 협력해 갈 가능성을 위한 조건추구를 지향하는 가정을 말한다. 따라서 장애인이 사회에 완전하게 통합되도록 하기 위해서는 그 사회가 장애인의 통합에 장애물이 되는 것, 즉, 물리적·심리적·문화적인 제약조건들을 없애는 것이 필요하다. 이러한 통합화의 과정이 성공적으로 이루어질 때 장애인의 인간다운 삶의 실현은 가능하게 된다(신현석, 2016).

3. 우리나라의 장애인복지 정책 및 서비스

우리나라에서 시행하고 있는 장애인복지관련 주요 정책 및 서비스를 간략히 살펴보면 다음과 같다(보건복지부, 2022).[1)]

1) 소득보장

(1) 국민연금

국민연금의 장애연금은 가입자 또는 가입자였던 자가 질병이나 부상으로 신체상 또는 정신상의 장애가 있는 경우 장애등급에 따라 일정한 급여를 지급하여 장애로 인한 소득 감소부분을 보전함으로써 자신과 가족의 안정된 생활을 보장하는 것이다. 수급요건은 질병 또는 부상의 초진일 당시 연령이 18세 이상이고 노령연금 지급 연령 미만인 자이다.

---

1) 해당내용은 보건복지부 홈페이지(www.mohw.go.kr)에서 안내한 내용을 참고하여 작성한 것임을 밝힌다.

(2) 장애인연금

장애인연금은 장애로 인한 근로상실로 생활이 어려운 중증장애인에게 매월 일정 금액을 연금으로 지급하여 생활안정을 지원하는 사회보장제도로의 지급대상은 18세 이상의 장애인연금법상 중증장애인 중 본인과 배우자의 소득과 재산을 합산한 금액(소득인정액)이 선정기준액 이하인 사람이다. 지급내용으로 먼저 기초급여는 근로능력의 상실 또는 현저한 감소로 인하여 줄어드는 소득을 보전해 주기 위하여 지급하는 급여로 만 18세 만 65세가 되는 전달까지 수급권을 유지하고 있는 자에게 지급되며 지급금액은 최대 30만원이다. 다음으로 부가급여는 장애로 인하여 추가로 드는 비용의 전부 또는 일부를 보전해주기 위하여 지급하는 급여로 18세 이상 장애인연금 수급자 중 국민기초생활보장 수급자(생계 또는 의료급여 수급자)와 차상위계층(주거 또는 교육급여 수급자, 기준중위소득 50%이하에 해당되는 자), 차상위 초과자(기초생활수급자, 차상위계층에 해당되지 않으면서 장애인연금 선정기준액 이하에 해당되는 자)에게 지급되며 지급금액은 2만원~38만원이다.

(3) 장애수당

장애수당이란 장애인의 장애정도와 경제적 수준을 고려하여 장애로 인한 추가적 비용을 보전하게 하기 위해 국가와 지방자치단체가 지급하는 것을 말한다. 지급대상자는 신청월 현재 만 18세 이상인 장애인연금법상 중증장애인에 해당하지 않는 장애인복지법에 따라 등록한 장애인으로, 대상자 선정기준은 국민기초생활보장 수급자 및 차상위계층으로서 국민기초생활보장제도의 가구범위와 소득인정액 산정방식은 동일 적용된다.

2) 의료보장

(1) 국민건강보험

국민건강보험 지원내용으로 산출보험료 경감을 들 수 있다. 지역가입자 중 등록장애인이 있는 세대로 소득이 360만 원 이하인 동시에 과표 재산이 1억3천 5백만 원 이하인 경우, 장애의 정도가 심한 장애인은 30% 감면, 장애의 정도가 심하지 않은 장애인은 20% 감면되며, 장기요양보험료 경감과 관련해서는 장애의 정도가 심한 장애인의 장기요양보험료 경감을 들 수 있다. 지원내용으로 장기요양보험료의 30% 감면이 있다.

(2) 의료급여

의료급여의 장애인의료비 지원은 의료급여법에 의한 의료급여 2종 수급권자인 등록장애인과 건강보험의 차상위 본인부담 경감 대상자인 등록장애인(만성질환 및 18세미만 장애인)으로 의료기관 이용시 발생하는 급여항목 본인부담금의 일부 또는 전액 지원(비급여 제외)한다. 1차 의료기관 외래진료 본인부담금 750원은 일괄지원하며, 2차·3차 의료급여기관 진료는 의료(요양)급여수가적용으로 본인부담진료비 15%(차상위 14%, 암환자 5%, 입원 10% 등) 전액을 지원하되 본인부담금 식대는 지원하지 않는다.

(3) 발달재활서비스

만 18세 미만 뇌병변·지적·자폐성·언어·청각·시각 장애아동으로, 소득기준 전국가구평균소득 150% 이하인 경우 해당된다(등록이 안된 만6세 미만 아동은 의사진단서로 대체 가능함). 매월 14만원~22만원의 발달재활 서비스 바우처가 지원되며, 언어·청능·미술·음악·행동·놀이·심리·감각· 운동 등 발달재활서비스를 선택하여 이용할 수 있다.

3) 고용보장

(1) 장애인일자리사업

장애인일자리사업의 사업목적은 취업취약계층인 장애인에게 일자리 제공을 통한 사회 참여 기회 확대 및 소득 보장 지원과 근로 연계를 통한 장애인복지 실현 및 취업 연계 활성화로 사업근거는 장애인복지법의 국가와 지방자치단체는 장애인이 적성과 능력에 맞는 직업에 종사할 수 있도록 직업지도, 직업능력평가, 직업적응훈련, 직업훈련, 취업알선, 고용 및 취업 후 지도 등 필요한 정책을 강구하여야 하며, 장애인복지법 시행령 장애인일자리사업 실시와 관련한 보건복지부장관은 장애인의 사회참여 기회를 확대하고 적성과 능력에 맞는 일자리를 발굴하여 소득보장을 지원하는 장애인일자리사업을 실시할 수 있다는 조항에서 찾아볼 수 있다. 세부사업 내용으로 일반형 일자리(행정도우미, 전담지원행정도우미, 복지서비스지원요원), 복지일자리(참여형, 특수교육-복지 연계형), 시각장애인 안마사파견사업, 발달장애인 요양보호사 보조 일자리사업을 들 수 있다.

(2) 중증장애인생산품 우선구매제도

중증장애인생산품 우선구매제도의 사업목적은 장애인직업재활시설 등 중증장애인생산품 생산시설에서 생산한 중증장애인생산품의 판매를 지원하여 근로장애인의 소득창출 및 안정적인 고용기회 제공에 있다. 중증장애인생산품이라 함은 장애인복지법 제58조에 따른 장애인 직업재활시설과 같은 법 제63조에 따른 장애인복지단체 및 정신보건법 제16조에 따른 정신질환자직업재활시설 중 보건복지부장관으로부터 지정을 받은 중증장애인생산품 생산시설에서 생산된 제품 및 생산시설에서 제공하는 노무용역 등의 서비스(우선구매특별법 제2조 제2항)이다.

4) 사회서비스

(1) 장애인 활동지원서비스

지원대상은 만 6세~만 64세의 장애인복지법상 등록 장애인 중 서비스 지원 종합조사 결과에 따라 산출된 종합점수가 42점 이상인 자로 지원내용으로 활동지원급여는 구간별 월 778~6,221(단위: 천원)이며, 특별지원급여는 출산, 자립준비, 보호자 일시 부재의 생활환경에 따라 월 260~1,037(단위: 천원) 최대 6개월까지 한시적으로 지원하도록 한다. 읍·면·동이나 국민연금공단 각 지사에서 신청할 수 있다.

(2) 장애아 가족 양육지원서비스

지원대상은 연령기준 만 18세 미만 장애인복지법에 근거한 장애정도가 심한 중증장애아동으로 소득기준 기준중위소득 120% 이하이면 신청가능하며, 지원내용으로 아동의 가정 또는 돌보미 가정에서 돌봄서비스 제공(장애아동 보호 및 휴식 지원)이며 1아동당 연 600시간 범위 내 지원가능하다. 신청은 읍·면·동에서 할 수 있다.

(3) 발달장애인 공공후견인 심판청구 비용지원서비스

지원대상은 연령기준 만 19세 이상 발달장애인으로 장애유형은 장애인복지법에 근거한 지적·자폐성 장애인이며, 지원내용으로 공공후견인 선임을 위해 가정법원 심판 청구 시 소요되는 인지대 등 행정비용을 청구 건당 최대 50만원 지원을 지원받을 수 있다. 신청은 시·군·구에서 할 수 있다.

4. 우리나라 장애인복지의 이슈 및 과제

1) 장애인복지의 이슈

(1) 탈시설화

탈시설화(deinstitutionalization)란 일반적으로 장애인의 시설수용을 반대하고, 정상화 이념에 기초하여 지역사회에서 커뮤니티케어에 기반하여 동등한 생활을 보장하는 것을 말한다. 현재 우리 사회는 장애인 탈시설화를 두고 논란이 지속되고 있는데, 이는 탈시설의 명분에 대한 논란이 아니라 지역사회 기반의 취약성을 전제로 가능성에 대한 우려의 논란이라 하겠다. 즉 충분한 지역사회 자원체계가 마련되지 않은 상태에서 선부른 탈시설은 오히려 장애인의 지역사회 방치로 이어질 수 있는 만큼 전진적이고 체계적인 노력이 요구된다. 이는 UN장애인인권선언 제19조 '장애인은 다른 사람과 동등하게 자신의 거주지 및 동거인을 선택할 기회를 가지며, 특정한 형태를 취할 것을 강요받지 아니한다'가 근거로 제기되고 있다. 찬성 측은 장애인은 시혜와 동정의 대상이 아닌 당당한 권리의 주체라고 피력하며, 모든 장애인이 독립된 주체로 시설에서 나와 지역사회에서 살아가는 데 필요한 서비스를 국가가 제공하고 장애인들의 인간다운 삶을 보장하면서 완전한 사회통합을 이뤄야 한다는 것이 핵심이다. 반대 측은 이 법률이 현실과 맞지 않고 오히려 장애인들이 시설의 도움을 받지 못하게 돼 인권 사각지대에 놓일 가능성을 제기하고 있다.

(2) 장애인개인예산제도

개인예산제는 장애인 개인에게 필요서비스 비용예산을 지급하여 사회서비스 이용에 있어 이용자의 선택과 결정을 확대하는 제도를 말한다. 기존 제도는 각 사회서비스의 기준으로 대상자를 한정하고 급여량을 결정하여 주로 현물이나 바우처 형태로 지급하는 것인데 비해 개인예산제는 이용자에게 직접 현금을 지급하여 이용자가 자신의 필요와 상황에 맞게 서비스 내용과 사용량, 사용처 및 서비스 제공자 등을 모두 스스로 선택하여 현금을 직접지불형태로 하여 이용하는 것을 말한다. 이는 개인별 맞춤형 서비스(개별화 서비스)와 통합적 지원(사례관리)을 통해 인권보장의 취지를 최대한 살리고, 또한 개인유연화를 통해 정책효율화를 최대화하고자하는 것으로 많은 논의 가운데 있다. 이러한 장애인 개인예산제는 장애아동에게는 주로 발달재활, 장애아동 돌봄 등 서비스가 보육서비스 등과 연계되어 적용되고, 장애성인에게는 활동지원, 주간활동, 보조기구 등 서비스의 통합적 지원은 물론 재활, 기관 서비스 등 기존 서비스와의 통합도 이루어져 적용된다.

이에 장애인 개인예산제는 기존 공급자 중심의 서비스 전달체계에서 이용자 중심의 서비스전달체계로의 변화를 의미하며 따라서 장애인의 자기결정권 등 권리신장과 통합적 지원체계마련 등의 정책적 장점이 있다고 평가된다. 반면, 개인예산제를 이미 시행 중인 미국이나 영국 등의 국가에서는 개인예산제를 도입한 이유가 공공 사회서비스의 이용에 대한 것이기 보다는 이미 어느 정도 충족된 공공서비스 이외 부족한 서비스의 민간선택을 지원하기 위한 보충적 수단으로 이 제도를 도입한 것이기에 우리나라와는 다른 상황이고 이를 무리하게 우리나라에 현실적용하기에는 매우 어렵고, 또한 오남용의 위험 등 제도적 뒷받침의 충분한 논의가 필요하다는 신중한 입장들도 있는 만큼 추후 보다 체계적인 실증적 논의가 요구된다.

2) 장애인복지의 과제

우리나라 장애인복지 수준은 OECD국가 평균에 크게 미치지 못하고 있는데, 이는 장애인복지에 대한 예산 투입 부족과 주요 복지선진국에 비해 장애인 정책 대상 인구가 협소하다는 점과 장애인정책 프로그램 수가 부족한 것 등을 주요 원인으로 들 수 있을 것이다. 따라서 장애인복지예산의 지속적인 확대, 포용성장을 위한 통합적인 장애인 고용·소득보장 및 사회서비스 정책 추진, 장애인 소득보장과 고용정책의 연계, 사회서비스의 효율성 제고 등이 필요하다(윤상용 외, 2019).

또한 장애인에 대한 편견과 차별을 불식시키고 장애인의 기본적인 인권을 보장하고 국가와 사회발전에 적극 참여할 수 있도록 역량강화를 지원하는 일은 복지국가의 이념을 추구하는 과정에서 필수적인 과제라고 할 수 있다. 한국임상사회사업학회(2016)에서는 구체적으로 다음과 같이 장애인복지의 과제를 설명한다.

첫째, 복지 선진국과 같은 수준으로 장애인의 범주를 포괄적으로 정하고 적용해야 한다.

둘째, 장애인의 고용증대를 위한 사업주의 인식 개선을 위해 장애인과 재활전문가들의 자발적인 실천과 노력이 있어야 한다.

셋째, 장애인의 개별적 욕구에 따라 선별적 서비스가 질 높게 실천될 수 있도록 재활전문가를 양성해야 한다.

넷째, 장애인에 대한 올바른 인식과 복지사업의 높은 가치가 실현될 수 있도록 사회적 인프라를 조성해야 한다.

다섯째, 장애인에 대한 사회적 편견인 주변의 부정적 존재에 대한 인식을 제거하고 당당한 정치적 세력으로 인정받고 살 수 있도록 사회 변화의 주체자로 등장해야 한다.

CHAPTER

11

Introduction to Social Welfare

가족복지

1. 가족복지의 이해
2. 가족이론
3. 가족복지실천 대상 가족
4. 건강가정기본법에 제시된 가족복지 정책
5. 여성가족부의 가족 정책
6. 가족복지실천 전달 체계
7. 가족복지의 방향과 과제

CHAPTER 11

가족복지

가족은 사회를 구성하는 가장 기본적인 제도로서 시대와 문화에 따라 다양한 구조와 형태를 보여주고 있다. 우리나라의 경우 남성 중심의 대가족제도로 일반화되었던 가족 구조는 이미 핵가족화가 된 지 오래되었으며, 이 과정에서 가족이 기본적으로 수행해왔던 일차적 기능은 상당한 정도로 축소되어 가족의 해체적 현상이 심화됨으로써 복지적 개입의 필요성이 증가하였으며, 남성 중심의 가부장적 가족 구조 역시 양성 평등적 가치의 확산으로 상당히 약화되어 새로운 가족복지정책의 등장이 요구되었다. 또한 여성의 사회진출 증가와 경제적 독립이 가능한 여성 인구의 증가는 이혼율을 증가시키는 측면이 있으며, 한국 사회의 특성상 존재하는 사교육비용의 과다한 지출은 자녀의 출산을 회피하게 만드는 요인으로 작용하여 출산율을 저하시킨 측면이 있다. 이러한 사회적 변화 속에서 1997년에 발생한 외환위기는 빈곤계층을 양산하고 빈부격차를 더욱 심화시켰으며, 가족 스스로의 힘으로 문제를 해결하기에는 힘든 상황이 발생하였다. 이혼에 따른 이혼 가정의 증가는 결과적으로 재혼 가정과 한부모 가정을 증가시켰으며, 사회 변동 과정에서의 1인 가구의 증가 및 다문화 가족의 등장 역시 우리 사회에 새롭게 등장한 가족 형태들이다.

1. 가족복지의 이해

1) 가족복지의 개념

가족복지는 가족의 행복을 추구·유지하는데 필요한 가족 기능을 강화하는데 중점을 둔다. 사회복지 영역에서 발생하는 문제(problem)는 많은 경우 기능의 약화에서 비롯된다고 본다. 가족 기능의 약화 또는 기능의 상실은 관련되어 있는 개인 상호 간의 갈등을 발생시키며, 경우에 따라서는 일시적인 상황으로 머무르지 않고, 그 갈등상황이 고착되어 가족 스스로의 힘으로는 해결하기 힘든 경우도 발생한다. 이런 경우 가족이 추구하는 행복은 아주 낮은 수준에 머무르게 되며, 최악의 경우 고통스러운 상황에 처하게 된다. 따라서 가족복지는 가족이 행복을 추구·유지할 수 있는 힘을 가질 수 있도록 지원하는 서비스를 제공하여야 한다. 이때 가족복지는 가족을 상호작용하는 하나의 유기체로 취급하여 가족 전체에서 나타나는 요구와 문제를 해결하고자 하여야 한다.

따라서 가족복지 서비스는 다음과 같은 목표를 가져야 한다.

첫째, 가족관계의 정상화

둘째, 가족 구성원 상호 간의 문제해결 능력 강화

셋째, 가족 문화의 긍정적 가치 강화

넷째, 가족 구성원의 인격 발달

2) 가족복지의 대상

가족복지의 대상은 가족의 기능을 약화시키는 갈등 영역과 관련되어 있다. 이러한 갈등 영역들은 결국 가족 내 문제로 발전하여 가족의 목표를 방해하는 역할을 한다. 따라서 가족복지의 대상은 가족의 목표를 방해하는 문제 상황들이 된다. 이러한 문제 상황들은 일시적으로 긴장을 유발하여 가족의 행복을 방해하기도 하고, 장기적 수준에서 가족의 행복을 방해하기도 한다. 가족복지의 대상을 개인 차원, 상호관계 차원, 가족 전체 차원으로 구분하여 살펴보면 다음과 같다.

첫째, 개인적 차원의 문제로서 일탈 행동, 역할 불이행 또는 축소, 질병의 발생, 실직, 불의의 사고 등을 들 수 있다. 개인의 일탈 행동은 사회적 규범에 벗어나는 것으로 방치될 경우 개인의 문제로만 귀결되지 않고 사회적 문제로 발전될 수 있다. 이러한 일탈 행동은 가족 내에서 혹은 사회 구성원으로서의 기대 역할을 수행하지 못하는 문제를 야기하여 가족 내 관계를 왜곡, 악화시키고 사회활동을 제한하는 결과를 제공한다. 또한 질병의 발생, 불의의 사고, 생계책임자의 실직은 가족 내 체계의 혼란을 유발할 뿐만 아니라 빈곤계층으로의 전락을 경험하게 하여 사회적 불안을 야기할 수도 있기에 전문적 개입의 대상이 된다.

둘째, 가족 구성원 상호 간의 관계 차원의 문제로서 부부갈등, 부모-자녀갈등, 학대, 무관심 등을 들 수 있다. 부부갈등은 심각한 경우에 이혼으로까지도 발전할 수 있으며 실제로 우리나라의 이혼율은 상당히 높은 수준이기도 하다. 가족의 해체적 현상은 실제로 이혼이라는 극단적 해체로 귀결되지 않더라도 그 과정에서의 다양한 문제들에 대한 전문적 개입의 필요성이 높다.

셋째, 가족 전체 차원의 문제로서 경제적 빈곤, 세대원의 출생 또는 사망, 무주택 문제를 들 수 있다. 한 가정의 경제적 빈곤과 무주택 문제는 국가 차원의 개입이 필요한 것으로 전문가 한 사람만의 힘으로는 해결하기 곤란한 문제이다. 최근에 1인가구의 급격한 증가와 이에 따른 다양한 사회문제가 등장하고 있어 맞춤형 가족복지의 필요성이 지속적으로 증가하고 있다.

3) 가족복지의 의의

가족복지는 개인에게 발생하는 문제를 가족 전체의 기능에 문제가 있다고 보고 개인을 포함한 가족을 하나의 단위로 하여 접근한다. 따라서 문제 해결을 위한 전문가의 접근은 가족 전체를 변화의 대상으로 삼는다. 한편 개인에게 발생하는 문제의 원인은 가족 외부에서 비롯되기도 하지만, 가족 내부에서도 찾아볼 수 있다. 물론 많은 경우에 외부적 원인은 내부적 대처 방식에 따라서 그 영향이 감소 또는 증폭된다. 외부적 원인은 정책이나 제도적 장치로써 접근될 수 있으나 내부적 원인은 다양한 사회복지 서비스에 의해서 접근된다. 결국 외부적 원인에 대한 정책적, 제도적 접근과 가족 전체의 기능 향상을 통한 대처 방식의 개선은 상호 보완적인 관계에 있으며, 이 두 접근의 효과적인 접목이 매우 중요할 것이다.

결론적으로 가족복지의 의의는 가족 내에서 발생하는 문제의 근원을 개인 차원으로 제한하지 않고 가족 전체의 문제로 여겨 가족 전체의 기능을 개선하고자 하는데 있다고 할 수 있으며, 이를 통해서 정서적으로 건강하고 기능적으로 대처 능력이 강화된 가정을 만들고자 하는 데 있다.

2. 가족이론

가족의 문제를 이해하고 분석하며 해결하는 과정에서 체계이론은 가족을 개인 차원이 아닌 가족 전체의 차원으로 접근한다는 점에서 매우 유용하며, 특히 가족 구성원 개인 사이의 상호작용과 가족 대 환경의 상호작용을 설명한다는 점에서 가족을 이해하는데 도움이 된다. 개인은 발달적 관점에서 공통적인 성장 과정을 갖고 있다. 가족도 마찬가지로 개인처럼 발달적 관점에서 설명되어

질 수 있는데, 이를 가족발달주기 관점이라고 한다. 가족발달주기 관점은 일반적인 가족의 모습을 남녀가 만나서 결혼하고 자녀를 출산하여 결혼시키고 결국 배우자와도 사별하는 과정을 경험하는 것으로 설명하고 있다.

1) 체계이론

버탈란피(Bertalanffy)에 의해 제시된 체계이론은 체계 요소들 간의 상호관련성과 상호의존성을 강조한다. 체계이론에서는 개인의 행동을 단순한 원인에 입각하여 설명하기보다는 다양한 변인들 간의 상호작용의 결과로 해석한다. 따라서 개인에게 나타나는 문제를 바라보는 시각은 개인 자체의 문제가 아닌 가족 구성원의 상호작용에 의해서 나타나는 것으로 본다. 따라서 개인과 가족의 문제는 불안정한 가족체계를 반영한 것으로 해석된다. 예를 들면, 자녀의 일탈적 행동, 아버지의 문제 음주, 어머니의 불안 등의 문제들은 안정되지 못한 가족의 체계를 반영하는 것으로 해석될 수 있다는 것이다. 이처럼 체계이론은 가족 내에서 발생하는 개인의 문제에 대한 원인을 개인이 아닌 가족 전체의 맥락에서 접근한다는 점에서 가족을 이해하는데 유용하다.

(1) 주요 개념

① 경계

경계(boundary)는 개인과 다양한 하위체계들을 구분하는 보이지 않는 경계이다. 또한 한 단위로서의 가족을 기준으로 보면 가족체계는 외부와 구분되는 독립된 체계이다. 가족체계는 부부체계, 부모체계, 자녀체계 등으로 이루어져 있으며, 아주 친한 친구 사이라 할지라도 이 가족체계와는 구분되어진다. 이처럼 경계는 체계 내에서 다양한 하위체계를 갖게 되는 동시에 외부체계와 구분되는 경계를 갖게 된다. 한편 경계는 개방적인 모습과 폐쇄적인 모습을 동시에 갖고 있다. 경계가 개방적이라는 것은 가족 구성원 상호 간의 자유로운 의사소통과 관계증진을 보장한다. 반대로 경계가 폐쇄적이라는 것은 자유로운 의사소통을 방해하여 상호 간의 관계를 경색시키기도 한다. 가족관계에 있어서 체계 상호 간의 자유로우면서도 질서 있는 모습은 문제를 해결하는데 유용할 것이다. 예를 들면, 우울증상을 경험하고 있는 자녀가 평소 의사소통이 자유롭지 않았고 엄격한 자기관리를 강조하는 부모를 두고 있는 경우 부모에게 쉽게 도움을 요청하기는 어려울 것이며, 이런 경우 자녀의 우울증상은 가족 내의 다른 가족 구성원에 의해 도움받지 못하고 더욱 심각해질 수도 있는 것이다. 따라서 사회복지실천에 있어서 가족 내부의 경계를 의사소통이 자유롭고 관계지향적인 개방적인 형태로 구조화시키는 것이 중요하다.

② 개방체계와 폐쇄체계

개방체계는 경계가 유연하고 상호 기능적인 관련성을 중시할 때 나타나는 것으로 상호 발전적인 방향으로 나아갈 수 있다. 반대로 폐쇄체계는 경계가 지나치게 엄격하고 경직되었을 때 나타나는 것으로 체계 상호 간의 교류가 나타나기 어렵게 된다. 따라서 개방적 가족체계가 타협, 커뮤니케이션, 역할변화에 대한 융통성, 상호의존성, 고유성 등의 속성을 가지는 반면, 폐쇄적 가족체계에서는 엄격한 규칙과 위계적 권력구조가 나타나며, 가족 구성원 상호 간의 감시와 통제가 많고 자율성보다는 타율성이 나타난다(Goldenberg & Goldenberg, 1998).

③ 피드백

피드백(feedback)은 체계가 자신의 기능을 모니터하고 안정된 상태를 유지하는데 필요한 적응을 하도록 돕는 역할을 한다. 피드백은 경계가 개방적일 때 그 역할이 활발해지며, 경계가 폐쇄적일 때 그 역할은 축소된다. 피드백은 가족체계 내 하위체계들 사이에 나타날 수도 있고, 가족체계외부로부터도 나타날 수 있다.

④ 하위체계

하위체계는 체계를 구성하는 다양한 하위체계들의 합으로 개인 차원, 관계에 따른 차원, 역할에 따른 차원들로 구성된다. 가족 내에서 하위체계로는 부부하위체계, 부모-자녀하위체계, 형제자매하위체계 등이 있다. 부부하위체계는 가족체계의 가장 기본적인 하위체계이다. 부모-자녀하위체계에서 부모는 자녀에게 가족 내에서의 규칙을 요구하고, 사회생활에 필요한 사회적 규범을 가르친다. 자녀는 부모로부터 가장 기본적인 사회적 규범을 배움으로써 학교생활과 사회생활에서의 혼란을 피하고 다른 사회 구성원과의 기능적 관계를 맺을 수 있다.

2) 가족발달주기 관점

가족발달주기 관점은 특정 단계에서 발생할 수 있는 가족 내에서의 문제를 규명하는데 도움이 된다. 가족발달주기 관점에서 가족의 발달 단계는 기본적으로 자녀가 있으며, 부부가 생애 동안 부부관계를 유지하는 것을 전제로 한다. 최근에 조손가족, 한 부모 가족 등 다양한 형태의 가족 구조가 증가하는 경향을 보이고 있기는 하지만 기본적인 가족 구조를 토대로 하고 있다는 점에서 유용한 이론적 틀로 여겨진다.

(1) 가족발달주기의 개념

가족발달주기란 남녀가 결혼을 통해서 자녀를 출산하여 양육하고 자녀의 결혼 이후에 다시 두 남녀만 남는 과정을 단계적으로 설명하고 있다. 물론 각각의 단계에서 대부분의 가족들은 공통적으로 주요한 경험을 하는 것으로 나타난다. 가족발달주기의 각 단계에서 가족은 새로운 과업에 마주치게 되며, 이 과정에서 긍정적인 과업해결 경험을 통해 가족의 능력이 확장되어진다. 그러나 반대로 새로운 과업을 경험하는 과정에서 가족 구성원 간의 갈등이 증폭되어 위기의 상황이 발생되기도 한다.

(2) 가족발달주기

가족발달주기와 관련하여 다양한 모델이 있지만 이 책에서는 김승권 등(2004)이 가족형성기, 가족확대기, 가족확대완료기, 가족축소기, 가족축소완료기, 가족해체기의 6단계로 구분한 가족발달주기를 소개한다.

〈표 11-1〉 가족발달주기

가족발달주기	내용
가족형성기	결혼 후 첫 자녀 출산까지의 기간
가족확대기	첫아이 출산부터 막내아이 출산까지의 자녀 출산 기간
가족확대완료기	자녀 출산 완료 시기부터 자녀 결혼 시작까지의 기간
가족축소기	첫 자녀 결혼 시점부터 자녀 결혼 완료 시점까지의 기간
가족축소완료기	자녀 결혼 완료 후 노인 부부만 남는 기간
가족해체기	배우자 사망 후 혼자 생활하는 기간

출처: 이원숙(2007). 가족복지론 재인용.

① 가족형성기

가족형성기는 결혼 후 첫 자녀를 출산하기 전까지의 기간이다. 이 기간 동안 두 남녀는 일반적으로 행복한 시간을 갖게 된다. 그러나 연애 기간이 서로 이해하고 타협하며 양보했던 관계였다면, 결혼 이후에는 연애 기간에서 서로 확인하지 못했던 모습을 발견하게 되면서 새롭게 역할을 규정하고 서로 지켜나가야 할 규칙을 정하게 된다. 이 과정에서 서로 타협하지 못하게 되면 갈등관계가 형성되게 된다.

② 가족확대기

가족확대기는 첫아이 출산부터 막내아이 출산까지의 자녀 출산 기간이다. 가족확대기에 부부는 첫 자녀가 결혼하는 단계인 가족확대완료기 이전까지 자녀를 양육하고 교육시키는 과업을 수행하게 된다. 이 과정에서 부부는 자녀에 대한 양육방침을 결정하고 자녀에게 가족 내에서의 규범과 사회생활에 필요한 사회적 규범을 가르치게 된다.

③ 가족확대 완료기

가족확대완료기는 자녀 출산 완료 시기부터 자녀 결혼 시작까지의 기간이다. 이 시기에 부모는 자녀의 성공적인 학교생활을 할 수 있도록 뒷받침을 하게 된다. 이 단계에서 자녀는 청소년기를 경험하기 때문에 이 시기에 자녀들과의 갈등적 관계가 발생하기도 하는데, 자녀와의 개방적인 의사소통을 통해서 슬기롭게 대처하여야 한다. 한국적 상황에서 학령기 자녀에 대한 양육과정에서 과다하게 발생하는 사교육 비용은 부모에게 경제적 부담으로 작용하게 되며, 자녀들은 과다한 학습으로 고통받기도 한다. 최근에는 한국에서의 자녀 교육에 부담을 가지는 가정들에서 자녀와 엄마가 함께 해외유학을 떠나서 가장인 아빠만 한국에 남아서 생활하는 소위 '기러기 아빠'도 등장하고 있다.

④ 가족축소기

가족 축소기는 첫 자녀 결혼 시점부터 자녀 결혼 완료 시점까지의 기간이다. 이 시기에 부모는 자녀의 결혼비용 부담으로 경제적인 부담을 갖게 된다. IMF 이후 40대 중반을 전후로 퇴직하게 되는 경향이 발생하면서 새로운 사회문제가 되고 있다. 자녀들 역시 결혼 이후에도 경제적 독립이 쉽지 않은 시기로 부모의 도움을 요구하기도 하며, 결혼관계에 부적응하게 되는 경우 부모들의 정신적 고통이 발생하게 된다.

⑤ 가족축소완료기

가족축소완료기는 자녀 결혼 완료 후 노인 부부만 남는 기간이다. 이 시기에 부부는 자녀와의 분리에 따른 고독감을 경험하게 된다. 이 시기에 부부는 성공적인 노후에 대한 계획을 수립하여야 한다. 예를 들면, 부부만의 공통된 취미생활을 즐기거나, 개인적 보람을 찾을 수 있는 사회활동에 참여할 수 있을 것이다. 또한 부부는 손자녀와 자녀의 배우자들과 관계를 맺게 된다. 따라서 새로운 역할에 대한 기대가 생기는 시기이며, 반대로 새로운 관계에서의 갈등이 표면화되는 시기이기도 하다.

⑥ 가족해체기

가족 해체기는 배우자 사망 후 혼자 생활하는 기간이다. 이 시기에 혼자 남은 개인은 고독감이 가장 높은 시기이다. 따라서 개인적인 취미생활을 가질 필요가 있으며, 사회적 관계를 계속 유지하는 것이 중요하다. 또한 만성적인 질병에 노출될 가능성이 매우 높은 시기로 건강관리에 힘써야 하는 시기이기도 하다.

3. 가족복지실천 대상 가족

가족복지 실천대상 가족에는 다양한 가족 형태가 존재하지만 여기에서는 대표적으로 빈곤가족과 한부모가족을 통해서 가족복지 실천의 대상이 되는 주요 가족형태의 현황과 문제점들을 살펴보고자 한다.

1) 빈곤가족

(1) 빈곤가족의 개념

빈곤가족이란 물질적 결핍에 따른 사회적, 심리적 문제를 경험하는 가족으로 정의할 수 있으며, 인간다운 생활을 유지하기 위해 요구되는 기본적 욕구가 충족되지 못하고 있다고 할 수 있다.

(2) 빈곤가족의 현황

우리나라의 경우 최저생계비를 기초로 추정하는 빈곤가족은 국민기초생활보장법에 근거하여 생계비 등을 지원 받는다. 수급자 현황을 살펴보면, 2017년 1,581,646명, 2018년 1,743,690명, 2019년 1,881,357명, 2020년 2,134,186명, 2021년 2,359,672명으로 최근 5년간 증가하고 있는 추세를 보이고 있다.

(3) 빈곤가족의 발생원인

빈곤가족의 발생원인은 일반적으로 개인적 원인과 사회구조적 원인으로 설명하고 있다.

① 개인적 원인

빈곤의 원인을 개인의 무능력과 낮은 동기부여 등에 의해서 발생하는 개인의 소득활동 능력의 부족을 가장 기본적인 원인으로 설명되고 있으며, 과다한 소비, 질병이나 사고 등으로 인한 과다한 지출, 질병이나 사망 등으로 인한 경제활동 참여의 제한에 따른 개인차원의 소득활동의 중단 및 축소 등이 원인으로 설명되고 있다.

② 사회구조적 원인

빈곤의 원인을 사회적 요인에서 그 원인을 설명하는 것으로 경제활동의 침체에 따른 고용환경의 변화로 경제활동 참여가 불안정하여 청년들의 신규고용이 축소, 중단되거나, 기업의 구조조정에 따른 임금의 감소 또는 해고 등의 상황이 발생하여 빈곤상황에 노출되는 경우가 해당된다.

(4) 빈곤가족의 문제

① 심리사회적 문제

빈곤가족에서의 심리사회적 특성을 살펴보면 상대적으로 높은 수준의 스트레스와 사회 부적응의 문제에 노출되는 것으로 알려져 있다. 스트레스의 문제와 관련해서는 스트레스 자체의 문제와 함께 스트레스 대처 능력의 부족이 더 문제가 되는 경향이 있으며, 우울, 불안 등의 정신적 문제로 발전하기도 한다. 이러한 문제들은 대인관계의 불안정, 사회생활 참여의 제한 등의 문제로 발전할 수 있어 전문가의 도움이 필요하다. 특히, 빈곤가족에서 성장하는 아동 및 청소년의 경우 심리적, 정서적으로 취약한 부분이 많아 또래관계의 경직성, 학업부진과 학교생활에서의 부적응, 미래에 대한 부정적 전망에 따른 절망감으로 정상적인 성장과 발달에 문제가 발생할 가능성이 증가하는 것으로 알려져 있다.

② 가족관계의 문제

빈곤가족에서는 가족구성원간의 신뢰와 기대가 부족하고 효과적인 의사소통의 부족이 상대적으로 문제가 되는 경우가 많은 것으로 알려져 있다. 이러한 문제는 가족 내 갈등, 폭력, 별거, 이혼 등의 문제로 발전할 가능성을 증가시키는 것으로 알려져 있다. 가족관계에서의 부모의 역할이 상대적으로 부족하며, 자녀의 부모에 대한 신뢰와 기대가 약하기 때문에 부모와의 갈등이 심화될 수 있다.

③ 빈곤의 대물림 현상과 빈곤문화

빈곤의 대물림이란 빈곤의 문제가 개인의 노력으로 극복되지 못하고 다음 세대로 이어지는 것을 말한다. 이 문제는 사회구조적 체계의 문제와 관련이 있으며, 개인의 노력이 더 이상 그 사회에서 의미가 없다는 것을 의미하는 것이다. 이러한 절망적 정서는 빈곤문화와도 관련이 있다. 빈곤문화란 빈곤가정에서 특징적으로 나타나는 하위문화로 질병에 대한 대처가 부족하고, 소득소준의 개선이 나타나지 않으며, 자녀교육과 진로지도에서의 부모의 역할이 부족하며, 경험하는 문화의 수준이 열악함으로써 사회적, 문화적 격차가 발생하는 것을 의미한다.

2) 한부모가족

(1) 한부모가족의 개념

한부모가족이란 모자가족 또는 부자가족을 말하는 것으로 모자가족이란 모가 세대주(사실상 세대원을 부양하는 자 포함)인 가족을 말하며, 부자가족이란 부가 세대주(사실상 세대원을 부양하는 자 포함)인 가족을 말한다.

(2) 한부모가족의 현황

2018년 여성가족부가 조사한 실태조사결과에 따르면, 우리나라의 한부모 가구는 〈표 11-2〉와 같이 2015년 7.9%에서 2016년 10.8%, 2017년과 2018년 10.9%로 나타나고 있다. 한편, 통계청에서 발표한 2021 인구주택총조사 결과에 따르면, 2021년 한부모가족 가구수는 1,510가구이며, 이중에서 부+미혼자녀 가구수는 374천 가구이며, 모+미혼자녀 가구수는 1,136천 가구로 나타났다.

〈표 11-2〉 한부모가족 현황

(단위: 천 가구)

연도	총가구수	한부모 가구/ 비율
2015	19,013	1,124 / 7.9%
2016	19,285	2,090 / 10.8%
2017	19,524	2,127 / 10.9%
2018	19,752	2,158 / 10.9%

출처: 여성가족부, 2018년 한부모가족 실태조사 결과

(3) 한부모가족의 발생원인

한부모가족은 배우자의 사망, 이혼, 별거, 유기 그리고 미혼부모 등으로 발생한다. 2021년 여성가족부가 조사한 실태조사에 따르면, 이혼이 82%로 가장 큰 원인인 것으로 나타났다.

(4) 한부모가족의 문제

한부모가족의 문제와 관련하여 경제적 문제와 자녀양육의 문제가 가장 큰 부담이 된다. 또한 한부모가족에 대한 사회의 부정적 시선 역시 한부모가족의 일상을 더 힘들게 하는 요인이라고 할 수 있다. 한부모가족은 사회적, 경제적으로 어려움을 겪을 가능성이 매우 높은 집단이며, 특히 한부모가족의 아동(18세 이하) 역시, 사회적 보호의 필요성이 높다고 할 수 있다. 한부모가족의 문제는 가사와 육아의 조력자 유무, 가장의 경제활동 참여 여부와 그 경제적 수준, 자녀의 연령 등의 상황과 맞물려 다양한 문제에 당면하게 된다. 일반적으로 한부모 가족의 문제는 모자가족의 문제와 부자가족의 문제로 구분하여 다루는 것이 일반적이다.

① 모자가족의 문제

모자가족의 문제에서 가장 근본적인 문제는 부(父)의 부재와 관련이 있다.

일반적으로 여성이 가장이 되는 모자가족의 경우, 여성의 경제적 능력과 자녀 양육의 부담이 핵심적인 문제로 등장한다. 여성의 경제적 능력이 부족한 경우 경제적 어려움에 직면하는 것이 가장 두려운 부분이다. 저소득 가정 또는 빈곤 가정으로 전락할 경우 가정을 운영하는데 더 큰 문제들에 당면하게 되며, 자녀 양육을 전적으로 부담해야 하는 경우 그 어려움이 커질 수 있다. 경제적 어려움은 자녀양육과 교육에 대한 부담을 증가시키며, 자녀양육에 대한 부담은 경제활동 참여에 제한을 줄 수 있기 때문에 서로 맞물려 있다고 볼 수 있다. 자녀 양육과 관련해서는 자녀의 발달시기에 따라서 다양한 문제를 야기시킨다. 특히, 부(父)의 부재와 관련하여 청소년기 동성 자녀의 성 정체성과 관련하여 어려움을 겪을 수 있다.

② 부자가족의 문제

부자가족의 문제에서 가장 근본적인 문제는 모(母)의 부재와 관련이 있다. 일반적으로 남성이 가장이 되는 부자가족의 경우, 남성의 경제적 능력과 자녀 양육의 부담이 핵심적인 문제이다. 남성의 경제적 능력이 부족한 경우 경제적 어려움에 직면하는 것이 가장 두려운 부분이다. 저소득 가정 또는 빈곤가정으로 전락할 경우 가정을 운영하는데 더 큰 문제들에 당면하게 되며, 여성과 달리 자녀양육에 있어서도 역할수행에 어려움을 경험하게 될 수 있다. 모자가족과 마찬가지로 경제적 어려움은 자녀양육과 교육에 대한 부담을 증가시키며, 자녀양육에 대한 부담은 경제활동 참여에 제한을 줄 수 있기 때문에 서로 맞물려 있다고 볼 수 있다. 자녀양육과 관련해서는 자녀의 발달시기에 따라서 다양한 문제를 야기시킨다. 특히, 모(母)의 부재와 관련하여 청소년기 동성 자녀의 성 정체성과 관련하여 어려움을 겪을 수 있다.

〈표 11-3〉 2023년 한부모가족 지원사업: 요약

사업명 및 개요	사업대상
〈한부모가족자녀 양육비 등 지원〉 • 아동양육비: 만 18세 미만 자녀, 월 20만원 • 추가아동양육비: – 조손 및 만 35세 이상 한부모가족의 5세 이하 자녀, 월 5만원 만 25~34세 한부모가족 자녀, 월 5~10만원 • 학용품비: 중학생・고등학생 자녀, 연 9.3만원 • 생활보조금: 시설 입소가구, 월 5만원	소득인정액 기준 중위소득 60% 이하 한부모 및 조손가족
〈청소년한부모 자립지원〉 • 아동양육비: 월 35만원 • 검정고시 등 학습지원: 연 154만원 이내 • 자립촉진수당: 월 10만원 등	소득인정액 기준 중위소득 65% 이하 만 24세 이하 한부모가족
〈청소년한부모 등 자립지원패키지〉 • 청소년한부모 등 자립지원패키지 수행기관 운영	중위소득 72% 이하의 청소년한부모, 미혼모・부자 가족
〈한부모가족복지시설지원〉 • 시설 기능보강: 신축, 개보수, 기자재구입 등 • 시설입소자 상담・의료 지원 • 시설 아이돌봄서비스 지원 • 공동생활가정형(매입 임대주택) 주거 지원 • 한부모가족복지단체 지원 • 시설배치 사회복무요원 이력경비 지원	저소득 한부모가족 등
〈한부모가족 무료법률구조〉 • 한부모가족 대상 법률상담, 소송대리, 기타 법률사무 등 무료법률구조 지원	「한부모가족지원법」 제5조, 제5조의2 제2항 한부모가족

출처: 여성가족부(2022). 23년도 한부모가족지원사업 안내.

4. 건강가정기본법에 제시된 가족복지 정책

1) 가족복지정책의 목적

우리나라 가족복지정책은 「건강가정기본법」에 제시되어 있으며, 국민의 권리로써 건강한 가정생활을 영위하는 것을 목적으로 하고 있다.

2) 건강가정기본계획의 내용

5년마다 수립되는 기본계획은 다음의 내용을 포함하고 있다.

(1) 가족기능의 강화 및 가정의 잠재력 개발을 통한 가정의 자립증진 대책
(2) 사회통합과 문화계승을 위한 가족공동체문화의 조성
(3) 다양한 가족의 욕구충족을 통한 건강가정 구현
(4) 민주적인 가족관계와 양성평등적인 역할 분담
(5) 가정친화적인 사회환경의 조성
(6) 가족의 양육 · 부양 등의 부담완화와 가족해체예방 등을 통한 사회비용 절감
(7) 위기가족에 대한 긴급지원책
(8) 가족의 건강증진을 통한 건강사회 구현
(9) 가족지원정책의 추진과 관련한 재정조달 방안
(10) 1인가구의 복지증진을 위한 대책

3) 건강가정사업의 내용

가정이 원활한 기능을 수행하도록 다음의 내용을 지원하고 있다.

(1) 가족구성원의 정신적 · 신체적 건강지원
(2) 소득보장 등 경제생활의 안정
(3) 안정된 주거생활
(4) 태아검진 및 출산 · 양육의 지원
(5) 직장과 가정의 양립
(6) 음란물 · 유흥가 · 폭력 등 위해환경으로부터의 보호

(7) 가정폭력으로부터의 보호
(8) 가정친화적 사회분위기의 조성
(9) 그 밖에 건강한 가정의 기능을 강화·지원할 수 있는 관련 사항

4) 위기가족 긴급지원사업의 내용

재난 중 대통령령으로 정하는 재난에 의하여 가족의 부양 · 양육 · 보호 · 교육 등 가족기능이 현저하게 저하된 경우 원활한 가족기능을 수행하는 데에 긴급하게 필요한 범위 내에서 다음의 내용을 지원하고 있다.

(1) 아이돌봄지원, 가사돌봄지원 등 가족돌봄
(2) 가족상담, 집단프로그램, 자조모임 운영 등 가족의 심리 · 정서 지원
(3) 법률구조, 의료지원, 복지서비스 등 연계
(4) 그 밖에 여성가족부 장관이 필요하다고 인정하는 지원

5) 민주적이고 양성평등한 가족관계의 증진

부부 및 세대 간에 가족갈등이 있는 경우 다음의 내용을 가족지원서비스를 지원하고 있다.

(1) 가족생활교육
(2) 부모교육
(3) 가족상담
(4) 평등가족 홍보

6) 가정생활문화의 발전

건강가정의 생활문화를 고취하기 위해서 다음의 내용을 지원하고 있다.

(1) 가족여가문화
(2) 양성평등한 가족문화
(3) 가족단위 자원봉사활동
(4) 건강한 의식주 생활문화
(5) 합리적인 소비문화
(6) 지역사회 공동체문화
(7) 그 밖에 건강가정의 생활문화와 관련된 사항

7) 건강가정교육

건강가정을 위한 교육에는 다음의 내용을 포함하고 있다.

(1) 결혼준비교육
(2) 부모교육
(3) 가족윤리교육
(4) 가족가치실현 및 가정생활관련 교육 등

5. 여성가족부의 가족 정책

여성가족부의 가족정책과 관련된 사업에는 아이돌봄지원사업, 한부모가족 자녀양육 지원사업, 가족센터 운영, 공동육아나눔터 운영, 가족역량 강화, 부모역할 지원, 청소년 한부모 아동양육 및 자립지원, 한부모가족복지시설 지원, 양육비 이행지원 제도 등의 사업을 포함하고 있다.

(1) 아이돌봄 지원사업

- 지원대상: 만 12세 이하 아동에 대한 시간제 서비스와 만 36개월 이하 영아에 대한 영아종일제 서비스
- 지원내용: 시간제돌봄 서비스의 경우 아이돌보미가 집으로 방문하여 임시보육, 놀이활동, 준비된 식사 및 간식 챙겨주기, 등·하원 동행 등의 서비스를 제공하며, 영아종일제 돌봄서비스의 경우에는 이유식먹이기, 젖병 소독, 기저귀 갈기, 목욕 등 서비스 제공

(2) 한부모가족 자녀양육 지원사업

저소득 한부모가족의 아동양육비, 아동교육지원비, 생활보조금 등의 지원을 통해 아동의 건강한 성장과 가정의 생활안정 도모

- 지원대상: 한부모 가족으로 세대주가 만 18세 미만(취학시 만 22세 미만)의 자녀를 양육하는 경우로 부모로부터 부양을 받지 못하는 경우의 조손가족
- 지원내용: 아동양육비, 추가 아동양육비, 아동교육지원비(학용품비), 생계비(생활보조금)를 지원받는다.

(3) 가족센터 운영

2023년부터 기존의 건강가정지원센터와 다문화가족지원센터를 통합하여 가족센터로 명칭을 바꾸어 운영하고 있으며, 2023년 1월 기준으로 207개의 가족센터가 운영되고 있다.

(4) 공동육아나눔터 운영

지역중심의 양육친화적 사회환경 조성을 통해 핵가족화로 인한 가족돌봄기능을 보완하고 이웃 간 돌봄 품앗이 연계활동을 지원

- 지원대상: 18세 미만의 자녀가 있는 가정(부모 및 자녀)
- 지원내용: 돌봄활동을 위한 장소를 제공하며, 육아정보를 제공하며, 동화구연 등 상시프로그램 지원, 장난감 및 도서 대여 등

(5) 가족역량강화 지원

가족기능이 약화된 가족과 위기가족이 지닌 복합적 문제해결과 욕구해소를 위해 지속적인 사례관리를 통한 가족기능 회복과 정서 · 경제적 자립역량 강화 도모

- 지원대상: 한부모, 조손가족, 청소년 부모 등 가족기능 강화가 필요한 가족 및 경제 · 사회적 위기에 직면한 위기가족
- 지원내용: 사례관리, 정보제공 및 지역사회자원활용 연계, 부모교육, 가족관계, 자녀양육교육 등 프로그램 및 자조모임. 자녀 학습 · 정서 지원(배움지도사 파견), 청소년부모 지원(청소년부모 멘토, 법률지원, 전문심리지원), 생활도움서비스(키움보듬이 파견), 긴급위기지원(지지리더, 키움보듬이 파견)

(6) 부모역할 지원

가족갈등 예방 및 해소방법, 부모의 역할, 자녀 이해 및 양육방법 등 부모교육 지원

- 지원대상: 예비부모, 임신 · 출산기 · 영유아기 · 학령기 자녀의 부모 등

• 지원내용: 부모교육

(7) 청소년 한부모 아동양육 및 자립지원

24세 이하 청소년 한부모에게 아동양육비, 검정고시 학습비, 자립촉진 수당 등을 지원하여 조기 자립할 수 있도록 지원

• 지원대상: 세대주가 만 24세 이하 청소년이거나, 세대주가 만 18세 미만 (취학시 만 22세 미만)의 자녀를 양육하는 경우
• 지원내용: 아동양육비, 아동교육지원비(학용품비), 생활보조금, 검정고시 등 학습지원, 자립촉진수당

(8) 한부모가족복지시설 지원

저소득 무주택 한부모가족에게 한부모가족복지시설 등 주거 및 양육지원을 통해 사회 · 경제적 자립기반 조성

• 지원대상: 무주택 저소득 한부모 가족
• 지원내용: 주거 · 양육, 심리상담 · 치료, 직업연계 교육 등 자립지원, 임신 미혼모의 경우 출산 지원

(9) 양육비 이행지원 제도

한부모 가정 자녀의 안정적 성장환경 조성을 위해 미성년 자녀의 양육비 청구와 이행확보 지원

• 지원대상: "양육비 이행확보 및 지원에 관한 법률"에 따른 만 19세 미만 자녀양육 한부모 · 조손가족 과 '한부모가족지원법"에 따른 한부모 · 조손가족

• 지원내용: 양육비 상담에서 협의, 소송 및 추심, 양육비이행에 이르기까지 1회 신청으로 자녀가 성인이 될 때까지 지속적 양육비 이행 관리.

6. 가족복지실천 전달 체계

가족복지 실천에 있어서 대표적인 전달체계는 여성가족부 관할의 “건강가정지원센터”와 “다문화가족지원센터”가 있다. 2023년부터 두 센터를 통합하여 “가족센터”로 명칭을 바꾸어 사용하고 있다. 건강가정지원센터는 2005년 1월 1일부로 시행된 건강가정기본법 제35조에 근거하여 설치되었다. 건강가정지원센터의 설립 목적은 수요자 중심의 서비스 전달체계를 갖추고 지역주민의 특성을 고려한 맞춤형 가족지원서비스를 제공함으로써 가족의 안정성 강화 및 가족관계 증진에 있다.

[그림 11-1]은 안양시가족센터에서 운영하고 있는 프로그램을 소개하고 있다.

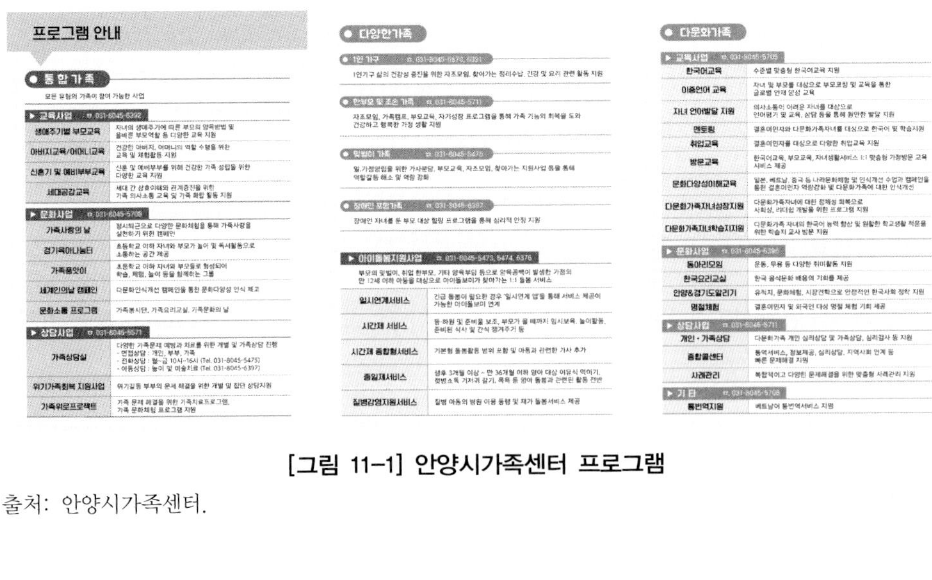

[그림 11-1] 안양시가족센터 프로그램

출처: 안양시가족센터.

7. 가족복지의 방향과 과제

가족복지는 기본적으로 사회 변화와 변동에 따른 가족 형태의 다양화, 가족 기능의 변화, 가족 가치관의 변화, 가족관계의 변화, 가족주기의 변화를 인정하고 지원할 수 있는 가족정책에 기반을 두어야 한다.

지속적으로 다양한 가족 형태에 대응할 수 있는 서비스가 개발되어 제공되어야 한다. 현재 우리 주변에서 보이는 가족 형태는 한부모가족, 다문화가족, 이혼가족, 1인가족 등 다양한 형태로 분화되고 있으며, 동시에 그 규모가 증가하고 있다. 따라서 다양한 가족 형태별 맞춤형 서비스의 개발을 통해서 그들의 문제에 효과적으로 대응할 수 있어야 하겠다.

CHAPTER 12

Introduction to Social Welfare

학교사회복지

1. 학교사회복지의 개념과 필요성
2. 학교사회복지의 역사
3. 학교사회복지사의 역할
4. 학교사회복지사의 주요업무
5. 자격제도
6. 학교사회복지 과제와 전망

CHAPTER 12

학교사회복지

1. 학교사회복지의 개념과 필요성

학교라는 공간에서 대부분의 시간을 보내는 우리나라 학생들에게 학교란 공부하는 배움터 그 이상의 의미를 갖는다. 학교는 학생들의 지적 성장 뿐 아니라 신체적, 정서적, 심리적, 사회적 기능을 성장시켜 삶의 질을 높이기 위한 공간이며, 성인으로 나아가기 위해 준비하는 곳이다.

하지만 최근 입시위주의 교육은 경쟁을 심화시키고 균등한 교육의 기회를 박탈하여 교육의 불평등을 낳게 되었고, 청소년기 과업들을 제대로 성취하지 못하며 오는 문제들이 사회문제로까지 대두되고 있는 실정이다.

여성가족부 「청소년백서 및 한국청소년상담복지개발원 상담통계」 자료에 따르면 2020년 위기 청소년들이 호소하는 주요 문제로 대인관계가 21.5%, 정신건강 문제가 19.9%, 학업 및 진로가 12.9%, 가정 문제가 10.5%, 일탈 및 비행이 10.2%, 컴퓨터 및 인터넷 사용 문제가 8.2%로 나타났다. 이 통계를 통해 학생들은 학교, 가정, 미래에 대한 불확실함 등 다양한 고민과 어려움을 겪고 있음을 알 수 있다. 학교 현장에서 아동·청소년발달에 대한 이해를 가지고 사회복지에 대한 전문 지식과 기술을 가진 학교사회복지사가 학생의 문제를 예방하고 해결하여 전인적 성장 도모와 교육 본연의 목적을 달성하는 데 학교사회복지사업은 주요한 역할을 한다.

학교사회복지라는 용어가 아직 낯선 이들이 많다. 현장에서는 학교사회복지, 교육복지우선지원사업, 학교상담복지, 교육복지 등 운영 주체나 재원에 따라 다양한 용어로 사업이 운영되고 있지만 학교 현장에서 학생, 교사, 학교, 지역사회를 대상으로 전문지식과 기술을 가진 사회복지사가 교육적 목적 달성을 위해 실천하는 전문 분야임은 다름이 없다.

Costin(1981)에 의하면 "학생 개개인의 지적·사회적·정서적 욕구와 문제해결에 관심을 갖도록 도와주며, 모든 학생들이 학교에서 공평한 교육기회와 성취감을 제공받을 수 있도록 학교 현장에서 활동하는 전문적인 사회복지 분야(주석진 외, 2020)"라고 정의하였으며, 전미사회복지사협회(NASW, 2002)는 "공교육체계에서 학교교육의 목적 달성을 지원하고, 학생들이 학교에 잘 적응할 수 있도록 도와주며, 이를 위해 학교-가족-지역사회가 수행하는 노력을 조정하고 영향을 미치는 활동"이라고 정의하였다. 한국학자들의 정의를 살펴보면 박경현·임경선(2017)은 "사회복지 실천 전문분야 중 하나로, 훈련된 사회복지사가 학생들의 문제를 예방하고 해결하기 위해, 학교를 주 활동 장소로 하여 다양한 사회복지 실천 활동을 전개함으로써 학생의 교육권 보장과 삶의 질 향상을 지원하는 것"이라고 하였으며, 주석진 외(2019)는 "학교체계 내에서 전문능력과 자격을 갖춘 학교사회복지사가 학생의 심리·사회적 문제와 가족·학교·지역사회의 역기능적 상호작용과 유발조건을 예방 또는 해결하기 위하여 교육의 본질적인 목적달성과 학생복지 증진이 가능한 사회복지서비스를 전문적이고 체계적인 과정을 통하여 제공하는 활동"으로 정의했다. 한국학교사회복지사협회에서는 "학교에서 일어나는 학생의 문제들을 개인의 문제만이 아닌 개인을 둘러싼 환경과의 상호작용의 문제로 보고, 심리·사회적 문제들을 학생-학교-가정-지역사회의 연계를 통해 예방하고 해결함은 물론, 모든 학생이 자신의 잠재력과 능력을 최대한 발휘할 수 있도록 최상의 교육환경과 공평한 교육기회를 제공하여 교육의 본질적인 목적을 달성하고, 학생복지를 실현할 수 있도록 도와주는 교육기능의 한 부분이며 사회복지의 전문분야"로 정의하고 있다. 이상의 학교사회복지에 대한 정의를 종합해 보자면, 학교사회복지는 사회복지 실천 분야 중 하나로, 사회복지 전문지식을 가진 사회복지사가 학교현장에서 학생의 건강한 성장과 학생 복지를 기반으로한 교육 본질의 목적을 달성하기 위해 학생-가족-학교-지역사회를 대상으로 전개하는 전문적이고 체계적인 실천활동이라고 정의할 수 있다.

2. 학교사회복지의 역사

1) 미국 학교사회복지의 역사

1900년대 미국 사회로 이민자 유입이 증가하면서 여러 사회문제와 의무교육에 대한 사회적 관심이 생겨났고, 요보호 아동의 학교적응을 도울 수 있도록 학교사회복지의 필요성이 인식되었다. 1906년과 1907년 뉴욕, 보스턴, 하트포드의 세 도시에서 시범적으로 방문교사 제도가 도입되었으며 인보관이나 자선조직단체에서 활동하던 사회복지사가 아동을 중심으로 가정과 학교, 지역사회를 연결하는 방문교사의 역할을 담당하면서부터 학교사회복지가 시작되었다(주석진 외, 2020). 이후 1930년대 미국의 경제공황기로 학교사회복지가 축소되었으나 1945년 미국방문교사협회가 '전국학교사회사업가협회'로 바뀌게 되면서 더욱 활발해지게 되었다(Dupper, 2004, 주석진 외, 2020 재인용).

1975년 '장애아교육법(Education for All Handicapped Children Act)'이 제정되면서 보다 안정적으로 학교사회복지사업을 운영할 수 있는 기틀이 되었으며(한국사회복지사협회, 2003) 1990년 '장애아교육법'이 '장애인교육법'으로 개정되면서 장애아동은 공교육과 학교사회복지 관련서비스를 무상으로 받을 수 있는 권리를 가지게 되었다(주석진 외, 2020). 이 법에는 장애의 대상을 장애를 가질지 모르는 학생까지 포괄적으로 포함하여 학교사회복지가 크게 확대되는 계기가 되었다. 2004년에는 다시 장애인교육향상법(Individuals with Disabilities Education Act)으로 재인가 되었는데, 장애인 교육과 관련하여 학교사회복지와 같은 관련 서비스를 받을 수 있도록 규정하고 있다(임경선, 2020).

전미사회복지사협회(NSAW)는 학교사회복지 세션을 별도로 갖고 있고, 두 개의 학교사회복지 학술지를 발간하며, 미국에서 여러 권의 학교사회복지 교재를 출간함으로써 미국 내뿐 아니라 세계 여러 나라의 학교사회복지 발전에도 기여하고 있다(임경선, 2020).

2) 한국 학교사회복지의 역사

(1) 초기의 학교사회복지(1992년 이전)

우리나라 학교사회복지 활동의 첫 시작은 1969년 마포사회복지관이었다. 당시 지역의 학생들의 학교적응을 돕기 위한 목적으로 30명의 대상자를 선정하여 상담과 경제적 지원을 제공하였으나 당시의 활동에 대한 기록이 남아 있지 않아 구체적 활동 내용은 알 수 없다. 이후 1974년 도시형 시범사회복지관으로 건립된 영등포사회복지관이 마포사회복지관의 학교사회사업을 이어서 수행했으며, 이즈음 학교사회복지 도입에 관한 연구들이 발표되기 시작했다(임경선, 2020).

(2) 지역사회 중심의 학교사회복지의 시작(1993년~현재)

현대적 의미에서는 공식적 학교사회복지의 시작을 1993년으로 보고 있다. 당시 연세대학교 김기환 교수 지도로 은평종합사회복지관 사회복지사들이 공식적으로 학교에 진입하였다. 특수학급 아동 9명을 대상으로 '꿈나무교실' 프로그램을 운영하면서 학교사회복지의 태동을 알렸다.

(3) 학교 중심 학교사회복지의 시작(1993년~1994년)

숭실대학교 대학원생이었던 윤철수가 1993년 서울 화곡여자상업고등학교에서 주1회씩 1년간 숭실대학교 박종삼 교수를 슈퍼바이저로 하여 최초로 학교에서 사회복지실습을 하며, 학교에서는 해결하기 어려운 학생들의 문제에 대해 개입함으로써 학교 중심형 학교사회복지가 발전하게 되는 계기가 되었다.

(4) 민간재단의 학교사회복지 프로그램 지원 시작과 국민복지기획단의 건의(1995년 이후)

1995년 삼성복지재단이 민간재단 최초로 학교사회복지 프로그램을 지원하면서 서비스의 질을 높이고자 하였으며, 1997년 지원사업부터는 청소년사업에 '학교사회복지'를 명시함으로써 지역사회 복지기관의 관심을 증폭하는 계기가 되었고, 전국적으로 학교사회복지사업에 대한 인식을 증진시켰다(주석진 외, 2020). 또한 1995년 문민정부 시절 보건복지부 산하 국민복지기획단은 폐쇄적인 학교가 이제는 개방되어 외부의 원조를 받아야 할 필요가 있다고 인식하여 정부로 하여금 '학교사회복지'제도화를 실시하도록 권고하였다(장수한, 2017).

(5) 시범사업

① 교육부 시범사업(1997년~1999년)

국민복지기획단의 건의 후 교육부는 1997년 3월부터 2년간 '학교사회복지 시범연구사업'을 실시하고 1999년 1년간의 평가를 거쳐 2000년 이후 제2차 시범사업 운영계획을 발표하였다(성민선 외, 2009, 임경선, 2020 재인용). 4개교에서 실시한 시범사업은 프로그램비만(연 500만 원) 지원되어 전문인력인 사회복지사에 의해 진행되지 못하고 학부모, 상담교사, 자원봉사자 등에 의해 운영이 되는 한계가 있었으며 1999년에 사업이 종료되었다.

② 서울특별시 교육청의 제1차~6차 시범사업(1997년, 2000년~2001년, 2002년~2007년)

교육부와는 별도로 서울시교육청에서 학교사회복지 시범사업(1997년)이 시작되었다. 이 시범사업의 성과로 영상고등학교와 한가람고등학교에 학교의 예산으로 학교사회복지사가 고용되었고, 서울특별시교육청 산하 지역청 상담센터 내에 사회복지사가 고용되는 결과를 낳았다(주석진 외, 2020).

제1차 시범사업이 성공적으로 마무리 되면서 서울시 교육청은 2001년 제2차 시범사업을 5개교에서 실시하게 되었고, 5개교가 공동사업으로 진행하여 발표회, 보고서 발간 등을 통해 학교사회복지의 효과성을 인정받게 되었다. 이후 제3차 시범사업부터 1년 단위의 사업에서 2년 단위 사업으로 수행되었고, 예산확보의 어려움으로 4개교로 축소하여 진행이 하였다. 1997년 시작된 서울특별시 교육청의 시범사업은 2008년을 끝으로 종결되었으나 학교사회복지의 바람직한 모형으로 꼽히고 있으며, 학교사회복지 발전에 크게 기여하였다는 것에 의미가 크다.

(6) 사회복지공동모금회 기획사업(2002년~2004년, 2005년, 2008년)

학교사회복지에 대한 효과성이 알려지면서 2002년에 제도화를 목적으로 사회복지공동모금회는 3년 기획사업을 실시하였다. 한국학교사회복지사협회 주관으로 학교, 지역사회복지관에서 총 14개교(학교중심 8개교, 지역사회 기관중심 6개교)를 선정하여 3년간 인건비와 프로그램를 지원하였으며 이례적으로 1년 연장되어 2005년에 사업이 종료 되었다. 이후 사회복지공동모금회는 2008년 특수학교에 학교사회복지사를 배치하는 시범사업을 실시하였으나 1년만에 종결하였다(주석진 외, 2020).

(7) 한국학교사회복지학회 창립(1997년~현재)

서울특별시 교육청 연구사업과 삼성복지재단의 지원이 시작되면서, 1997년 학교사회복지 현장과 실무의 이론적 뒷받침을 제공하기 위해 창립되었다(주석진 외, 2020). 학교사회복지학회는 매년 학술대회, 학교사회복지학회지 발간, 토론회, 워크샵 등을 개최하며 학교사회복지에 대한 이론 정립과 제도화를 위한 노력을 하고 있다.

(8) 한국학교사회복지사협회 창립(2000년~현재)

학교사회복지학회에서 학교사회복지사의 전문성을 제고와 권익옹호를 위해 2000년에 한국학교사회복지사협회가 창립되었다. 한국학교사회복지사협회에서는 실무자의 전문성 향상을 위한 교육연수 사업, 정보제공 및 홍보 사업, 출판사업, 학교사회복지 실현, 지역조직화 및 네트워크 구축사업, 제도화 추진사업 등의 업무를 하고 있다.

(9) 교육복지투자우선지원사업(2003년~현재)

교육부 주관으로 2003년부터 교육복지우선지원사업이 도시 저소득층 밀집지역의 학교 중심으로 교육·문화·복지에 대한 집중 지원과 도시 저소득지역의 교육환경개선을 위해 시작 되었다. 한국학교사회복지사협회에서 발간한 보고서에 따르면 당시 시범사업으로 총 79개교에서 시범사업을 시작했으며 2011년 '교육복지우선지원사업'으로 사업명이 변경되어 지역별 사업에서 학교별 사업으로 전환되었으며, 총 1,544개교로 확대 되었다. 2013년에는 총 2,077개교, 2014년에 총 2,021개교(한국교육개발원, 2014, 한국학교사회복지사협회 20주년보고서, 2020 재인용)로 확대되었다. 이후 지속적으로 사업이 확대 되면서 2022년

7월 기준 3,311개교(한국학교사회복지사협회, 2022)에서 사업이 운영되고 있다.

(10) 위스타트(we-start) 사업(2005년~2012년)과 드림스타트 사업(2004년~2018년)

'가난의 대물림을 끊자'는 슬로건으로 2004년 시민운동으로 시작된 위스타트 사업을 2005년 안산시 위스타트사업을 초등학교 중심으로 시작하여 경기도가 위스타트 시범마을사업을 실시하였다(한국학교사회복지사협회, 2020). 2006년 위스타트 시범마을 확대 실시와 함께 학교사회복지 실천학교도 8개교로 확대되어 2009년에는 19개의 초등학교에서 학교사회복지사업이 실시 되었으며, 2012년 이후 학교사회복지사 배치가 종결되었다.

민간주도로 진행되던 위스타트를 정부차원에서 아동에 대한 전달체계 마련을 위해 벤치마킹하여 아동의 공평한 양육여건과 출발기회를 보장하기 위해 희망스타트사업이라는 명칭으로 정부 차원의 사업을 시도하였으며(한국학교사회복지사협회, 2020), 이명박정부 출범과 함께 드림스타트로 개명하여 진행되었다(주석진, 2020). 이후 학교에 전문 인력 배치가 점차 축소되다 2018년 말 구리 부양초등학교를 끝으로 사업이 모두 종료되었다.

(11) 지방자치단체 지원 학교사회복지사업(2008년~현재)

2008년 과천시는 시 재원으로 학교사회복지사업을 위한 예산을 편성해 최초로 지방자치단체 지원사업을 시작했다. 관문초등학교를 시작으로 현재 과천 소재의 모든 초·중·고등학교에서 학교상담복지사업이라는 명칭으로 학교사회복지 사업이 전개되고 있으며, 과천시청소년상담복지센터에서 사업을 맡아 운영하고 있다. 과천시를 시작으로 다른 지방자치단체에서도 학교사회복지에 관심을 갖고 지원하기 시작했으며, 현재 경기도 과천시, 성남시, 용인시, 수원시, 군포시, 의왕시, 안양시 등 경기도 9개 지역과 서울 은평구 1개 지역에서 지방자치단체 재원으로 학교사회복지 사업인 진행되고 있다. 이 사업은 지방자치단체가 예산을 배정하여 운영하는 방식으로 저소득학생 비율이나 지역 경제적 수준을 넘어서 보편적인 학교사회복지의 접근을 강조하고 있다는 특징이 있다(한국학교사회복지사협회, 2020).

(12) 민간 지원사업 '하이원 학교사회복지사업'(2010년~현재)

정선 지역 아동·청소년들의 밝고 건강한 성장을 돕기 위해 학교에 학교사회복지사를 파견하여 한국학교사회복지사협회에서 운영하는 강원랜드 지원사업이다. 2010년 고한초, 고한중고등학교를 시작으로 점차 확대 되어 현재 총 6개교에서 사업이 진행 중이다. 공동사업으로 학생성장, 가족성장, 지역성장을 중점으로 6개교가 연합하여 활동 하고 있으며, 각 학교별로 학생지원, 학교지원, 가정지원, 지역사회연계의 사업을 추진하고 있다.

(13) 사회복지사업법 개정(2018년)과 학교사회복지사 국가자격 제도 실시(2020년~현재)

2018년 11월 전문사회복지사 제도도입으로 사회복지영역 중 정신건강사회복지, 의료사회복지, 학교사회복지 분야의 사회복지사를 규정하는 사회복지사업법 개정안이 확정됨으로써 최초로 학교사회복지사가 법률에 규정 되었다(한국학교사회복지사협회, 2020). 개정 사회복지사업법에는 "학교와 같은 특정 영역에서 활동하는 1급 사회복지사 중 시행규칙(보건복지부령)으로 정하는 수련기관에서 일정한 수련을 받은 사람에 대하여 학교사회복지사 자격을 인정"하게 됨에 따라 민간자격제도로 이뤄졌던 학교사회복지사 자격이 2020년 12월 시행령, 시행규칙 제정에 따라 국가자격으로 전환되었다. 자격제도 중 수련과정을 통해 전문인력을 양성하고자 수련제도를 도입하였으며, 2022년 기준 총 9개교가 수련기관으로 지정 되었다. 지속적으로 수련지도자 교육을 통해 슈퍼바이저 역량을 갖춘 학교사회복지사를 양성하여 수련기관을 점차 확대해 나갈 계획이다.

현재 학교사회복지 사업은 교육복지우선지원사업, 지자체 학교사회복지 사업, 민간지원사업으로 진행 되고 있으며, 운영 현황은 다음 〈표 12-1〉과 같다.

〈표 12-1〉 2022 전국 학교사회복지사업 운영현황

(괄호표시=인력배치)

구분	교육복지우선지원사업	지자체 학교사회복지사업	민간지원사업	총계
초등학교	1,915 (860)	78 (78)	3 (3)	1,996 (941)
중학교	1,198 (630)	32 (32)	2 (2)	1,232 (664)
고등학교	193 (41)	6 (6)	1 (0)	200 (47)
특수학교	5 (2)	1 (1)	–	6 (3)
총계	3,311 (1,533)	117 (117)	6 (5)	3,434 (1,655)

출처: 한국학교사회복지사협회(2022).

3. 학교사회복지사의 역할

학교사회복지는 학생들이 겪는 심리사회적 문제를 가정-학교-지역사회의 연계를 통해 예방 및 해결함은 물론, 모든 학생이 자신의 잠재력과 능력을 최대한 발휘할 수 있도록 최상의 교육환경과 공평한 교육기회를 제공하는 것을 목적으로 한다(주석진 외, 2020). 따라서 시대적 상황, 지역사회 욕구, 학교 상황 등에 따라 학교사회복지사의 역할은 다양하게 정의될 수 있으며, 학생들의 변화하는 다양한 욕구, 문제로 역할이 달라질 수 있다.

한국학교사회복지사협회는 다음과 같이 학교사회복지사의 역할을 제시하고 있다.

- 임상전문가: 학생을 위한 개별, 집단 상담 및 치료적 개입을 통해 학생의 심리적 문제를 해결하고자 한다.
- 교육자/자문가: 학습, 진로를 위한 정보를 제공하고 사회성기술, 학습전략, 의사소통훈련, 각종 예방을 위한 교육과 프로그램을 개발하여 학생들의 욕구에 맞는 서비스를 제공한다. 또한 대상 학생의 가정방문을 통해 가족문제 해결 및 환경에 직·간접적으로 지원한다.
- 매개자/연계자: 지역사회 내 자원을 발굴 및 연계를 통해 학생과 가정의 문제 해결을 도우며 지역 내 사회복지 관련 기관과의 긴밀한 네트워크를 통해 학생들의 지역사회 보호 실현을 돕는다. 학생들이 지역사회에서 자원봉사 등을 통해 지역사회에 기여 할 수 있도록 하는 등 학생–가정–학교–지역사회의 매개자 역할을 한다.
- 조정자/중재자: 일반교사, 전문상담교사, 보건교사 등과 학생 개개인의 사례관리를 위한 조정과 지역사회 내 치료전문가, 변호사, 의사 등 전문가 집단을 구성하고 조정을 통해 학생 문제를 해결한다.
- 옹호자: 학교 내 환경을 학생 중심으로 조성하며 학교정책(학교 교칙 등) 결정과 행정 내의 학생권리 실현을 구현하고자 한다.
- 자원개발자: 장애학생·부적응학생·가출학생 등의 문제에 대한 교사의 개입을 지원하고, 관심 대상 학생에 대한 자료 제공 및 교사 상담을 통해 교사가 관심 대상 학생의 학교 적응을 도울 수 있도록 지원한다.
- 공조자/협력자: 교사를 비롯하여 다양한 전문가, 관련기관과의 협력·공조를 통해 학생 문제 해결을 돕는다.
- 조사연구자: 실태조사 및 효과성 연구를 통한 효과적 복지서비스를 제공한다.
- 정책 제언가: 학생복지 증진을 위해 다양한 수준에서의 정책감시, 제언에 참여하여 학교사회복지 제도화를 공고히 하는 역할을 한다.

위에서 제시한 학교사회복지사의 역할을 통해 교육의 효과를 증대시키고, 학교교육의 여건을 개선시켜 본연의 교육목적이 달성될 수 있도록 지원한다.

4. 학교사회복지사의 주요업무

1) 학교사회복지실천을 위한 여건조성

새롭게 학교사회복지를 시작하는 경우 학교 내에 학교사회복지에 대한 이해가 없을 수 있다. 따라서 학교사회복지사가 처음 학교로 들어가게 되면 가장 먼저 해야 할 것이 학생, 학부모, 교사, 지역사회를 대상으로 학교사회복지에 대한 홍보활동이다. 누구를 대상으로, 어떠한 일들을 하며, 의뢰 방법과 서비스 절차 등에 대한 지속적인 홍보 활동을 통해 학교사회복지에 대한 긍정적 인식과 접근성을 높일 수 있다. 학생들에게는 다양하고 재미있는 이벤트를 진행하여 즐거운 곳, 도움이 필요할 때 편하게 갈 수 있는 곳으로 인식시켜 문턱을 낮출 수 있다. 교사를 대상으로는 학생 지도를 위한 협력자로서 함께 할 것임과 동시에 전문가임을 강조하여 학교사회복지사에 대한 인식을 긍정적으로 끌어낼 수 있다. 학부모는 학생의 삶의 환경을 변화시키기 위한 중요한 대상이다. 학교사회복지 사업에 대한 인식에 따라 차후 협조 여부가 결정되기도 하기 때문에 학교사회복지사가 자녀 양육에 도움을 줄 수 있는 교육자, 자문가로서 역할을 하는 전문가임을 강조할 필요가 있다.

홍보활동과 함께 사무실 및 학생 상담 공간을 마련하는 등 환경구성을 해야 한다. 학생친화적으로 구성하여 학생들이 방문했을 때 안정감을 느끼고 또 가고 싶은 곳이 될 수 있도록 구성하는 것이 필요하다. 사무실과 학생 상담공간은 별도의 공간으로 마련하는 것이 필요하며, 학교사회복지 본연의 사업들이 전개될 수 있도록 독립된 장소로 구성해야 한다.

다음으로는 관련 협의체와 협력 부서를 조직하여 교사-학교-사회복지사 간 협력관계를 구축하고 공고히 한다. 학교사회복지 사업은 학교사회복지사 단독으로 진행하는 것이 아닌 학교 구성원들의 협력을 통해 이뤄가는 것임을 강조하여 학생친화적으로 환경을 변화시켜 나갈 수 있다.

마지막으로 학교욕구조사와 지역사회 조사를 통해 학생-교사-학부모의 욕구에 맞는 프로그램을 기획하여 문제 예방 및 해결에 도움이 될 수 있다. 또한 지역사회 조사를 통해 지역사회 자원을 확인하고 네트워크를 구성하여 필요 시 적절히 연계될 수 있도록 해야 한다.

2) 학생대상 활동

학생대상으로 다음과 같은 활동들을 수행한다.

(1) 개별사회사업

수시 개별상담과 심리검사를 통해 학교사회복지사의 역량 안에서 문제를 해결할 수 있으며, 전문가의 도움이 필요할 시 전문가에게 의뢰한다. 복합적인 문제와 욕구를 가진 학생을 위해 다양한 전문가(담임교사, 전문상담교사, 보건교사 등)로 구성된 지원팀을 운영한다.

(2) 집단사회사업

자아성장을 위한 집단활동으로 학습전략, 진로탐색, 자원봉사, 또래상담 등의 프로그램을 운영할 수 있으며 문제해결을 위한 집단활동으로 의사소통기술 훈련, 분노조절, 행동수정을 위한 집단활동 프로그램을 운영한다. 또한 학교폭력예방, 자살예방 등의 예방교육을 실시한다.

학교사회복지사가 직접 운영하기도 하고, 지역사회 전문 기관들을 활용하여 프로그램을 진행 할 수 있다.

(3) 기타 문화행사

평소 문화이벤트를 통해 즐겁고 활기 넘치는 학교 문화를 만들어 나갈 수 있고, 문화체험 행사 및 방학 중 캠프를 진행하여 평소 접하기 어려운 다양한 문화 활동을 지원한다. 또한 건강한 청소년문화를 위한 학생활동을 지원하기도 한다. 이때 학생회, 교사 협조가 필요하며 지역사회자원을 연계하여 다양한 문화행사 및 이벤트를 진행한다.

3) 가족지원 활동

학생의 문제를 해결하고 변화를 위해서는 학생을 둘러싸고 있는 환경체계의 변화가 필요하다. 따라서 학교사회복지사는 학생뿐 아니라 가족체계의 개입도 필요하다. 가정방문, 부모상담을 통해 가족 내 소통·양육 방식, 가정환경, 부모의 가치관 등 다양하게 탐색하면 학생을 이해하는 데에 도움이 된다. 필요 시 장학금, 생활보조금 등을 연계하여 가계 경제 상황의 위기를 해결할 수 있도록 돕고 결손가정학생을 위한 정서적 후원자를 결연할 수 있다. 가족지원을 위해서는 지역사회의 자원을 활용하여 학생과 가정의 문제를 지역사회가 함께 고민하고 해결해 나갈 수 있도록 하는 노력이 필요하다.

4) 학교변화를 위한 활동

학생들이 학교라는 공간을 긍정적으로 느끼기 위해 학교 내 행정체계, 학생을 바라보는 교사의 인식, 교내 분위기 등을 새롭게 조성하기도 한다. 학생복지의 이해를 증진시키기 위한 교사연수 사업을 진행하고, 도움이 필요한 학생의 원조를 위해 교내 서비스 체계를 마련하며 학생 복지를 위한 옹호활동을 지원하고 학교 체계를 변화시키는 다양한 활동을 할 수 있다.

5) 지역사회 자원구축 및 연계 서비스

지역사회자원 조사·개발 활동과 함께 전문가, 전문기관과의 공조 체계를 마련하여 필요시 즉각 연계될 수 있도록 한다. 지역사회 학생복지 지원협의체를 결성·운영하여 지원이 필요한 학생들에게 필요한 자원들이 제공될 수 있도록 한다. 지역사회 인식개선과 환경개선을 위한 캠페인 및 참여활동을 통해 지속적으로 지역사회와 소통하고, 학생과 학교가 지역사회에서 고립되지 않도록 다양한 활동을 전개한다.

6) 기타활동

학교사회복지 사업의 지속적인 확대를 위해서는 학교사회복지사가 어떠한 활동들을 했는지에 대한 기록과 평가, 전문가의 자문을 통해 전문성을 높일 수 있어야 한다. 또한 학교사회복지사의 개입으로 학생·학교·지역사회가 어떻게 변화했는지에 대한 서비스 효과성 연구를 지속적으로 하고 이를 적극 홍보할 수 있어야 한다. 학기 말 학교사회복지사업 효과성과 관련된 보고서를 작성·배포하고, 사업보고회를 열어 학생-교사-학교-지역사회에서 학교사회복지사업의 필요성을 인식시킬 수 있다.

5. 자격제도

2018년 사회복지사업법이 개정되면서 법제11조제3항에 영역별 사회복지사(의료, 정신건강, 학교) 자격제도가 명시되었다. 그로부터 2년 후 2020년 12월 12일 국가자격제도의 시행규칙과 시행령이 시행되었으며 이에 따라 학교사회복지사 국가자격제도가 시행되게 되었다. 그동안 민간자격으로 분류 되었던 학교사회복지사 자격증이 국가자격으로 전환됨에 따라 학교사회복지 영역의 전문성이 제고 되었다는 점에서 큰 의의를 가진다.

1) 사회복지사업법 시행령·시행규칙 주요 내용

(1) 수련

① 학교사회복지사 자격기준(사회복지사업법 별표1 사회복지사의 등급별·영역별 자격기준): 사회복지사 1급 자격을 취득한 후 법 제11조제3항에 따른 수련기관에서 1년 이상 보건복지부령으로 정하는 수련과정을 이수한 사람으로 한다.

② 수련기관(사회복지사업법 시행규칙 제4조의2): 학교사회복지사업을 운영하는 학교로 학교사회복지 업무를 수행하는 담당 부서를 갖추고, 5년 이상의 학교사회복지사 실무경험이 있는 사람 1명 이상이 수련지도자로 상시 근무하는 「초·중등교육법」 제2조에 따른 학교이며, 수련기관의 지정과 수련과정의 운영 및 실태 조사 등에 필요한 사항은 보건복지부장관이 정하여 고시한다.

〈표 12-1〉영역별 사회복지사 수련과정(제4조의2제2항 관련)

영역	학교사회복지사	
구분	과목	시간
	합계	1,000
이론	소계	150
	법과 정책 윤리와 철학 이론과 실제 기획 및 행정	15 15 100 20
실습	소계	830
	학교환경 이해 사정 및 평가 체계별 개입 실천 위기개입 실천 행정 및 재정관리	40 120 470 100 100
학술활동	–	20

출처: 사회복지사업법 시행규칙 [별표 1의2]〈신설 2020.12.11.〉

(2) 법정보수교육

제5조(사회복지사 임면사항 보고 및 보수교육 등) ② 법 2제13조제2항 본문에 따라 의료사회복지사 또는 학교사회복지사의 자격을 가지고 해당 자격과 관련된 업무에 종사하는 사람은 연간 12시간 이상의 보수교육을 받아야 한다. 다만, 다음 각 호의 어느 하나에 해당하는 사람에 대해서는 보수교육을 면제한다.〈개정 2020.12.11.〉

- 군복무, 질병, 해외체류, 휴직 등 부득이한 사유로 해당 연도에 6개월 이상의 기간 동안 해당 자격과 관련된 업무에 종사하지 않은 사람
- 「고등교육법」 제2조에 따른 학교에서 사회복지학 또는 사회사업학을 전공하고 있는 사람
- 그 밖에 불가피한 사유로 보수교육을 받기가 곤란하다고 보건복지부장관이 인정하는 사람

(3) 민간자격취득자 특례제도

제3조(민간단체가 발급한 영역별 사회복지사 자격 등의 전환에 관한 특례)

① 이 규칙 시행 당시 보건복지부장관이 인정하는 단체에서 발급한 영역별 사회복지사 자격증을 소지하고 있는 사람은 이 규칙 시행 후 3년 이내에 보건복지부장관이 정하여 실시하는 교육을 이수하면 별표 1의2의 개정규정에 따른 영역별 사회복지사 수련과정을 이수한 것으로 본다.

② 이 규칙 시행 전에 보건복지부장관이 인정하는 단체에서 운영하는 영역별 사회복지사 수련과정의 전부 또는 일부를 이수한 사람은 별표 1의2의 개정규정에 따른 영역별 사회복지사 수련과정 중 해당 과정을 이수한 것으로 본다.

2) 제16회 자격시험 시행(마지막 민간자격 제도)

2020년 8월 마지막 민간자격시험인 제16회 학교사회복지사 자격시험이 진행되었다. 코로나19로 인해 철저한 방역 후 자격시험과 온라인 자격연수를 통해 합격자 150여 명에게 학교사회복지사 자격증이 발급 되었으며, 2005년부터 시행된 학교사회복지사 민간자격증 소지자는 총 1,598명이다.

3) 수련지도자 양성

11월 학교사회복지 수련지도자 양성과정이 최초로 진행되었다. 교육은 '영역별 사회복지사 국가자격제도'의 수련지도자를 양성하기 위해 5년 이상의 경력을 가진 학교사회복지사들을 대상으로 시행되었다. 수련지도자 교육을 이수하여야 수련 기관으로 등록이 가능하며, 앞으로 지속적으로 수련지도자 양성 노력을 통해 수련기관을 늘려 나갈 계획이다.

4) 학교사회복지사 자격증 취득 과정

학교사회복지사 1급 취득 후 수련기관에서 1년동안 1,000시간의 수련과정을 이수 후 학교사회복지사 자격시험을 거쳐 자격증 발급을 받을 수 있다. 학교사회복지사 자격증 발급은 보건복지부 장관의 위임을 받아 한국사회복지사협회가 담당하고 있다.

5) 국가자격증 발급 현황

한국학교사회복지사협회의 2021년 연차보고서에 따르면 2021년 기준 학교사회복지사 수련제도로 수련기관 5개교가 선정되어 수련생 11명이 수료했고, 「사회복지사업법 시행규칙」 부칙 제3조에 따른 민간자격 소지자에 대한 특례전환 교육 12시간에 149명이 참여하여 국가자격으로의 특례전환이 이뤄졌다. 2023년까지 특례교육을 실시하여 국가자격으로의 전환이 이뤄질 계획이다.

학교사회복지 사례

2013년 새 학기가 시작되어 학교는 활기 넘치면서도 약간의 긴장감이 담긴 채 바삐 돌아가고 있었다. 학교사회복지실은 새학년을 맞이한 아이들이 자신의 반 친구들과 담임선생님에 대한 이야기로 가득 했고, 학교사회복지사인 나는 혹시나 새학기 적응에 어려움을 겪고 있는 아이들이 있지는 않은지 복지실을 찾은 아이들을 살피며 새학기 적응을 위한 이벤트와 친구를 새길 수 있게 도와줄 수 있는 학급별 이벤트를 열었다.

그러던 중 5학년 한 반에서 담임선생님 손에 이끌려 사회복지실을 오게 된 한 남자아이를 알게 되었다. 5학년 치고도 키도, 덩치도 크고 살집도 있던 정호는 울그락불그락한 얼굴로 떠밀리듯 들어왔고, 답답하고 억울하다며 담임선생님이 가신 후 엉엉 울기 시작했다. 자기는 하지 않은 일들을 담임선생님이 자꾸 오해하고 몰아간다는 것이다. 정호가 진정할 수 있도록 시간을 주고 자초지종을 들어보니, 수업시간에 지우개가 떨어져 그걸 주우려고 허리를 숙였는데, 선생님이 장난을 친다며 혼을 내셨다고 했다. 일단 아이가 가졌을 당혹스러움, 억울함을 공감해 주며 담임선생님이 수업시간에 자리를 일어나 지우개를 주우러 가는 정호의 모습이 어떻게 보였을지에 대해 이야기 나눈 후 쉬는 시간 종이 울리고 교실로 올려보냈다. 방과 후, 선생님의 이야기를 듣고자 교실로 찾아갔다. 담임선생님은 평소 아이가 보이던 폭력적인 모습을 이야기하며, 그렇게 통제하지 않으면 안 된다는 입장이었다. 다른 친구들보다 본인에게 더욱 엄격한 기준으로 대하는 담임선생님에게 억울함과 반항심을 들어내던 아이의 모습이 어느 정도 이해가 가기도 했다.

우선 담임선생님을 통해 정호에 대해 탐색을 해 보았다. 정호는 어머니가 어릴 때 가출 하여 아버지와 형이 가족의 전부였고, 아버지는 생계로 인해 지방에서 일을 하시며 한 달에 두세 번 정도 아이들을 보러 오신다고 했다. 중학생인 형은 초등학교 시절 사고 꽤나 치는 아이로 유명했고, 집에서 자신의 감정을 동생에게 폭력으로써 풀고 있음을 확인할 수 있었다.

정호의 생활환경에 문제가 있음을 인지하고는 이대로 아이를 둘 수 없었다. 우선 정호를 만나 방과 후 생활에 대해 물었다. 방과 후에는 친구들과 놀다가 집에 가는데, 저녁은 친구네 집에서 먹거나 라면으로 떼울 때가 많고, 어쩌다 아버지가 반찬을 해놓고 가시는 날엔 밥을 먹기도 한다고 했다. 집안일도 정호가 도맡아 하고 있었다. 학습을 위한 활동은 전혀 없었으며, 숙제는 학교에 와서 친구들 것을 베낀다고 했다.

가장 먼저 아버지와 전화통화를 시도 했다. 아이들을 잘 돌보지 못한 미안함과 아이의 에너지가 폭력으로 표현 되는 것에 대한 우려를 표하시면서, 운동을 시켜볼까 한다는 말씀을 하셨다. 형의 폭력 문제에 대해서는 알고 계셨으며, 형도 최근 운동을 시작하여 정호와 최대한 분리시간을 늘리려 한다고 하셔서 정호도 운동을 통해 에너지를 긍정적으로 발산할 수 있도록 하면 좋겠다고 하니 긍정적인 반응을 보이셨다.

지역사회 자원을 알아보니 방과후아카데미라는 곳이 있다는 것을 알게 되었다. 청소년들이 방과 후에 보다 건강하고 안전하게 시간을 보낼 수 있도록 하는 방과 후 돌봄을 하는 공공기관이었다. 방과후아카데미 담당자와 정호에 대한 논의를 한 후 입소 신청을 했다. 정호가 방과후아카데미에서 어떻게 생활하며, 어떠한 변화들이 있는지 주기적으로 방과후아카데미 담당자와 소통했다.

담임선생님은 수시로 만나면서 정호에 대한 인식을 긍정적으로 변화 시키는 것에 초점을 두었다. 최근 변화된 모습이나 조금이나마 긍정적으로 볼 수 있는 부분이 있을지, 아주 작은 모습이라도 칭찬을 해보는 연습도 해보았다. 선생님은 학교 사회복지사의 조언을 잘 따라주며 아이를 바라보는 인식 개선에 노력을 하셨다. 또한 정호로 인해 학급에서 사건이 터졌을 때 정호에 대한 분노를 토해내시며 정호를 위해 담임으로서 어떻게 했어야 하는지를 물으러 전화를 하실 때도 있었다. 선생님이 정호를 위해 고민하고, 교사로서 변화하고자 하는 모습에 대해 많은 지지를 해드렸다.

정호는 매일 등교하자마자 학교사회복지실의 문을 두드리며 인사를 건네 왔고, 쉬는 시간, 점심시간에는 친구들을 이끌고 와서 놀다 갔다. 방과 후에는 방과후아카데미에서 1:1 대학생 멘토링과 학교 숙제를 하고 저녁식사까지 해결하는 생활을 했다.

그렇게 정호는 6학년이 되었고, 다행히 6학년 담임선생님은 정호의 상황들을 사전에 전달 받고 아이를 긍정적으로 바라보며 지속적으로 격려하고, 학습에 대해서도 신경을 많이 써주셨다. 운동(유도)도 시작한 정호는 운동하는 시간이 너무 좋다며 진로도 운동 쪽으로 정할 거라고 했다.

그렇게 정호는 중학생이 되었다. 정호가 진학하는 중학교 학교사회복지실 선생님에게 정호를 비롯한 학교사회복지실에서 신경 써주어야 하는 학생들에 대한 정보를 공유하였고, 간간히 중학교 학교사회복지사와 소통하며 정호를 비롯한 아이들이 잘 지내고 있는지 확인을 하였다.

어느 날 교복을 입을 정호가 학교로 찾아온 적이 있었다. 정말 편안한 얼굴과 차분해진 말투, 제스처로 본인의 근황을 이야기하는 모습이었다. 방과후아카데미는 중학생은 다닐 수 없는 곳이었는데, 아직도 방과후아카데미를 간다고 하여 의아해하니 '초등학교 시절 자기의 모습을 되돌아보니 너무 부끄럽다면서 자신과 닮은 방과후아카데미 동생들에게 도움이 되고자 봉사활동을 시작했다'고 했다. 또 유도 선수로 뽑혀 훈련을 받게 되었다면서 반짝반짝 빛나는 눈으로 인사를 하고 갔다.

정호는 운동을 시켜준 아버지, 변화고자 노력했던 5학년 담임선생님, 아이를 긍정의 눈으로 바라보며 지지해 준 6학년 담임선생님, 정호의 길잡이가 되어준 지역사회(방과후아카데미), 중학교에서 잘 적응할 수 있도록 도운 중학교 학교사회복지사 선생님 모두가 함께 노력하였기 때문에 반짝반짝 빛나는 아이가 되었다. 정호는 앞으로도 남을 위해 도울 수 있고, 인내하며 감사함을 알고 살아가는 사람이 될 것이다.

※ 학교사회복지 프로그램 계획서 작성 사례

프로그램 계획서

프로그램명	무용·동작치료 프로그램	일 시	2020. 6. 18(목) ~ 2020. 8. 6(목) 15:30–17:00 총 8회기
대 상	교우관계에 어려움을 겪고 있는 3, 4학년	참여자수	8명
장 소	학교사회복지실	투입인력	무용·동작치료사 정○○ 학교사회복지사 양○○

1. 목적

본 프로그램을 심리치료기반으로 한 무용·동작 심리치료 프로그램으로 구성하였다. 신체중심 움직임을 통해 심리·정서적 안정감과 만족감을 제공하고 집단경험을 통해 긍정적 대인관계를 경험하는 것에 목적을 두었다. 프로그램은 총 4단계로 구성되어 있으며, 각 단계의 목표는 다음과 같다.

2. 목표

목표	하위 목표
1단계 자원 탐색	• 신체 활동을 통해 신체 이미지의 긍정적 인식 • 신체적, 정서적 강점 탐색 • 역할을 수행하는 과정을 통해 긍정적 지지 및 소속감 경험
2단계 자존감 향상	• 놀이 활동을 통해 성취감을 경험하여 개인의 자존감 향상 • 집단이 함께 미션 해결을 하면서 칭찬과 격려를 하여 건강한 지지적 집단 경험 • 집단이 함께 미션을 해결하는 과정에서 응집력 경험
3단계 사회성 향상	• 신체 자기 조절 경험을 통한 스스로 타인과의 조율 방법 경험 • 사회기술을 연습하고 집단 안에서 '나 ' 라는 존재 확인 • 집단 활동을 통해 상호적 유능감 증진
4단계 통합 및 마무리	• 지금까지 경험하였던 요소 재인식하여 직접 실생활 활용하기 • 집단의 즐거움과 지지, 안정감, 응집력 경험 • 건강하게 관계의 분리 경험

3. 프로그램 세부내용

회기	일정	주제	세부내용	준비물
1	6/18	라포형성	– 프로그램 소개 – 집단원 소개 – 집단 규칙 정하기 – ice-breaking 게임	이름표, 스피커, 미술도구
2	6/25	개인 자원	– 프로그램 소개 및 규칙 인식 – warming up 움직임 – 개인 자원 탐색 및 인식 – 감정표현(미술작업) – 경험나누기	이름표, 스피커, 미술도구
3	7/2	집단 자원	– 프로그램 소개 및 규칙 인식 – warming up 움직임 – 집단 자원 탐색 및 인식 – 감정표현(미술작업) – 경험나누기	이름표, 스피커, 미술도구
4	7/9	협동 놀이	– 프로그램 소개 및 규칙 인식 – warming up 움직임 – 협동놀이 안에서 성취감 경험 – 감정표현(미술작업) – 경험나누기	이름표, 스피커, 미술도구
5	7/16	협동 놀이	– 프로그램 소개 및 규칙 인식 – warming up 움직임 – 놀이안에서 지지적 집단의 경험 – 감정표현(미술작업) – 경험나누기	이름표, 스피커, 미술도구
6	7/23	협동 놀이	– 프로그램 소개 및 규칙 인식 – warming up 움직임 – 놀이안에서 집단원과 조율하기 – 감정표현(미술작업) – 경험나누기	이름표, 스피커, 미술도구
7	7/30	협동 놀이	– 프로그램 소개 및 규칙 인식 – warming up 움직임 – 협동을 통해 미션 수행하기 – 감정표현(미술작업) – 경험나누기	이름표, 스피커, 미술도구
8	8/6	종결	– 1–7회기 리뷰 – 집단 작품만들기 – 건강한 관계의 분리 경험	이름표, 스피커, 미술도구

4. 평가방법

1) 질적평가방법: 치료사와 프로그램 활동화 방안 및 개선사항에 대한 논의
담임교사 면담을 통해 또래와 관련한 참여자의 변화정도 확인

2) 양적평가방법: 참여자 만족도 설문지

5. 기대효과

1) 자신의 신체 움직임을 통해 심리·정서 안정감을 느껴 신체 조절능력을 향상시킬 수 있다.
2) 신체 조절능력 향상과 안정된 심리·정서를 통해 또래관계에 긍정적 변화를 가져올 수 있다.
3) 집단 경험을 통해 자신감을 갖고 긍정적 자아상을 형성할 수 있다.

6. 학교사회복지 과제와 전망

2018년 사회복지사업법 개정으로 '학교사회복지사'라는 명칭이 명시됨에 따라 다른 직업군으로 대체하기 어려운 전문 분야로서 위상을 확보하게 되었다(안정선 외, 2020). 지난 20여 년 동안 학교사회복지가 다양한 시범사업을 통해 지속적으로 확대되었고, 2022년 8월 국무회의에서는 「초중등교육법 시행령 일부개정령안」이 심의·의결됨에 따라 교육복지사각지대 해소를 위해 학습부진아 등이 밀집한 학교를 지원하는 교육복지우선지원사업과 교육지원청에서 학생을 직접 지원하는 교육복지안전망 사업을 안정적으로 추진할 수 있는 법적 근거가 마련되었다(교육부, 2022). 기존 교육복지 사업의 대상이던 '학습부진아 등이 밀집한 학교'에서 '학습부진아 등' 학생으로 단위 대상이 확대 되어 사업이 보다 확대 될 전망이다. 이러한 성과는 그동안 많은 사업을 통해 학교사회복지가 학생들의 학교 생활 적응을 돕고 학생복지 향상에 크게 기여했음을(윤철수 외, 2018) 시사한다.

나아가 학교사회복지가 학교현장에서 위상을 더욱 공고히 하기 위해서는 몇 가지 해결되어야 하는 과제가 남아있다.

첫째, 학교사회복지사 국가자격제도의 안정화를 위한 노력이 필요하다. 2020년 학교사회복지 국가자격제도가 본격화 됨에 따라 보다 전문적 역량을 갖춘 인력 배출이 기대된다. 이를 위해서는 수련과정에 대한 체계화가 필요하며, 수련의 질은 슈퍼바이저의 질과 직결되기 때문에(안정선 외, 2020) 수련 슈퍼바이저의 역량 강화를 위한 교육 제도가 필수적이다. 지속적인 수련제도의 전문화를 위한 연구와 수련 슈퍼바이저 양성 교육과정 개발이 이뤄질 수 있도록 협회와 학회의 역할이 중요할 것이다.

둘째, 학교사회복지 법제화를 통한 사업 확대 및 안정화가 필요하다. 학교사회복지를 법제화하기 위한 노력이 지속 되고 있지만 번번히 다양한 이유로 임기만료폐기 되는 등 법제화가 이뤄지지 못하고 있다. 법제화를 통해 혼재되어 있는 학교사회복지사의 명칭을 통일하고 학교사회복지사의 개념 및 역할에 대해 보다 명확히 규정할 수 있게 되며, 사업의 근거규정의 마련으로 학교사회복지사업의 확장을 이룰 수 있게 된다. 이종익·최웅·서동미(2018)의 연구에서 법제화를 위한 방안에 대해 몇 가지 살펴보면, 그동안 법제화 노력 과정에서 학교사회복지사의 역할이 너무 포괄적이고 타 전문가와의 역할 중복 문제가 제기됨에 따라 학교사회복지 단독법 제정보다는 「사회복지사업법」 개정과 같이 기존 관련법의 일부 조항의 개정을 통해 법적 근거를 마련할 수 있을 것으로 보고 있다. 또한 학교사회복지사를 사회복지전담공무원 중 학교사회복지직렬로서 고용하여 교육급여 업무를 기본적으로 수행하면서, 교내 대상 학생들에 대한 교육복지 맞춤형 지원을 할 수 있는 방안 등을 제안하고 있다.

CHAPTER

13

Introduction to Social Welfare

다문화복지

1. 다문화사회와 다문화복지
2. 다문화가족 및 자녀의 문제
3. 다문화가족지원정책
4. 다문화가족 지원 정책의 나갈 방향

CHAPTER 13

다문화복지

1. 다문화사회와 다문화복지

1) 다문화사회로의 진입 및 다문화복지의 필요성

다문화사회란 여러 인종 및 여러 민족이 함께 살아가는 사회를 의미하는 것으로 한 사회 내에 여러 인종 또는 민족이 함께 어울려 사는 사회를 말한다. 즉, 동일 혈통과 문화를 추구하는 단일문화에 다른 문화가 흡수되거나 통합되어 여러 문화가 한 사회 내에 공존하는 것이라 할 수 있다. 다문화가족은 우리나라와 다른 민족 또는 다른 문화적 배경을 가진 사람들이 포함된 가정을 통칭하는 용어로 한 가정 내의 차이는 물론 가치, 문화, 종교, 생활양식 등 문화적 다양성을 강조하는 개념이다.

다문화사회의 형성 배경은 세계화, 정보화 사회로의 진입으로 국제간 자원 및 노동자들을 포함한 교류가 활발해지면서 장, 단기적으로 외국에 거주하게 되면서 다른 문화와 접촉이 활발히 이루어지고 그로 인해 다양한 민족 및 문화가 한 사회에 공존하게 되었다. 주로 1960년대 이후 미국, 영국 및 캐나다 등에서 주로 나타나는 다문화 현상이라 할 수 있다.

우리나라의 경우, 1980년대 이후 경제개발정책 추진으로 외국인근로자들이 우리나라의 노동시장에 유입되기 시작하였고 1991년 산업연수제도라는 법적기반을 통해 대거 입국하기 시작하면서 다문화사회로 진입하는 계기가 마련되었다. 또한 도시화에 따라 농촌의 여성 인구가 감소하고 농촌의 결혼 적령기 남성들의 배우자 선택의 폭이 좁아지면서 사회적 문제로 대두되기 시작하면서 1990년부터 '농촌총각 장가보내기 운동'의 국제결혼이 추진되었고, 1995년 이후 중국동포여성의 국내로의 대거 유입을 시작으로 베트남, 필리핀 등의 아시아국가에서 결혼을 통한 이주민이 증가하기 시작하였다. 외국인근로자, 결혼이주민의 증가, 1995년 이후 북한이탈주민의 한국사회로의 유입은 한국사회가 다문화사회로의 진입에 커다란 영향을 미치게 되었다.

서구유럽의 경우, 다문화사회로의 진입이 100~200년에 거쳐 서서히 진행되었으나, 우리나라는 30~40년 안에 다문화사회로 진입하게 되면서 이전에 경험하지 못한 다양한 사회적 문제에 직면하게 되었다. 한국사회는 전통적으로 단일민족국가라는 자부심이 내재되어 있어 다른 문화를 수용하고 이해하는데 여러 어려움을 경험하게 되면서 결혼이민자들의 한국사회 문화 적응, 사회적 편견 등 다양한 갈등이 사회적 관심과 문제로 대두되었다.

따라서 여러 이유로 형성된 다문화 사회로의 진입 및 다문화가족의 경우 이들의 안정적인 한국사회 정착, 한국사회 적응 및 사회적 통합을 위한 다양한 논의가 이루어지게 되었다. 우리나라에서는 2008년 다문화가족지원법 제정을 통해 다문화가족 구성원이 안정적인 가족생활을 영위하고 경제·사회·문화 등 각 분야에서 사회구성원으로서의 역할과 책임을 다할 수 있도록 필요한 제도와 여건을 조성하고 이를 위한 시책을 수립·시행하고 있다. 다문화복지는 최근 10년 사이에 우리나라 사회복지분야에 자리를 잡은 영역으로 서구의 다문화사회 형성에 비해 형성과정이 매우 짧은 것이 특징이며, 특히 우리나라의 사회복지 영역이 확대되면서 새롭게 포함된 사회복지 분야라 할 수 있다.

2) 다문화가족복지 대상과 현황

일반적으로 다문화가족이란 우리나라에 거주하는 문화적 차이가 존재하는 가족과 세대, 계층 등 문화적 차이가 있는 모든 가족을 의미한다. 그러나 법률적 정의로는 다문화가족이란 다문화가족지원법의 정의로 갈음하고 있으며, '재한외국인 처우 기본법' 제2조 제3호의 결혼이민자와 '국적법'제4조에 따라 귀화 허가를 받은 자를 말한다. 즉, 다문화가족지원법에서 의미하는 다문화가족이란 결혼 이민자, 귀화허가를 받은 자와 출생 시부터 대한민국 국적을 취득한 자로 이루어진 가정으로 좁은 의미의 다문화가족을 의미한다. 주로 국제결혼가정이 주 대상으로 명시되어 있으며, 이 법의 정의에 따르면 다문화가족은 최소한 한 사람의 가족 구성원이 대한민국에서 출생한 경우로 한정하고 있다. 이러한 법률적 정의는 외국인근로자가족, 무국적 외국인 등의 적용에는 한계가 있다. 최근에는 다문화가족의 개념을 국제결혼 가정이외에도 외국인근로자가족, 북한이탈주민(새터민) 등으로 정책적으로 확대 적용하고 있다는 점을 감안한다면, 보다 넓은 의미의 개념으로 다문화가족을 이해해야 할 필요가 있다.

〈표 13-1〉 다문화 가족 유형

다문화가족 유형	다문화가족
결혼이민자가족	• 한국남성 + 외국여성 • 한국여성 + 외국남성 • 혼인귀화자 가정 포함
외국인근로자가족	• 외국인근로자 남/여성이 한국 내 결혼으로 이루어진 가정 • 외국인남/여성이 결혼 후 한국에 이주한 가정 • 외국인근로자로서 비혼 상태로 단독 혹은 동료와 함께 생활하는 가정
북한이탈주민(새터민)	• 탈북 남,여성의 결합으로 이루어진 가정 • 탁북 남, 여성이 한국 입국 후 한국 남,여성과 결합한 가정 • 탈북 남, 여성이 비혼 상태로 단독 혹은 동료와 함께 생활하는 가정

현재 결혼이민자가족, 외국인근로자가족, 북한이탈주민 등을 포함한 다문화

가족 인구는 2019년까지 점차 증가추세로 나타났으며, 코로나19로 인해 2020년 이후는 감소추세로 나타나고 있다(〈표 13-2〉).

〈표 13-2〉 국내체류외국인 현황(단위: 명)

구분	2017	2018	2019	2020	2021
전체인구	51,778,544	51,826,059	51,849,861	51,829,023	51,683,809
체류외국인	2,180,498	2,367,607	2,524,656	2,036,075	1,956,781

출처: 법무부(2022). 출입국 통계.

① 결혼이민자가족

다문화가족지원법이 처음 시행된 2008년 당시 외국인주민현황조사에 나타난 다문화가구수는 14만 4천명이었으나, 2018년 기준 전체 33만 가구(가구원 101만 명)로 전체 가구대비 1.7%(가구원 2%)를 차지하고 있다. 2007년에 다문화가족의 구성원 수가 100만 명을 넘어섰고, 최근 3~4년 동안 외국인과 결혼하는 수가 전체 결혼자의 10%를 넘고 있어 다문화가족은 해마다 늘어나고 있다. 다문화 가구원은 2020년 기준 전체 인구(5,183만 명)의 2.1%(109만 명)을 차지하며, 다문화 출생은 전체 출생(27.2만 명)의 6.0%(1.6만 명)를 차지하고 있으며, 2022년 조사에 의하면 다문화가구는 전체 346,017가구로 우리 사회의 다문화가족 구성원은 계속 증가하는 추세이다(여성가족부, 2022). 2021년 여성가족부 전국다문화가족실태조사에 의하면, 수도권(서울, 경기, 인천)에 거주하는 다문화가족은 56.1%로 2018년(55.6%)에 비해 증가하였으며, 대도시에 거주하는 비율이 읍면 지역 거주 비율보다 3배 이상 높게 나타났다.

〈표 13-3〉 결혼이민자 현황(단위: 명)

구분	2017	2018	2019	2020	2021
결혼이민자	155,457	159,206	166,025	168,594	168,611

출처: 법무부(2022). 출입국 통계.

② 외국인근로자가족

외국인근로자 또는 이주노동자라는 용어로 불리며, 이들은 다른 나라에서 보수 활동에 종사하고 있는 자들을 의미한다. 외국인근로자가족 중 일부는 '출입국관리법' 및 '외국인근로자 고용에 관한 법률'에 의거해 체류기간이 초과하여 불법으로 체류하고 있는 경우도 있으며, 2020년 법무부 자료에 의하면 2020년 현재 외국인근로자는 248만 1,565명이고, 이중 15.5%에 달하는 38만 5,880명으로 집계되었다.

외국인근로자는 우리나라의 부족한 노동시장을 보완하는 역할뿐 아니라 저출산 및 고령화로 인한 노동력 감소 현상을 해소할 수 있는 긍정적인 효과를 제공하며 앞으로 외국인근로자들은 지속적으로 증가할 것으로 예측된다. 그러나 법적으로 체류자격을 인정받은 외국인근로자이외에 불법체류하고 있는 외국인근로자의 경우 열악한 노동조건과 가족의 보건, 복지뿐 아니라 그들 자녀의 보육 및 교육 문제의 사각지대에 놓여 있다.

③ 북한이탈주민

'탈북민' 또는 '새터민'으로 불리 웠으나 현재는 북한이탈주민으로 법률상 규정하고 있다. 이들의 경우, 같은 민족으로 우리와 유사한 언어를 사용하기는 하나 체제가 다른 사회에 대한 이질감, 문화적 충격, 탈북과정에서 경험하게 되는 여러 어려움 등은 결혼이민자가족과 외국인근로자가족의 문제와는 다른 양상을 보이기도 한다. 북한이탈주민은 1990년대 중반 북한의 식량사정 악화로 인해 탈북자 수가 급증하면서 2000년 이전에는 100명에 불과한 것이 2020년 기준 2만 7000여 명에 달하고 있다.

북한이탈주민은 난민, 이주민, 동포, 민족 등 다양한 정체성을 가지고 있다는 점에서 결혼이민자 가족, 외국인근로자 가족과는 다른 문제를 가지고 있다. 북한이탈주민의 경우, 탈북과정에서 겪는 어려움, 이질적인 체제 경험을 통한 문화 충격과 그로 인한 한국사회에서의 적응 문제 등을 경험하게 된다. 최근 가족 단위의 입국이 증가하면서 여성, 아동, 장년층의 비율이 증가하고, 연령 구성이 다양해지면서 육아문제, 교유문제, 노인문제 등 새로운 적응문제가 대두되고 있다.

2. 다문화가족 및 자녀의 문제

1) 다문화가족의 문제

① 경제적 문제

다문화가족은 주요 직종이나 종사상 지위, 임금수준, 근로시간 등을 고려한 질적인 경제활동 수준이 우리나라 일반 국민에 비해 열악한 상태로 나타난다. 2021년 다문화가족실태 조사에 의하면, 월평균 소득이 300만 원 이상이 2018년 조사에 비해 다소 높아졌으나, 코로나19 확산으로 인해 51.5%의 가구가 소득이 감소한 것으로 조사되었다. 근로유형의 경우, 단순노무직에 종사하는 가구구성원이 32.%로 전체 근로자(14.4%)에 비해 높게 나타나, 경제적 지위가 비다문화 가정보다 다소 낮은 것을 알 수 있다. 외국인근로자의 경우, 대다수가 소규모, 고위험 노동업종에 근무하며, 저임금 및 장시간 노동, 임금체불 등의 인권문제를 경험하고 있다. 북한이탈주민의 경우, 우리나라 일반 국민에 비해 2~3배 정도 낮은 고용율 및 높은 실업률로 인한 경제적 어려움에 직면하고 있다.

② 의사소통의 어려움과 외로움

다문화 가족의 언어문제로 인해 한국사회 적응의 어려움을 경험하게 된다. 언어적 소통의 어려움은 가족 간의 대화 단절로 이어지고 이로 인해 가족 간 갈등의 원인이 될 수 있으며, 결혼이민자 당사자의 고통은 물론 가정해체의 위기로까지 이어지고 있다. 이러한 문제로 인해 부부관계, 친구관계, 사회생활 등이 원만하지 못하여 심리적 외로움을 경험하기도 한다. 또한 언어 및 의사소통의 어려움은 자녀 양육과정에서도 다양한 문제의 원인으로 나타나고 있다. 특히, 최근 조사에 의하면 문화적 차이로 인한 부부간의 문제 중 의사소통방식에서는 여전히 어려움을 경험하고 있는 것으로 나타났다.

③ 자녀양육의 문제

다문화가정의 부모-자녀 관계에 대한 선행연구들에서는 한국어에 서툰 다문화가정의 어머니는 자녀와 충분한 의사소통이 이루어지지 않음으로 인해 가족 간의 상호작용에 부정적인 영향을 미칠 뿐 아니라, 비다문화가정의 어머니보다 무관심하거나 강압적인 양육태도를 취할 수 있다고 보고하고 있다. 부모의 교육적 관여와 관련하여, 다문화가정 부모들은 학교 참여와 교육적 지원을 하는 것이 충분하지 않은 것으로 나타났으며, 다문화가정 부모님들은 자녀의 숙제 점검하기, 과제물 챙기기, 등교시키기, 학부모회의 참여하기 등의 자녀에 대한 교육적 관여가 미흡할 뿐 아니라, 학교생활에 있어서 조력자의 역할을 담당하는데 어려움을 경험하고 있는 것으로 보고되고 있다.

다문화청소년을 대상으로 한 실태조사(여성가족부, 2015) 결과에 의하면, 다문화가정의 한국인 아버지들은 자녀의 교육에 무관심한 것으로 나타났으며, 아버지의 무관심은 외국인 어머니의 부담으로 작용하고 있는 것으로 나타났다. 2021년 여성가족부 조사에서도 학습지도 및 진로지도가 자녀양육에서 가장 큰 어려움으로 경험되고 있는 것으로 나타났다. 외국의 경우에도 부족한 언어능력은 이주여성들이 자녀들의 교육적 지원을 어렵게 하는 요인으로 작용하고 있는 것으로 나타났다.

④ 사회적 편견 및 차별경험

우리나라는 전통적으로 단일민족이라는 자부심을 가지고 있어 타 민족에 대해 다소 배타적인 관념으로 타 민족에 대해 편견을 가지고 있었다. 특히, 경제적 지위가 낮은 제3국가에서 온 외국인에 대한 편견과 차별은 서구 선진국에서 온 외국인들에 비해 높다고 할 수 있다. 결혼이주민들 중 대부분은 동남아시아에서 온 여성들이 대부분을 차지하고 있으며, 그들에 대한 사회적 편견으로 인한 차별경험은 그들의 한국사회 적응을 더욱 어렵게 하는 요인으로 작용하고 있다.

2) 다문화가족 자녀의 문제

① 문화적응 및 정체감 혼란

다문화가족 아동들이 경험하고 있는 문제는 첫째, 이중 문화 적응에 대한 어려움, 이중 문화로 인한 정체성의 혼란을 들 수 있다. 이러한 문화적응의 문제로 인해 자신의 정체성에 대한 혼란은 결과적으로 자신을 이방인으로 생각하는 것으로 나타났다. 중도입국 다문화가족 아동들은 국내에서 출생하고 자란 다문화가족 아동들보다 한국 사회가 더욱 낯설고, 한국문화에 적응하는 것이 더욱 어려운 것으로 나타났다. 특히, 중도입국 다문화가족 아동들은 성장 도중에 한국으로 입국하게 되어 거의 외국인과 다름없는 한국어 실력이나 한국 문화적응에 대한 스트레스가 더 높다고 할 수 있다.

② 차별 및 또래 관계 문제

다문화가족 아동이 경험하는 차별의 문제가 있다. 다문화가족 아동들이 경험하는 낮은 차별은 그들의 학교생활적응에도 부정적인 영향을 미치고 있다. 또래관계의 어려움과 그로 인한 심리사회적 문제를 들 수 있다. 다문화가족 아동들은 비다문화가족 아동들과는 다소 다른 외모로 인한 교우관계 및 학교생활에서의 어려움을 경험하는 것으로 나타났다. 학교에서 다문화가족 청소년들이 집단 따돌림을 받는 정도는 10명 중 3명의 비율로 나타났으며, 그 이유로는 '외국인이라서(46.7%)', '특별한 이유 없음(40.0%)'으로 나타났으며, 그 외 의사소통이 되지 않아서 따돌림을 당하고 있는 것으로 나타났다.

③ 언어발달 및 학업 문제

다문화가족 아동들은 언어적 환경에 따른 어려움을 경험하는 것으로 나타났다. 아동들이 언어발달 시기에는 주 양육자인 어머니의 영향을 많이 받는데, 외국인 어머니의 경우 한국어 실력이 낮아 아동들의 언어발달을 저해할 가능성이 높다. 이는 이후 인지발달, 사회성 발달에 부정적인 영향을 미치며, 낮은 학업성취로 이어질 수 있다. 국내출생 다문화가족 아동들의 경우 일상생활에서 의사소통에는 크게 어려움을 경험하지 않으나, 글쓰기와 독해 등의 영역에서 어려움을 경험하는 것으로 나타났으며, 결과적으로 낮은 학업성취로 이어지고 있었다. 2021년 여성가족부 조사에 의하면, 다문화가족 자녀의 취학률은 우리나라 학교급별 전체 국민에 비해 모두 낮은 수준이고, 고등교육기관 취학률 격차는 31.0%로 매우 큰 것으로 조사되었다. 더욱이 다문화가족 자녀의 43.9%가 청소년으로 조사되었고, 이들에 대한 학령기에 맞춤형 지원에 대한 필요성이 더욱 커지고 있는 것으로 나타났다.

- 다문화가족 자녀: 초등학교 95.3%, 중학교 95.7%, 고등학교 94.5%, 고등교육기관 40.5%
- 전체국민: 초등학교 98.4%, 중학교 97.9%, 고등학교 96.1%, 고등교육기관 71.5%

④ 진로문제

다문화가정 아동들의 경우, 문화적응의 어려움, 정체성의 혼란, 낮은 학업성취 및 학교 부적응 등이 있음이 보고되고 있으며, 이는 청소년기에 이르러 학업중단 및 낮은 대학 진학률 등의 부정적인 결과로 이어지고 있다. 이러한 문제는 자신의 미래에 대한 불확실성을 갖게 하여 결과적으로 진로에도 상당히 부정적인 영향을 미칠 수 있음을 예측해 볼 수 있다. 2016년 여성가족부 조사에 의하면 다문화가정 자녀들이 요구하는 서비스로는 진로상담 및 진로교육(53.7%), 직업기술훈련(42.0%)로 학습지원(41.%)에 비해 높게 나타났으며, 다문화가정 아동, 다문화가정 부모, 교사들이 희망하는 서비스에서도 진로와 관련된 요구가 2014년 이후로 매년 지속적으로 증가되는 있는 것으로 나타났다(한국청소년정책연구원, 2017). 그러나 다문화가정 아동들은 비다문화가정 아동들에 비해 진로탐색 및 진로준비가 낮거나, 진로장벽을 높게 인식하고 있어 미래 진로계획에 대해서도 회의적이거나 무기력한 태도를 보이는 것으로 나타났다.

3. 다문화가족지원정책

1) 다문화가족지원정책 기본계획

2008년 제정된 다문화가족지원법에서는 다문화가족의 사회적응의 어려움, 가족 간 갈등, 자녀양육의 어려움 등의 문제를 해소하고 사회구성원으로 역할을 하고 안정적인 한국사회 적응 및 가족생활을 지원하기 위해 다양한 정책 및 서비스 지원의 근거를 마련하고 있다. 다문화가족지원법은 주로 결혼이민자들을 정책의 대상자로 규정하고 있으며, 다문화가족을 대상으로 국가와 지방자치단체가 할 정책적 지원을 명하시고 있다. 다문화가족지원법 제3조에 의하면 여성가족부장관, 관계 중앙행정기관의 장과 시·도지사는 5년마다 다문화가족

지원정책에 관한 기본계획을 수립하도록 하면서 중앙행정기관의 장 및 시・도지사에게는 매년 기본계획에 따른 시행계획을 수립하고 시행하도록 하였다. 또한 여성가족부장관은 다문화가족의 실태를 3년마다 조사하고 그 결과를 공표하여 정책에 반영하도록 하고 있다.

이에 정부는 다문화사회가 '도입 및 성장기'에서 '정착기'로 패러다임이 변화하는 추세를 고려해 다문화가족 초기적응 지원 중심에서 장기정착화에 따른 정책을 강화하여 제3차 기본계획(2018~2022) 수립했다. 제3차 다문화가족정책 기본계획은 모두가 존중받으며 차별 없는 다문화사회 구현과 더불어 다문화가족의 사회·경제적 참여를 확대하고 다문화가족 자녀의 건강한 성장을 목표로 진행 중이다. 제3차 다문화가족 기본계획에는 결혼이민자의 한국 정착주기가 장기화되고 다양한 가족유형이 발생함에 따라 안정된 가족생활을 도모할 수 있는 지원을 강화하고, 결혼이주여성의 인권보호를 위해 가정폭력 관련 긴급상담, 전문상담 및 주거시설을 확대 운영하는 등 가정폭력 피해 대응 체계를 강화하고 있다. 또한 가족관계 증진을 위한 프로그램을 다양화하고, 한부모가족과 관련된 제도를 개선하고 지원하고 있으며, 다문화가족 자녀가 학령기에 본격 진입함에 따라 학업, 글로벌 역량, 사회진출을 위한 지원 및 중도입국자녀에 대한 지원을 지속적으로 추진할 계획이다. 결혼이주여성의 초기적응지원과 취업 서비스 내실화 방안을 강구하며 일반국민의 다문화 수용성을 제고하기 위한 다양한 정책을 추진하고 있다. 제3차 다문화가족 기본계획의 내용은 아래 〈표 13-4〉, 〈표 13-5〉와 같다.

〈표 13-4〉 다문화사회의 변화

	도입 및 성장기	정착기
국제결혼	증가 후 안정화	감소 추세
다문화가족	지속 증가	안정화 및 장기정착 비율 증가
결혼 이민자	초기적응 및 사회진출 활성화	사회진출 욕구증대 및 경제·사회적 참여 강화
자녀	출생 및 초기 성장	학령기(청소년기) 비율 상승
가족유형	가족생활 갈등 발생 및 해체증대 가능성 증가	한부모 등 가족형태 다양화
사회적 수용성	관심 형성 및 부정적 태도 확산 우려	다소 개선되고 있으나 지속적 개선 노력 필요

출처: 여성가족부(2018).

〈표 13-5〉 제3차 다문화가족정책 기본계획 (2018~2022)

비전	참여와 공존의 열린 다문화사회	
목표	• 모두가 존중받는 차별 없는 다문화사회 구현 • 다문화가족의 사회·경제적 참여 확대 • 다문화가족 자녀의 건강한 성장 도모	
정책과제	다문화가족 장기정착 지원	① 결혼이주여성 인권보호 강화(가정폭력예방 및 대응체계 구축) ② 국제결혼 피해예방 지원 ③ 안정된 가족생활 지원 ④ 서비스 연계 활성화
	결혼이민자 다양한 사회참여 확대	① 자립역량 강화 ② 취·창업 지원 서비스 내실화 ③ 사회참여 기회 확대
	다문화가족 자녀의 안정적 성장지원과 역량 강화	① 안정적 성장을 위한 환경조성 ② 학업 및 글로벌 역량 강화 ③ 진로준비 및 사회진출 지원 ④ 중도입국자녀 맞춤형 지원
	상호존중에 기반한 다문화 수용성 제고	① 정책환경에 대한 주기적 모니터링 실시 ② 다문화 이해교육 활성화 ③ 다문화수용성 제고를 위한 미디어 환경 조성 ④ 지역환경 조성 및 참여·교류 프로그램 활성화
	협력적 다문화가족 정책 운영을 위한 추진체계 강화	① 정책추진체계 간 협력 강화 ② 다문화가족 지원체계 내실화

출처: 여성가족부(2018).

다문화가족지원법에서 명시하고 있는 다문화가족 지원에 대한 내용은 다음과 같다.

① 다문화가족에 대한 이해 증진

다문화가족에 대한 사회적 차별과 편견을 예방하고 사회구성원들이 문화적 다양성을 인정하고 존중할 수 있도록 다문화 이해교육을 실시하고 홍보해야 함을 규정하고 있다. 이에 각급 학교에서 다문화가족에 대한 이해를 돕는 교육을 실시하기 위한 시책을 수립·시행하고 있다.

② 다문화가족에 대한 생활정보 제공, 교육지원

결혼이민자등이 대한민국에서 생활하는데 필요한 기본적 정보(아동·청소년에 대한 학습 및 생활지도 관련 정보를 포함한다)를 제공하고, 사회적응교육과 직업교육·훈련 및 언어소통 능력 향상을 위한 한국어교육 등을 받을 수 있도록 필요한 지원을 실시하고 있다. 또한 거주지 및 가정환경 등으로 인하여 서비스에서 소외되는 결혼이민자등과 배우자 및 그 가족구성원이 없도록 방문교육이나 원격교육 등 다양한 방법으로 교육을 지원하고 있다.

③ 평등한 가족관계 유지

국가와 지방자치단체는 다문화가족이 민주적이고 양성평등한 가족관계를 누릴 수 있도록 가족상담, 부부교육, 부모교육, 가족생활교육 등을 추진하여야 한다. 이 경우 문화의 차이 등을 고려한 전문적인 서비스가 제공될 수 있도록 노력하여야 한다.

④ 가정폭력 피해자에 대한 보호 및 지원

국가와 지방자치단체는 가정폭력의 피해를 입은 결혼이민자등에 대한 보호 및 지원을 위하여 외국어 통역 서비스를 갖춘 가정폭력 상담소 및 보호시설의 설치를 확대하도록 노력하여야 한다. 또한 결혼이민자등이 가정폭력으로 혼인 관계를 종료하는 경우 의사소통의 어려움과 법률체계 등에 관한 정보의 부족 등으로 불리한 입장에 놓이지 아니하도록 의견진술 및 사실확인 등에 있어서 언어통역, 법률상담 및 행정지원 등 필요한 서비스를 제공할 수 있다.

2) 다문화가족지원 전달체계

(1) 다문화가족지원센터

다문화가족지원사업은 여성가족부의 다문화가족정책 전달체계인 다문화가족지원센터를 중심으로 이뤄지고 있다. 국제결혼을 통해 한국으로 이주한 여성과 그 가족에 대한 서비스를 지원하기 위해 2006년 결혼이민자가족지원센터라는 명칭으로 전국에 21개소가 설치되었으며, 2008년 다문화가족지원법 제정을 통해 다문화가족지원센터로 명칭을 변경하였다. 다문화가족지원센터는 시·도, 시·군·구에서 비영리 법인이나 단체에 위탁하여 설치 운영하고 있으며, 2021년 현재 203개소가 운영되고 있다. 다문화가족지원센터는 다문화가족의 안정적인 정착과 가족생활을 지원하기 위한 생애주기별 종합적인 서비스를 제공하며, 다문화가족지원센터의 생애주기별 지원 내용과 제공되는 주요 서비스는 다음과 같다.

〈표 13-6〉 다문화가족지원센터 생애주기별 지원 내용

주기별 정책 과제	세부 추진 과제
입국 전 결혼 준비 시기 국제결혼 과정의 인권보호	• 국제결혼 탈법 방지 및 결혼 당사자 인권 보호 • 결혼이민예정자 사전 정보 제공 • 한국인 예비배우자 결혼 준비교육
입국 초 가족관계 형성기 결혼이민자 초기 적응과 다문화가족의	• 한국어교육, 문화이해교육, 위기개입과 가족통합교육, 상담 등 종합 서비스 제공

안정적 생활 지원	• 다국어판 생활, 정책정보 제공(포털 '다누리' 운영 등 한국생활 정보 제공) • 의사소통 지원을 위한 통,번역서비스 제공
자녀 양육기 및 정착기 다문화가족 자녀 임신, 출산, 양육 지원	• 임신, 출산 지원 • 부모의 자녀 양육 능력 향상 지원 • 보육시설에서의 다문화 프로그램 시행 • 다문화가족 자녀 학교생활 지원 • 다문화가족 자녀의 이중언어 역량 개발 및 글로벌 인재 육성
역량 강화기 다문화가족의 경제, 사회적 자립 지원	• 다문화가족의 직업교육 및 훈련 시행 • 통번역 요원 및 다문화 강하 등 결혼이민자 적합 직종 개발 • 국가별 결혼이민자 자조모임 지원

① 한국어 교육서비스

• 체계적인 한국어 교육을 실시하여 결혼이민자들의 한국사회 적응을 돕고 안정적인 조기정착을 지원

• 결혼이민자, 중도입국자녀 등을 대상으로 생활언어를 익히기, 한국문화 이해를 위한 단계적 한국어교육 실시(결혼이민자를 대상으로 수준별로 반편성을 통한 단계별 한국어 교육을 시행하고 있으며, 집합교육, 방문교육, 온라인교육, 방송교육 병행 등 다양한 방법으로 운영)

② 다문화사회 이해 교육 실시

• 결혼이민자들이 가정, 지역사회 및 한국생활 전반에 대해 쉽게 적응할 수 있도록 지원

• 결혼이민자 대상 우리나라 법률 및 인권교육

• 결혼과 가족의 이해

• 다문화가족생활교육 등을 강의, 체험 방식 등을 병행하여 진행

③ 가족교육

• 의사소통 미숙 및 부재로 인한 가족 간 갈등을 예방하고 가족구성원 교육을 통해 가족 내 역할 및 가족문화에 대한 이해력 향상을 위한 서비스를 제공

- 다문화가족 대상 가족전체 통합교육, 시부모교육, 예비 배우자교육
- 자녀지원 프로그램 운영

④ 가족개인상담

- 부부, 부모, 자녀, 성, 경제 문제 등 결혼이민자와 그 가족들의 문제를 파악하고, 심리, 정서적 지원 및 정보 제공

⑤ 방문교육서비스(1:1지도)

- 한국어교육서비스: 입국 5년 이하 결혼이민자, 중도입국자녀(만 19세 미만)
- 부모교육서비스: 만 12세 미만의 자녀가 있는 결혼이민자에게 생애주기별 자녀 양육 관련 교육·정보제공, 가족상담 등 실시
- 자녀생활서비스: 다문화자녀(만 3~12세)에게 생활지원 서비스제공

⑥ 다문화가족 자녀언어발달 교실

- 만 12세 이하 다문화가족 자녀 대상으로 한국어 발달 평가 및 촉진교육, 부모상담

⑦ 결혼이민자 통·번역 서비스

- 의사소통이 어려운 입국초기 결혼이민자에게 통·번역 서비스 제공
- My Seoul App에서만 통·번역 서비스 신청 가능

⑧ 취, 창업지원

- 결혼이민자의 사회, 경제적 자립 등을 지원하기 위하여 인력양성 및 취업 연계 등 맞춤형 취, 창업 지원
- 취, 창업능력 향상 교육프로그램 제공, 해당 지역의 일자리제공 기관과 결

혼 이민자 연계 활동 지원

⑨ 다문화 인식개선 사업

• 결혼이민자들과 지역사회 구성원들이 다양한 문화를 체험하는 기회를 통해 서로에 대한 이해를 높이고 공동체의식 함양 지원

⑩ 포털 '다누리' 운영

다누리는 결혼이민자의 한국생활 조기정착을 지원하기 위한 정보제공을 목적으로 하는 웹사이트로 2009년 4월에 개통하였다. 포털 다누리에서는 다문화가족에게 한국생활 적응에 필요한 생활, 정책정보를 온라인과 오프라인 매체를 통해 한국생활정보, 학습정보, 전국다문화가족지원센터 정보, 다문화 소식 등 다양한 정보를 13개국 언어로 제공하고 있다.

[그림 13-1] 다문화가족지원 포털 다누리

(2) 글로벌청소년 센터

이주를 경험한 모든 청소년들이 한국 사회에서 건강하게 정착할 수 있도록 지원하며, 이주배경 청소년과 가족들에게 교육, 정서, 자립지원서비스를 제공하여 역량을 계발하고, 지역사회 주민과의 소통과 인식개선을 통해 지역사회 지지망을 구축하여 글로벌인재 육성의 기반을 조성하기 위한 다양한 서비스를 제공하고 있다.

① 초기지원

이주배경청소년의 초기 정착을 위한 언어와 사회문화에 대한 이해 교육실시 한국어 교육, 학교생활 및 가정생활 상담, 진로상담, 편입학 안내 등을 지원하고 있다.

② 교육지원

공교육진입이 불가능한 청소년들을 대상으로 초, 중, 고등학교 교과목 지도와 검정고시 대비 지도를 통해 검정교시 자격취득을 지원하고 있다. 또한 학교 교과목 수업 이해에 어려움을 겪는 청소년들을 대상으로 집중 지도를 실시하고 있다.

③ 통합지원

다양한 문화체험과 또래 관계 형성 프로그램을 통해 지역 내 청소년 및 주민들과 교류의 기회를 확대하고 더 나아가 공동체 의식을 형성할 수 있도록 지원하고 있다.

(3) 이주배경청소년지원재단

이주배경청소년지원재단은 청소년복지법 제18조에 따라 2006년 설립된 비영리 재단법인으로, 여성가족부의 지원을 받아 무지개청소년센터를 운영하며 다문화 청소년, 외국인 근로자가정 자녀, 중도입국 청소년, 탈북 청소년, 제3국 출생 북한이탈주민 자녀 등 다양한 이주 배경을 지닌 청소년을 대상으로 교육, 직업훈련, 상담, 멘토링 등의 프로그램을 운영하고 있다. 이주배경청소년지원재단의 서비스내용은 다음과 같다.

① 초기적응지원

사회적응 및 정착지원을 위해 전국에 23개소의 레인보우스쿨을 운영하여 한국사회에 대한 기본 정보 제공, 한국어 교육, 사회적 관계 향상 및 심리정서지원 프로그램을 제공하고 있다.

② 진로지원

'무지개 Job아라'를 통해 단계별, 맞춤 진로교육을 실시하며, 진로탐색, 진로설계 및 다양한 직업교육을 제공하여 사회적응 능력 향상과 자립의지를 고취시키기 위한 지원을 하고 있다.

③ 탈북청소년 적응 및 자립지원

하나원 소속 탈북청소년을 대상으로'비교문화체험학습'을 통해 기초 및 경제생활 체험, 대중교통 이용, 교육기관 탐방, 문화체험 등 실생활에 필요한 체험활동을 지원하고 있다. 이를 통해 탈북청소년의 남한 사회 이해 제고와 지역사회 원활한 정착을 지원하고 있다.

또한 탈북청소년 대상으로 지역사회의 정착에 필요한 다각적인 교육(성, 인권, 진로, 건강, 자기이해)을 주제로 건강한 지식을 배우고, 문화를 함께 나누는 기회를 제공하여 건강한 성장을 지원하며, 탈북청소년의 욕구 및 특성을 파악하고 안정적인 정착을 위한 맞춤형 서비스 지원 및 사후관리를 진행하고 있다.

4. 다문화가족 지원 정책의 나갈 방향

2008년 다문화가족지원법이 제정되었던 해에 17만 명이었던 결혼이민자와 귀화자 수는 현재 37만 명까지 증가하였으며, 전체 다문화가족 수는 109만 명으로, 우리 전체 인구의 2.1% 가량을 차지하고 있다. 특히, 초등학교를 비롯한 취학 연령대의 다문화가족 자녀는 눈에 띄게 증가하는 추세이며, 2012년 다문화 배경 학생 비율이 전체의 0.7% 수준이었던 것이 2022년에는 3%까지 급격히 증가한 점을 감안하다면, 다문화가족 구성원과 아동들이 차별 없이, 행복한 삶을 살수있도록 보장하는 것은 국가적 의무라 할 수 있다. 이에 2022년 2월 국무총리산하 다문화정책위원회에서 발표한 다문화가족 지원 정책방향의 내용을 중심으로 앞으로 다문화가족 지원이 나갈 방향을 다음과 같이 제시하고자 한다.

첫째, 다문화가족 자녀들이 동등한 출발선에 설 수 있도록 지원할 필요가 있다. 학령기의 다문화가족 자녀가 학업 과정에서 차별받거나 뒤처지는 일이 없도록 다양한 지원방안을 마련해야 하며, 특히, 입학 전후 맞춤형 교육을 통해 학력 격차를 해소해야 한다. 2021년 전국다문화가족실태조사 결과에 의하면, 다문화가족은 부모가 우리 사회에 익숙하지 않아, 자녀의 학교생활을 보살펴주기 어렵고, 그 결과 진로 탐색이나 학업에 대한 의지가 위축된다는 점을 고려하여 취학 전후 학습지원, 학업·진로 컨설팅 등을 집중적으로 추진할 필요가 있다.

둘째, '다양성'이 존중되는 학교 환경을 적극 조성해 나가야 한다. 다문화가족 아동들이 학교생활에서 가장 어려운 문제로 지적하는 것은 친구관계와 차별적 시선이라고 보고되었다. 이에 다문화가족 청소년의 정서와 마음을 보듬을 수 있도록 1:1 전문 심리상담을 확대 지원하고, 건전한 또래 관계가 형성될 수 있도록 맞춤형 지원을 강화해야 한다. 또한 교사 및 또래의 지지가 다문화가족 아동들의 학교적응에 유미하게 긍정적인 영향을 미치는 점을 감안하다면, 학교 내에서의 다문화가족 아동들에 대한 교사의 관심과 긍정적인 교우관계 형성을 지원하기 위한 다각적 지원이 필요할 것으로 보인다.

셋째, 다문화가족의 차별 및 인권침해 개선과 다문화가족의 인권보호를 위한 지원이 강화되어야 한다. 정부의 간행물, 교육 자료 등에서 나타나는 다문화의 인종차별적 요소를 확인하고, 모든 학교에서 다문화 관련 교과, 비교과활동을 실시하여 다문화가족에 대한 차별감소 및 인권 침해의 가능성을 감소시키는 방향으로 나가야 할 것이다. 또한 국제결혼중개업자의 경우 의무적으로 다문화 사회 이해 및 성인지 감수성, 인권보호교육을 이수하도록 함으로써 결혼이주여성들의 인권을 보호해야 할 것이다.

마지막으로 사각지대 없는 복지서비스를 제공할 수 있는 정책적 지원이 필요하다.

점차 증가하는 다문화 한부모가족 등 다양한 가족형태를 포용하기 위해 다문화 한부모가족 지원, 사각지대에 있는 결혼이민자 현황 및 실태 파악을 통한 제도 개선, 부처별 산재되어 있는 다문화가족 지원서비스를 통합한 서비스를 통해 복지서비스에 대한 접근성을 향상시켜 나가야 할 것이다.

CHAPTER 14

Introduction to Social Welfare

의료 및 정신건강 사회복지

1. 의료사회복지
2. 정신건강사회복지

CHAPTER 14

의료 및 정신건강 사회복지

의료 및 정신건강 사회복지는 주로 의료기관 또는 지역사회에서 의료진 등을 포함하는 다양한 전문직과의 협력에 의해 환자와 가족을 대상으로 필요한 서비스를 제공하는 영역으로

사회복지의 가치, 지식, 기술이 결합하는 사회복지 실천현장이다. 의료사회복지실천은 주로 종합병원과 노인병원 등의 실천현장에서 이루어지며, 지역사회에서의 협력적 활동도 점차 확대되어 가는 추세이다. 정신건강 사회복지실천은 종합병원 또는 개인의료기관의 정신건강의학 영역과 지역사회의 정신건강증진센터 등의 실천현장에서 이루지고 있다. 두 영역 모두 환자의 치료와 관련하여 의사, 간호사 등의 의료진들과의 협력적 관계를 유지하면서 활동하게 된다.

1. 의료사회복지

1) 의료사회복지의 개념

병원에서의 환자 치료는 다양한 분야의 전문가들에 의해서 이루어진다. 먼저 환자가 병원에서 치료를 받기 위해서는 행정직원이나 행정직원의 역할을 수행하는 간호사 또는 간호조무사에게 진료신청을 한 후 의사의 진료를 받게 된다. 의사는 진단을 내리기 위해서 검사 등의 처방을 내리게 되며, 검사 결과를 가지고 진단을 내리게 된다. 이때 환자의 치료 방향이 제시된다. 예를 들면, 외래진료를 통해서 치료를 할 것이라든지, 입원을 통해서 정밀검사를 더 시행한 후 치료계획을 수립할 것이라든지, 아니면 당장 입원해서 긴급수술을 받아야 한다든지의 다양한 치료 방향이 설정되는데, 이때 환자가 의사의 치료 방향에 동의할 수도 있고, 동의하지 않을 수도 있다. 예를 들면, 의사의 진단을 확신하지 못하는 경우 다른 의사 또는 다른 병원에서 다시 진료를 받기를 원한다든지, 치료 방향에 대한 신뢰감이 부족하다든지 등의 이유로 치료적 관계가 성립되지 못할 수 있다.

한편으로는 진단에 대해서도 신뢰하고 치료 방향도 동의할 수 있는데, 개인적 사정과 형편 때문에 치료적 관계가 성립되지 못하는 경우가 있다. 예를 들면, 예상되는 치료비를 감당하기 힘들어서 치료를 망설이거나 포기해야 할 경우도 있으며, 생명에 영향을 미칠 수도 있는 수술을 당장 결정하여야 하는 경우라든지, 수술을 포함한 치료를 한다고 해서 쉽게 낫지 않는 질병을 진단받았다든지, 또는 환자가 입원치료를 받아야 하는 경우 남아있는 가족의 보호와 안전계획에 대한 대책마련이 쉽지 않다든지 등의 곤란한 상황으로 치료를 거부하거나 포기하는 경우도 있다. 또한 장기이식 분야의 경우에는 나의 의지보다는 다른 사람의 의지에 의해서 수술을 받아야 하는 경우도 있다. 예를 들면, 부모나 형제 등의 가족에게 신장이나 간장을 제공해야 하는 경우, 가족이기 때문에 도덕적 비난에서 자유롭지 못하여 장기 제공을 거부할 수 없는 경우도 있다. 바로 이러한 상황에 개입하여 문제를 해결하고자 하는 사람이 의료사회복지사이다.

이처럼 의료사회복지사는 의사에 의한 환자의 신체적 기능의 회복과 아울러 정신적, 사회적 기능의 회복을 위한 활동을 통해 완전한 건강을 찾을 수 있도록 돕는데 반드시 필요한 존재이다. 브라흐트(Bracht, 1978)는 다섯 가지 전제를 통해서 의료사회복지실천의 필요성을 주장하였다(강흥구, 2007 재인용).

첫째, 사회적, 문화적, 경제적 조건들은 건강 상태와 질병의 예방 및 회복에 중요하며 이들 모두에 영향을 미친다. 사회문화적 요인에 의하여 질병이 생길 수도 있고, 질병의 예방이나 회복 과정에도 영향을 미치게 되므로 사회문화적 요인에 대한 고려 없이 질병의 문제에 관여할 수 없다. 따라서 사회적, 환경적 문제에 관여하여 이를 조정하는 사회복지가 의료와 불가분의 관계에 있으며, 이로 인하여 의료사회복지실천이 필요하다.

둘째, 질병과 관련 있는 행동은 개인이나 가족의 균형을 자주 깨뜨리고 그들의 대처 능력을 분열시킨다. 때문에 한 사람만을 위한 치료보다는 가족 전체를 위한 서비스가 주어져야 한다. 환자의 발생은 가족 간의 역할갈등과 경제적 위기, 심리적 불안을 야기하기 때문에 가족을 하나의 체계로 보고 가족의 문제에 의료사회복지실천이 관여해야 한다.

셋째, 사회적 지원과 상담서비스가 뒤따르지 않는 단독적인 치료만으로는 그 치료가 불완전하며 경우에 따라서는 치료가 불가능하다. 이는 질병의 원인은 다원적이기 때문에 질병의 어느 한 측면만을 고려한 치료는 효과적일 수 없음을 의미하는 것으로 환자를 전인적 존재로 인식하여 개인의 신체, 심리, 사회, 환경의 제 측면에 관여하여야 한다는 것을 주장하고 있다. 신체적인 것은 의료진이 심리, 사회, 환경 측면의 개입은 사회복지사가 역할을 분담해야 하기 때문에 의료사회복지실천이 필요하다는 것이다.

넷째, 의료서비스를 제공받을 수 있고 이를 적합하게 활용하는 문제는 지역사회의 협동적인 노력과 제도적 쇄신이 요청되는 의료전달체계의 한 영역이 되는 것이다. 지역사회에 대한 개입과 의료서비스가 원활하게 제공되기 위한 제도와 정책 차원의 접근 필요성을 강조하고 있는 것으로 의료사회복지실천 영역에 의료 전달체계의 개선을 위한 노력이 포함되고 있음을 나타내고 있다.

다섯째, 특정 개인이나 지역사회의 의료문제를 해결하기 위하여 전문직으로 구성된 의료팀의 상호협력은 복잡한 의료문제를 해결하는데 효과적인 방법이 된다. 팀워크의 필요성을 강조하는 것으로 환자의 전인적인 측면에 보다 효율적으로 대처하기 위해서는 다양한 전문직 간의 역할 분화가 필요하다는 팀웍 서비스의 불가피성을 이야기하고 있다. 이러한 전문직 간의 역할분화에 당당히 사회복지도 한 축을 담당하고 있으며, 때문에 의료사회복지실천이 필요함을 강조하고 있다.

2) 의료사회복지의 역사

(1) 미국 의료사회복지의 역사

① 태동기(1905년 이전)

이 시기는 지역사회 빈곤계층의 공중보건이 매우 취약한 시기로 미국에서는 영국의 인보관 운동에 영향을 받아 1893년 Hull House에 어린이진료소를 개소하여 빈곤계층의 사람들을 병원에 연계하는 활동을 하였으며, 병원에서는 주로 정신병원이나 시립병원 등에서 환자의 치료를 지원하기 위한 상담가의 역할을 하였다.

② 도입기(1905년–1930년)

매사추세츠병원의 의사 Richard Cabot은 1905년 간호사 Garnet Pelton을

고용하여 환자와 그 가족의 심리사회적 문제에 대해 상담하도록 함으로써 환자의 치료효과를 개선하는 노력을 하였다. 이러한 활동은 환자의 치료에 심리적 요인과 사회적 요인이 영향을 미치는 것으로 보았기 때문에 이루어진 것이었다. 이것은 1907년 존스홉킨스 대학병원과 1918년 시카고대학병원에서도 사회복지사를 채용하는 계기가 되었으며 이것이 근대적 의미의 의료사회복지사의 활동이라고 할 수 있다.

③ 제도화기(1930년–1970년)

1935년 사회보장법(Social Security Act)이 제정된 이후로 의료보장제도인 메디케어(medicare)와 메디케이드(medicade)가 만들어졌으며, 세계대전 참전용사를 위한 정신사회사업(Psychiatric Social Work)과 집단사회사업(Group Work)이 도입되었다.

④ 전문화기(1970년–1980년)

이 시기는 의료사회복지가 학문적으로나 실천적으로 체계적인 발전이 있었던 시기로 의료사회복지사의 전문성 발휘를 위해서 과업중심이론, 위기개입이론, 인지행동이론 등을 활용한 실천이 강조되었다. 한편 의료사회복지사의 역할과 관련하여 사례관리기법의 적용과 퇴원계획수립 등의 역할이 적용되었다.

⑤ 확장기(1980년대 이후)

이 시기는 임상과별로 보다 세분화된 영역에서의 활동이 확대되어 당뇨전문사회복지사, 호스피스전문 사회복지사 등의 역할이 새롭게 전개되었다. 또한, 의료사회복지사의 역할이 점점 확장되어 환자와 가족, 지역사회로까지 활동의 폭이 양적으로 확장되었다.

(2) 한국 의료사회복지의 역사

① 태동기(1950년 이전)

1883년 캐나다 선교사의 지원으로 근대식 병원의 형태를 갖춘 제중원이 설립되었으며 이것은 현재의 세브란스병원의 모태가 되었다. 여기에서 환자의 치료를 지원하는 자원봉사자들의 봉사활동으로부터 의료사회복지사의 기원을 찾을 수 있다.

② 도입기(1950년~1960년대)

한국전쟁 이후 들어온 다양한 외국의 원조기관중 하나인 캐나다유니테리안 협회의 지원을 받아 1958년 한노병원이 설립되었으며, 여기에 우리나라 최초의 의료사회복지사가 채용되었다. 주요활동은 결핵환자와 그 가족에 대한 지원이었다. 이후 1959년 국립중앙의료원과 원주기독병원에서 의료사회복지활동이 전개되었으며, 1965년 세브란스병원에 정식으로 의료사회복지사 2명이 채용되었다.

③ 제도화기(1970년~1990년대)

1973년 의료법 시행령에 종합병원에서의 사회복지사 인력기준이 규정되고 1977년 건강보험제도가 실시되면서 의료사회복지사의 법적 인력기준이 마련되었으며, 1973년 대한의료사회복지사협회가 발족되는 계기가 되었다. 한편 1983년 병원표준화심사 도입에 따라 의료사회복지사 고용의 안정적 토대가 마련되고, 1995년 의료기관 평가제도가 도입되면서 평가항목에 의료사회복지실천 내용이 명시되었으며, 1999년 장기등 이식에 관한 법률이 시행되면서 의료사회복지사의 역할이 명시되면서 의료사회복지사 활동의 폭이 확장되는 계기가 마련되었다.

④ 전문화 및 확장기(2000년대 이후)

2008년 의료사회복지사 자격시험이 도입되면서 의료사회복지사의 질적 개선 노력이 시작되었으며, 2020년 12월 사회복지사업법 개정을 통해서 전문사회복지사로 인정받는 계기가 마련되었다.

3) 의료사회복지의 지식과 기술

의료사회복지사로 활동하기 위해서 필요한 지식과 기술을 제시하기 전에 사회복지사로서 필요한 지식과 기술은 무엇인지 생각해볼 필요가 있겠다. 사회복지사에게 필요한 지식과 기술은 무엇일까? 먼저 생각해 볼 수 있는 것이 정부의 법적, 제도적 장치의 종류, 구체적인 서비스 유형과 내용 등 국가차원의 정책방향과 구체적 서비스에 대한 지식이 필요할 것이다. 국가가 책임지지 못하는 부분을 보완하기 위해서 유지되고 있는 민간부문의 서비스 유형과 내용에 대한 지식도 필요할 것이다. 그 다음으로 클라이언트가 갖고 있는 심리적 문제와 사회적 문제에 대한 지식, 클라이언트의 문제는 자신의 문제일 수도 있지만, 그가 속해 있는 가족체계와 사회적 체계 등에서 발생하는 문제도 있기 때문에 이러한 문제들에 대한 이론적 지식도 필요할 것이다. 한편 사회복지사는 클라이언트들의 개별적인 욕구를 파악하고 이들에게 필요한 개인적 대처능력과 필요한 사회적 기술들을 효과적으로 전달할 수 있는 기술을 갖추어야 할 것이다.

의료사회복지사들에게 있어서 필요한 지식과 기술 역시 크게 다르지 않다. 다만 타 의료 분야의 전문가들과의 팀워크를 실천하여야 하는 실천현장의 특성상 타의료 분야의 전문가들과의 의사소통을 위한 의학적 지식과 관련 전문용어에 대한 지식, 환자의 심리적, 사회적, 경제적 입장을 이해하기 위한 질병적 특성과 치료과정에 대한 지식, 지역사회 보건활동에 대한 지식 등이 의료사회복지사로서 타 분야의 사회복지사와 구분되는 필요한 지식이라고 할 수 있다.

4) 의료사회복지사의 직무

의료사회복지사의 직무란 의료사회복지사가 담당하는 업무라고 할 수 있다. 직무에 대한 규정은 활동에 대한 책임과 관련되는 것으로 전문가에 따라서 다양하게 규정되고 있다. 주요 직무를 살펴보면, 크게 임상업무, 행정업무, 교육연구업무 등으로 구분할 수 있다. 한편, 현장의 의료사회복지사들이 가장 우선순위로 두고 있는 직무를 살펴보면, 경제적 문제 지원, 행정업무, 심리적 · 사회적 · 정신적 문제 지원, 지역사회자원 개발 및 연계, 사회복귀 및 재활 지원, 팀 협력활동, 교육 및 연구조사 등의 순서로 나타나고 있다.

(1) 임상업무

① 직접서비스

환자와 가족을 대상으로 서비스를 직접 제공하는 것으로 개별상담 및 교육, 집단상담 및 교육, 가족상담 및 교육 등으로 구분할 수 있다.

② 간접서비스

직접서비스 활동을 지원하는 활동으로 팀 협력활동, 지역사회 자원 개발 및 연계, 프로그램의 개발, 클라이언트를 위한 제반 활동 등으로 구분할 수 있다.

(2) 행정업무

의료사회복지사의 행정업무는 다른 사회복지실천현장에서의 업무와 다르지 않다. 주요 업무로는 보고서 작성, 부서 및 다른 전문가와의 협조를 위한 회의 참석, 직원 간 업무협의 등으로 구분할 수 있다.

(3) 교육연구업무

의료사회복지사의 교육연구업무 역시 다른 사회복지실천현장에서의 업무와 다르지 않다. 주요 업무로는 실습생 및 수련생 지도, 직원교육, 전문성 제고를 위한 교육 참여, 조사 연구 활동 등으로 구분할 수 있다.

5) 의료사회복지사의 주요 역할

의료사회복지사의 역할에 대해서 전문가에 따라서 다양한 분류를 할 수 있겠지만, 여기에서는 강흥구(2007)가 분류한 심리사회적 치료자, 서비스 조정자, 원조자의 역할을 소개하고자 한다. 강흥구가 분류한 세 가지 역할은 전통적인 의료사회복지사의 역할로서 환자의 치료가 이루어지는 의료현장이라면 공통적으로 이루어지고 있는 역할이다. 여기에 부가하여 개인적으로 중요하다고 생각하는 프로그램 기획가의 역할과 최근 일부 병원을 중심으로 지대한 관심을 보이고 있는 모금계획가의 역할을 소개하고자 한다.

(1) 서비스 조정자

의료지원과 사회지원이 효율적으로 활용되도록 서비스를 조정하는 역할로 병원직원에 대한 사회사업 사례 자문, 병원에 대한 지역사회의 자원체계 관리, 지역사회보건계획 수립에의 참여, 병원시설의 편의와 융통성 검토, 타 전문직 간의 조정자적 기능으로 병원 운영 및 환자 치료가 보다 원활해질 수 있도록 돕는 것을 말한다.

(2) 심리사회적 치료자

환자 및 가족이나 그 환경이 갖고 있는 문제를 직접 치료·해결하는 것에 관련된 역할로 의료사회복지사는 치료자로서의 역할을 수행하기 위해 세밀한 개인력 검사, 사회조사를 실시하여야 한다. 의료사회복지사는 개별상담, 집단치료, 가족치료, 위기개입 등의 방법을 동원하여 클라이언트가 갖는 심리·사회적 문제에 접근하여야 한다.

의료지원과 사회지원이 효율적으로 활용되도록 서비스를 조정하는 역할로 병원직원에 대한 사회사업 사례 자문, 병원에 대한 지역사회의 자원체계 관리, 지역사회보건계획 수립에의 참여, 병원시설의 편의와 융통성 검토, 타 전문직 간의 조정자적 기능으로 병원 운영 및 환자 치료가 보다 원활해질 수 있도록 돕는 것을 말한다.

(3) 원조자

의료의 수요자와 공급자 양측에 대해 협력하는 것으로 치료활동에 필요한 자원을 연계하거나 정상 회복을 위한 각종 지원적 활동을 말한다. 구체적인 활동 유형으로는 퇴원계획 참여, 정보제공과 의뢰, 경제적 원조 또는 처리, 사회복귀 원조, 치료의 연속성 제공, 환자의 권리 보호, 의사에 대해 환자의 필요한 정보 제공, 병실 생활에 적응 지원, 치료에 필요한 자원 동원 등으로 환자가 치료에 적극적으로 임할 수 있도록 하고, 치료계획상 비의료적 요소에 의한 장애를 제거함으로써 의료가 안정적으로 이루어지도록 원조하는 역할이다.

(4) 프로그램 기획가

프로그램 기획가는 환자와 보호자의 치료과정에 필요한 새로운 정보 및 필요한 사항들을 교육과정이나 자원개발 프로그램으로 발전시키는 역할을 수행하는 것이다. 좀 더 구체적으로 살펴보면 당뇨 교육, 임상영양사의 식이요법

교육, 이식환자의 자조집단 운영, 진료비 지원, 지역사회와의 연계(지역사회 이동진료, 공개 건강강좌, 응급처치 교육 등) 등을 의사, 간호사, 임상영양사, 행정직원 등 타 전문가들과의 협력적 관계 속에서 계획하는 것이다.

새로운 프로그램의 개발을 위해서는 지역사회 유관기관인 지역사회복지관(종합사회복지관, 장애인복지관, 노인복지관, 아동복지관)과 공공기관(보건소, 소방서), 지역주민의 질병예방과 건강회복에 관심을 갖고 있는 민간단체 등의 활동들에 대한 지속적인 모니터링과 '유관기관 간담회' 등의 적극적인 의사소통 통로를 확보하는 등의 노력이 필요할 것이다.

(5) 모금 계획가

최근 일부 대학병원과 대형 종합병원을 중심으로 경제적인 어려움으로 적절한 치료를 받지 못하는 계층의 환자들을 지원하기 위한 모금활동에 관심이 높아지고 있다. 이미 많은 병원들이 정부의 의료비 지원 프로그램, '사회복지공동모금회'의 지원 프로그램, 그리고 민간부문의 단체 의료비 지원단체들(한국심장재단, 한국어린이보호회, 한국백혈병소아암협회, 하트하트복지재단 등의 사회복지관련 재단과 기업의 사회공헌 프로그램)과의 상호협력적 계약을 통해서 빈곤계층의 환자들에 대한 진료비 지원활동을 펼치고 있다.

이러한 활동은 병원의 지역주민에 대한 사회공헌적 성격을 띠고 있어 사회적으로 긍정적 평가를 받고 있다. 이러한 의료비 지원활동을 통해서 일부 병원은 더욱 적극적으로 관심을 표명하여 병원 자체의 진료비 지원 예산을 확보하여 집행하고 있다.

모금에 대한 관심은 확보 가능한 예산과 동원 가능한 의료비 지원금만으로는 빈곤계층에 대한 충분한 지원에 한계가 있다는 관련 전문가들의 호소와도 관련이 있다. 서울아산병원과 삼성서울병원을 포함한 주요 대학병원 등에서는 이러한 사회적 필요성을 인식하여 모금 담당직원을 배치하여 개인과 단체, 기업들을 통한 모금 활동계획을 보다 구체화하고 있다. 그러나 그 동안 의료비 지원에만 주력하던 의료사회복지사들의 전문 직무와 관련하여 모든 사회복지사가 동의한다고 할 수는 없을지도 모르겠다. 그럼에도 불구하고 수혜 대상에 대한 관심과 이해가 충분한 의료사회복지사들이 보다 관심을 갖고 전문교육과 훈련을 받는다면 타 분야의 전문가에 비해서 그 능력이 부족할 이유는 없다고 본다.

6) 병원에서의 의료사회복지 주요 실천 영역

병원에서의 실천영역은 1차의료기관, 2차의료기관, 3차의료기관에 따라서 영역이 달라질 수 있으며, 같은 수준의 의료기관이라 하더라도 활동하고 있는 의료사회복지사의 인력 상황에 따라서 차이가 있을 수 있고, 해당 의료기관의 관심 정도에 따라서 인력배치가 달라질 수 있다. 여기에서는 3차의료기관에서 일반적으로 수행하고 있는 일반의료와 재활의료 분야를 소개하고자 한다.

(1) 일반의료

일반의료 영역을 구분할 때 임상과를 기준으로 소화기내과, 호흡기내과, 내분비 내과, 신장내과 등의 내과계열과 신경외과, 정형외과, 흉부외과, 성형외과, 외과 등의 외과계열로 구분할 수 있으며, 임상과 중심이 아닌 지역사회 연계, 자원봉사조직 관리, 진료비 지원 등의 영역들로 구분할 수 있다. 여기에서는 치료 중심의 영역과 비임상과 중심의 활동 중 일부를 소개하고자 한다.

① 장기이식 영역

장기이식이란 신체의 일부 또는 전부를 떼어내어 자신이나 타인에게 제공하는 수술을 말한다. 장기이식수술은 장기적출의 대상자를 기준으로 볼 때, 뇌사

자로부터 장기를 적출하여 이식 대상자에게 제공하는 경우와 살아있는 자로부터 장기를 적출하여 이식 대상자에게 제공하는 경우로 구분된다. 우리나라에서는 1969년에 신장이식, 1988년에 간이식, 1996년에 폐이식, 2000년에 소장이식이 처음으로 시작되었다. 장기이식 담당 의료사회복지사의 공식적인 개입은 2000년 2월 9일 시행된 '장기 등 이식에 관한 법률'에 의하여 시작되었다. 법률에서 장기이식 담당 사회복지사에게 요구하는 활동 중 핵심적인 것은 불법장기매매의 근절을 위한 활동이다. 불법장기매매란 금전 또는 기타의 보상을 전제로 장기를 제공하는 것을 말한다. 불법장기매매의 등장은 장기를 제공하는 자와 장기를 필요로 하는 자의 수요, 공급의 불일치로부터 발생한다. 우리나라의 경우 법률이 시행된 2000년부터 국립장기이식관리기관(Korean Network for Organ Sharing: KONOS)에서 장기 제공자들을 관리하고 있으나, 여전히 장기 제공자를 확보하는 것은 쉽지 않은 일이다. 따라서 살아 있는 자로부터 장기를 제공받을 수 있는 신장, 간장 등의 장기를 필요로 하는 환자(이식대상자)들은 가족이나 친분이 있는 제3자로부터의 기증을 받거나 시기적으로 매우 불확실한 뇌사자로부터 기증을 받는 경우가 아니면 시한부 인생과 같은 절망적인 상황에서 벗어나기 힘든 것이 현실이다. 따라서 금전적 보상을 노리고 활동하는 장기매매브로커들이 장기 제공자를 확보하지 못한 이식 대상자들을 대상으로 불법장기매매를 시도하게 되는 것이다.

장기이식 담당의료사회복지사는 신분증으로 개인 신원을 파악하고 관련서류를 통해서 양측의 관계를 확인하는 것으로부터 출발하는 소위 '장기공여 순수성평가 상담'을 하고 있다. 이 상담을 통해서 법적으로 보호받을 수 없는 불법장기매매를 차단할 수 있게 되는 것이다. 그러나 이 '장기공여 순수성평가 상담'이 단순히 불법적 관계만을 확인하는 것은 아니다. 장기를 제공하는 자의 경우 수술에 대한 두려움으로 고통받는 경우가 발생하기도 하며, 자신의 의사보다는 주변의 압력으로 어쩔 수 없이 수술에 동의하는 경우도 있다. 장기를 제공받는 이식대상자 역시 수술의 성공에 대한 불확실성과 수술 후 재발에 대한 두려움, 수술과정에서 발생하는 막대한 치료비(간 이식의 경우 수천만 원 이상의 비용이 발생하기도 한다.) 등으로 심리적, 경제적 고통을 받는 경우가 발생하기도 한다. 환자의 가족들 역시 수술 성공에 대한 불확실성과 재발의 가능성 등의 이유로 막대한 경제적 부담을 야기하는 수술을 환자가 거부해주었으면 하는 속마음 때문에 심리적인 죄책감을 갖게 되기도 한다.

장기이식 담당의료사회복지사는 이러한 환자와 가족, 그리고 장기 제공자들의 심리적 불안감, 경제적 위기, 윤리적 죄책감 등에 개입하여 어려움을 극복할 수 있도록 지속적인 상담과 수술과정에 대한 충분한 이해를 돕기 위한 교육, 수술이후의 건강 유지를 위한 환자와 가족의 대처능력 개발 등을 위해서 활동하게 된다.

② 희귀난치성 질환 영역

희귀난치성 질환은 우리나라에 약 50만 명의 환자가 있는 것으로 추정되고 있다. 희귀난치성 질환을 갖고 있는 환자의 경우 질병에 따라서는 밝혀진 환자의 수가 10여 명이 안 되는 경우도 있다. 또한, 희귀난치성 질환의 특성상 치료가 장기적이며, 많은 경우는 평생 치료를 받아야 한다. 따라서 이들의 공통적인 문제는 의료비 지출에 대한 부담감이다. 왜냐하면 환자의 수가 많지 않을 경우 건강보험의 적용이 아주 제한적이기 때문이다. 희귀난치성 질환자에게 개입하는 의료사회복지사의 역할 중 가장 중요한 것은 질환의 특성상 환자와 가족들에게 나타나는 치료의 가능성에 대한 불안감과 장기간의 치료과정에서 발생하는 좌절감에 대한 심리적 안정을 유지할 수 있도록 원조하는 것이다.

아울러 장기간의 치료과정에서 발생하는 경제적 어려움에 대한 원조계획을 수립하여야 한다. 또한, 이들이 소수 집단으로서 갖게 되는 어려움을 옹호하는 옹호자로서의 역할도 중요하다. 같은 질환을 갖고 있는 환자들 간의 교류를 활성화하는 역할도 매우 중요하다. 자조 집단 형태의 이러한 교류는 환자와 가족들의 모임을 갖도록 함으로써 같은 문제를 갖고 있는 환자와 가족들이 어떻게 이 어려움을 극복하고 있는지, 치료과정에서 나타나는 어려움은 무엇이 있고 어떻게 대처하는지, 희귀난치성 질환자들에게 필요한 제도적 장치의 개선을 위한 공동의 노력에 왜 참여해야 하고 어떻게 주장을 펼쳐 나아가야 하는지 등의 정보를 교류하고 공동의 노력을 기울일 수 있도록 한다.

③ 선천성 안면기형 영역

안면기형이란 선천적 얼굴에 기형을 갖는 경우를 말한다. 선천적인 경우는 태어나면서부터 갖게 되는 것으로 구순열, 구개열, 턱기형, 소이증, 대두증, 반안면 왜소증 등이 있다. 구순열이나 구개열 환자의 경우는 음식물 섭취에 문제가 발생하기 때문에 태어나자마자 치료계획의 수립이 필요하며, 반안면 왜소증의 경우에도 안면의 절반이 정상적인 발달을 하지 못하기 때문에 반드시 치료가 필요하다.

한편, 턱기형이나 소이증 같은 경우는 성인이 되어서도 개인적 콤플렉스로 작용하여 대인기피증으로 심리적 고통을 받게 되며, 소이증 같은 경우 역시 대인기피증 등으로 일상생활에 문제가 발생하게 된다. 따라서 이러한 환자들에 대한 심리적 사회적 문제에 대한 적극적인 상담과 치료적 접근이 필요하다. 이러한 환자들에게는 보통 스스로의 능력으로 수술을 받을 수 있는 경우는 의료사회복지사에게 의뢰되는 경우가 거의 없고, 수술비를 마련하기 힘든 가정의 환자들이 의뢰되는 경우가 많은 것이 일반적이다. 따라서 의료사회복지사의 역할 중 환자에게 필요한 의료비 지원계획을 수립하는 것이 주된 활동이라고 할 수 있다.

④ 자원봉사자 관리 영역

대부분의 대형 병원들을 중심으로 성인 자원봉사자들이 활동하고 있다. 과거에는 중앙공급실 등에서 봉사자들을 활용하여 거즈접기 등의 공급실 물품을 정리하는 역할을 해왔으나, 1990년대 이후에는 환자의 진료접수를 도와주거나 진료실이나 검사실의 위치를 안내하는 역할 등으로 활동 영역의 변화가 있었다. 최근에는 진료과정 전반을 지원할 수 있도록 전문교육을 제공하여 자원봉사자의 활용도를 높이는 병원도 확대되고 있다.

최근의 경향은 좋은 병원일수록 고급 수준의 자원봉사자를 많이 활용한다는 인식이 점차 확대되고 있기도 하다. 병원 입장에서는 이러한 전문화된 자원봉사자를 활용함으로써 지역사회주민의 봉사활동 욕구를 충족시킬 수 있고, 반대로 단순한 업무에 투입되는 유급인력의 규모를 축소시킬 수 있어 인건비를 줄일 수 있는 잇점도 있다. 이러한 장점을 적극적으로 개발하기 위해서 대부분 전담직원을 배치하게 되는데, 많은 병원에서 의료사회복지사를 전담 직원으로 두고 있다.

전담직원의 역할을 살펴보면, 자원봉사자를 모집하여 필요한 분야에 봉사자를 배치하고 고객들에게 필요한 서비스를 제공할 수 있도록 필요한 교육을 제공하는 것이다. 교육 내용 중에는 공통적으로 제공되는 교육내용과 배치되는 분야에서 별도로 필요로 하는 전문 교육의 두 가지가 있다. 공통 교육내용은 기본적인 예절교육과 자원봉사자로서의 기본 이념교육, 병원에 대한 오리엔테이션 등이 있다. 전문 교육 중에는 배치되는 분야마다 교육내용이 다르다. 예를 들면, 병원 로비에서 안내창구에 배치되는 경우 진료실, 검사실의 위치 안내에서부터 고객들의 호소 내용과 가장 적합한 진료과를 안내하는 것에 이르기까지 익혀야 하는 교육내용이 복잡한 경우도 있다. 매우 전문적인 분야로서는 외국어 통역안내 분야까지도 자원봉사자들이 활동하게 된다.

(2) 재활의료

재활의료 분야에서 주로 다루는 환자들은 주로 뇌졸중 환자, 척수손상 환자, 절단이 필요한 환자들이다. 뇌졸중은 중풍 또는 뇌혈관장애라고도 한다. 뇌졸중 환자의 회복은 손상 부위와 손상 정도에 따라서 회복 속도와 회복의 정도에 차이를 보인다. 그러나 입원치료를 요하는 경우에 해당되는 경우 대부분 3개월 이상의 지속적인 치료를 요하는 것이 보통이다. 또한, 척수손상 환자의 경우에는 편마비, 하지마비, 사지마비 등의 후유증을 동반하는 것이 일반적인데, 보통 가능한 회복 정도에 따라서 1년 이상의 집중적인 입원치료를 요하는 경우가 일반적이고 대부분 나타나는 후유증에 따라서 지속적인 치료를 요하게 된다. 절단 환자의 경우는 상지 또는 하지를 절단하게 되는 경우로 치료는 단기간에 마무리되지만 일상생활에 적응할 수 있도록 의수 또는 의족을 사용하는 경우가 많다.

이렇듯 재활의료 분야에서 나타나는 환자들의 특징은 장기간 지속적인 치료를 필요로 한다는 공통점이 있고 후유증상으로 언어능력, 기억능력, 행동능력 등의 결손이 따르는 경우가 많아 일상생활 적응 능력이 완전히 또는 부분적으로 저하되는 문제를 갖는다는 것이다. 또는 이러한 기능의 저하는 자존감의 저하, 사회적 관계의 제약, 독립적인 활동능력의 제한 등의 문제를 야기시켜 심리적, 정서적 불안 문제로 발전되는 경향을 보이게 된다. 따라서 재활의료 분야에서 활동하는 재활의료사회복지사는 환자의 심리적 안정을 위한 지속적인 상담계획을 수립하여야 한다. 또한, 지속적이고 장기적인 치료기간 동안 치료의 연속성을 제공하기 위한 관련정보의 제공과 치료계획의 수립이 매우 중요하다. 왜냐하면 치료의 연속성이 중단될 경우 환자의 회복 정도나 회복 속도가 경우에 따라서는 매우 심각하게 저하되거나 중단될 수 있기 때문이다. 따라서 환자의 입원 시점부터 퇴원할 때까지 계속적인 관련 정보의 수집을 통해서 적절한 퇴원계획을 수립하고 환자와 보호자가 퇴원계획 수립에 적극 협조하도록 관계를 맺는 것이 중요하다.

재활의료사회복지사는 다른 분야에서보다 더욱 팀웍의 활동이 중요하다. 팀웍을 이루는 전문가를 살펴보면, 다른 분야처럼 의사와 간호사 외에도 재활의학과에 소속된 물리치료사, 작업치료사, 인지치료사, 언어치료사, 임상심리사 등과의 협력적인 관계를 맺게 되며, 정기적인 팀 미팅을 통해서 환자의 치료 속도와 치료 과정에의 협조 정도 등을 파악하고 필요한 개선사항들을 의논하게 되며 환자의 치료 목표를 계속 수정하게 된다.

2. 정신건강사회복지

1) 정신건강사회복지의 개념

정신건강사회복지(PSW)는 의료사회복지의 영역에서 보다 전문적 영역으로 분화된 영역으로 정신건강의학 영역에서 이루어지는 사회복지와 관련된 제반 활동이라고 할 수 있다. 미국의 사회사업사전에서는 정신질환자에게 심리치료와 사회봉사를 제공하며, 정신건강의학과 의사 및 관련의료진들과의 협력하에 환자의 가족과 함께 활동하는 것으로 정신건강사회복지를 정의하고 있다. 결론적으로 정신건강의학과적 질병을 갖고 있는 환자의 치료를 위해 의료진과의 협력적 활동을 강조하며, 가족의 경우 환자의 치료를 위한 협력적 역할이 기대되는 동시에 치료 및 보호의 대상이 되기도 한다. 정신건강사회복지 영역의 주요 서비스 대상자는 정신병, 신경증, 정서장애, 성격장애, 기질적 정신장애 등으로 구분되며, 주요 실천현장으로는 정신병원/의원, 종합병원에서의 정신건강의학과 또는 환자의 지역사회 재활과 복귀를 위한 정신재활시설, 정신요양시설, 지역사회내의 정신건강복지센터 등이 있다.

2) 정신건강사회복지의 역사

(1) 미국의 역사

1905년 메사추세츠종합병원에 최초의 사회복지사가 채용되어 정신과 의사의 보조자로서 환자에 대한 생활력 조사를 담당하였으며, 환자의 치료에 도움이 될 수 있도록 환자와 환자의 가족의 유대관계를 강화하는 역할을 수행하였다. 1926년에야 비로소 정신의료사회사업가협회가 결성되었으며 1946년에 정신보건법이 제정되었다. 1950년대에 약물의 급속한 발달에 따라서 지역사회 중심의 정신장애인 재활 개념이 등장하였으며 지역사회정신보건 체계가 발전하였다.

(2) 한국의 역사

1984년 정신질환자의 장기수용과 장기 입원의 반복에 대한 사회적 비판이 제기되면서 당시 정부 부처인 보건사회부가 정신질환 종합대책을 수립하는 계기가 되었으며, 1997년 정신보건법이 시행됨에 따라 전국에 48개소의 정신보건센터가 설치되었다. 역시 1997년 한국정신보건사회복지사협회가 탄생하였으며, 2002년에 제1회 1급 정신보건사회복지사 자격고시가 실시됨으로써 전문적 자격을 갖춘 지금의 정신건강사회복지사가 등장하게 되었다. 2004년에 비로소 협회 홈페이지가 만들어짐으로써 협회의 기능이 활성화되는 계기가 마련되었다. 2007년에는 한국사회복지사협회의 전문사회복지사단체 가입하였으며, 2012년에는 중독전문사회복지사 1,2급 자격시험을 실시하였으며, 2017년에는 「정신건강증진 및 정신질환자 복지서비스 지원에 관한 법률」에 의거 협회명이 한국정신보건사회복지사협회에서 한국정신건강사회복지사협회로 변경되었으며, 1997년에 설치된 정신보건센터는 법 개정에 따라서 2013년에 정신건강증진센터로 명칭이 변경되었으며, 역시 법률 개정에 따라 2017년에 정신건강복지센터로 명칭이 변경되었다.

3) 정신질환자에 대한 이해

정신건강사회복지사의 서비스 대상자는 다양한 증상을 갖고 있거나 질병으로 진단받은 경우가 대부분으로 주요 질병을 소개하였다.

(1) 조현병

뇌의 활동이 장애를 받아 생각이 헷갈리고, 감정의 통제와 올바른 의사결정을 할 수 없게 되어 보통의 사회생활과 인간관계를 유지하는 것이 어려워지는 뇌 질환으로 조현병의 원인에 대한 수많은 연구가 이루어졌음에도 불구하고 아직까지 정확한 원인이 밝혀지지 않았지만 뇌 기능의 장애가 원인으로 밝혀지고 있다. 조현병의 증상은 흔히들 '이상하다'고 표현하는 비논리적인 행동이나 말들을 뚜렷하게 나타날 때 이를 양성증상이라 하며 환각 및 망상 등과 같이, 정신 기능의 왜곡을 반영하는 증상이며, 음성증상은 대개 만성조현병 환자들에서 많이 보이는 것으로, 곁에서 보기에 흔히 '뭔가 나사가 빠졌다', '게으르다'라고 표현하는 것과 같은 둔하고 멍한 행동과 사고를 나타내는 상태를 보인다. 감정 표현이 매우 제한되어 있고, 감정 반응이 거의 없거나 부적절하며 아무 의욕이 없기도 하다.

인지증상은 혼란스럽거나 '뒤죽박죽한' 사고를 반영하는데, 이 증상이 나타난다고 지능이 떨어지는 것은 아니며 '정돈된 사고'를 하기가 어려운 경향이 있고 사고 내용이 빨리 바뀌어서 집중을 못하고 쉽게 산만해지며, 주의를 기울이는 것이 힘든 것으로 알려져 있다.

(2) 조울증

양극성 장애라고도 불리는 조울증은 조증과 우울증 증상이 교대로 반복적으로 나타나는 것이다. 양극성장애는 치료가 가능한 병으로 기분, 에너지, 생각과 행동에 극단적인 변화가 특징이며, 양극성장애를 조울증이라고 하는 이유는 기분이 조증(상승한 상태)과 우울증(가라앉은 상태)의 양 극단 사이에서 변화하는 특징적인 증상 때문으로 이러한 기분 변화는 수시간, 수주 또는 수개월간 지속하기도 한다.

[조증 상태의 증상]

- ⊙ 신체적인 행동뿐만 아니라 정신적인 활동 및 에너지가 증가합니다.
- ⊙ 기분이 고조되고, 과도하게 낙관적이 되며 자신감이 가득합니다.
- ⊙ 쉽게 짜증을 내며, 공격적인 행동을 보입니다.
- ⊙ 피곤을 느끼지 않으며 수면욕구도 줄어듭니다.
- ⊙ 과대사고에 빠져들고, 자존감이 고양됩니다.
- ⊙ 말이 빨라지며 생각이 빠르게 돌아가는 느낌이 듭니다.
- ⊙ 충동적이 되며, 판단력이 떨어지고, 주변 일에 쉽게 주의가 끌립니다.
- ⊙ 음주운전, 과속, 정상적이지 않은 과도한 성관계 등 무책임한 행동을 합니다.
- ⊙ 증상이 심한 경우, 환각을 경험하고 망상에 사로잡히게 됩니다.

[우울증 상태의 증상]

- ⊙ 슬픔이 지속되거나 이유없이 눈물이 납니다.
- ⊙ 식욕이나 수면습관의 큰 변화가 생깁니다.
- ⊙ 짜증이나 화를 내거나, 걱정, 불안 증상이 나타납니다.
- ⊙ 염세적이 되고 매사에 관심이 떨어집니다.
- ⊙ 기운이 없게 느껴집니다.
- ⊙ 죄책감이나 자신이 쓸모없다는 자책감에 빠집니다.
- ⊙ 집중력이 떨어지고 우유부단해 집니다.
- ⊙ 이전에 즐기던 일이 재미없어지고, 사회생활이 줄어듭니다.
- ⊙ 이유 없이 여기저기가 아픕니다.
- ⊙ 죽음이나 자살에 대한 생각을 반복적으로 합니다.

출처: 경기도정신건강복지센터.

(3) 우울증

병적인 우울증은 슬프거나 울적한 느낌이 기분상의 문제를 넘어서 신체와 생각의 여러 부분에까지 영향을 미쳐 개인이나 사회생활에 영향을 주는 상태를 말한다. 우울증은 100명중 10~20명이 걸릴 정도로 매우 흔한 정신 질환이지만 성격이나, 의지의 부족으로 생긴다고 여겨 방치를 하지만, 조기에 발견하여 치료를 하지 않으면 자살에 이를 정도로 매우 심각한 질환으로 알려져 있다. 우울증의 원인으로는 심리적 요인과 충격이나 스트레스와 같은 사회 환경적 요인뿐만 아니라 신경계 또는 내분비계의 이상과 같은 생물학적인 요인들이 원인이 되어 발생할 수 있는 것으로 알려져 있다. 우울증은 적절한 치료를 받으면 우울증 환자의 70~80%의 환자는 호전될 수 있다.

(4) 불안장애

긴장과 불안은 누구나 느낄 수 있는 정상적인 감정이지만 위험한 상황이 아님에도 공포심이 생기는 것을 들 정도로 경고 반응이 울리는 경우를 불안장애라고 한다. 뇌의 구조적, 기능적 이상으로 인해 불안이 유발될 수 있는 소인을 가진 상태에서 심리적인 갈등이 가해질 때 불안이 야기되는 것으로 알려져 있다. 주요 증상으로는 감정적으로 안절부절 못 하게 되고, 짜증을 잘 내고 예민해지며, 신체적으로는 가슴이 두근거림, 땀이 남, 떨림, 입 마름, 숨 쉬기가 어려움, 가슴이 답답함, 메스꺼림, 소화불량, 손발이 저림, 몸이 화끈거리거나 차가워진다. 어지러운 증상이나 불면증도 동반된다. 또한 닥치지도 않은 위험을 크게 걱정하고, 위험한 상황에 처했을 때 자신감이 없이 자신의 능력을 과소평가하게 되며, 조그만 것도 크게 걱정하고 최악의 사태만 상상하게 된다. 불안장애는 사회공포증, 공황 장애, 강박장애, 외상 후 스트레스장애 등의 다양한 형태로 나타날 수 있다.

4) 정신건강사회복지사의 자격

정신건강사회복지사 자격은 정신과 병원 및 지역사회에서 정신보건에 관한 양질의 서비스를 제공할 전문인력의 수요가 증가하게 되면서, 정신질환의 예방과 정신질환자의 의료 및 사회복귀 등의 업무를 수행할 전문지식과 기술을 갖춘 인력을 양성하기 위해 제정되었으며, 「정신보건법」이 「정신건강증진 및 정신질환자 복지서비스 지원에 관한 법률(약칭: 정신건강복지법)」로 개정되면서 2017년부터 '정신보건사회복지사'의 명칭이 '정신건강사회복지사'로 변경되었으며, 정신건강사회복지사 자격을 취득하기 위해서는 사회복지사 1급 소지자가 보건복지부령으로 정하는 수련기관에서 1년 동안 1,000시간의 수련을 받고 보건복지부장관에게 정신건강사회복지사 자격증을 교부받아야 한다.

5) 정신건강사회복지사의 업무 영역

한국정신건강사회봌지사협회에서 제시하고 있는 정신건강사회복지사의 업무는 공통업무와 고유업무로 구분되어 있다.

(1) 공통업무

① 정신재활시설의 운영
② 정신질환자등의 재활훈련, 생활훈련 및 직업훈련의 실시 및 지도
③ 정신질환자 등과 그 가족의 권익보장을 위한 활동 지원
④ 법 제44조제1항에 따른 진단 및 보호의 신청
⑤ 정신질환자 등에 대한 개인별 지원계획의 수립 및 지원
⑥ 정신질환 예방 및 정신건강복지에 관한 조사 및 연구
⑦ 정신질환자 등의 사회적응 및 재활을 위한 활동
⑧ 정신건강증진사업 등의 사업 수행 및 교육

⑨ 그 밖에 제1호부터 제8호까지의 규정에 준하는 사항으로 보건복지부장관이 정하는 정신건강증진 활동

(2) 고유 업무

① 정신질환자 등에 대한 사회서비스 지원 등에 대한 조사
② 정신질환자 등과 그 가족에 대한 사회복지서비스 지원에 대한 상담 및 안내

6) 정신건강복지센터

정신건강복지센터는 지역주민의 정신건강을 위협하는 여러 요인에 대처하며 삶의 질을 향상시키기 위해서 보건소를 포함한 관련기관들과 긴밀한 협조 하에 생명사랑-자살예방사업, 정신질환자관리사업, 정신건강증진 및 아동청소년정신건강사업을 시행하고 있다. 여기에서는 정신건강복지센터의 사업내용을 이해하기 위해서 안양시의 사례를 소개하고자 한다.

(1) 아동청소년 건강증진 사업

지역사회의 아동 및 청소년 정신건강사업의 활성화를 위하여 다양한 지역자원과의 연계체계를 구축하고 아동 청소년의 정신건강문제에 적극 대처하여 건강한 전인적 발달, 건강한 사회구성원으로서의 성장을 위한 사업을 말한다.

- 아동청소년 심층평가: 검사와 면담으로 이루어진 심층사정평가를 통해 전반적인 정신건강 문제를 선별하고, 정신건강문제를 가진 초·중·고등학생들에게 전문적인 맞춤 서비스를 제공
- 사례관리: 정서행동에 어려움을 겪고 있는 아동들에게 1:1 맞춤형 사례관리 서비스를 제공

- 아동집단프로그램: 심층 사정평가를 통해 선별된 정서행동에 어려움을 겪고 있는 아동을 대상으로 프로그램을 제공
- 의료비 지원: 경제적인 어려움으로 적절한 치료서비스를 받지 못하는 저소득 가정 아동·청소년에게, 정확한 심리평가 및 치료유입을 통한 지속적인 치료를 받을 수 있도록 의료비를 지원

(2) 청년 정신건강 사업

청년(만 19세~34세)시기 학업, 취업 등 환경적 요인으로 우울증 증가, 높은 자살률 등 급격하게 악화되고 있는 청년 심리 정서 문제에 조기개입, 적절한 치료 서비스 제공으로 청년 정신건강 증진을 위한 사업을 말한다.

- 정신건강상담실 운영: 정신건강상담실을 운영하여 청년정신건강의 접근성과 편익성을 제고
- 위기중재 프로그램: 고위험군 및 초발 정신질환자를 대상으로 대상자별, 욕구별로 그룹 프로그램을 운영하고 대상자들의 가족교육도 함께 진행하여 청년정신건강의 증진을 제고
- 사례관리 서비스: 대상자의 상황, 욕구, 기능 수준에 따라 개별 맞춤 사례관리를 진행하여 증상관리 및 사회적 기능회복을 제고
- 네트워크 구축: 지역사회 자원 및 네트워크를 활용한 연계·협력 체계를 구축하여 청년정신건강 조기발견과 개입을 체계적으로 제공
- 정신질환자 치료지원: 발병 초기에 집중적인 치료를 유도하고 적시에 적절한 치료를 받을 수 있도록 치료비를 지원

(3) 중증정신질환자 관리 사업

중증정신질환자의 기능 수준에 따라 증상관리 및 사회기능 회복을 위해 정

신, 신체건강, 사회심리·환경적 문제, 가족에 대한 접근 등 포괄적인 서비스를 제공

- 사례관리 서비스: 정신질환의 재발방지와 지역사회 복귀할 수 있도록 증상관리 및 사회기능 회복을 위해 전화 및 내소상담, 가정방문, 약물 및 증상관리 서비스를 제공하며, 정신질환 당사자 가족의 정신건강증진 도모를 위해 가족모임 및 교육을 제공
- 주간재활 프로그램: 재활치료를 통하여 만성적 경과에 따른 손상을 최소화하고, 정신질환 당사자의 지역사회 참여를 촉진시키며 대인관계 향상을 위한 정신건강교육, 인지재활 프로그램, 사회기술훈련, 지역사회적응훈련, 신체건강 프로그램, 문화예술 프로그램, 당사자 활동가 양성프로그램, 동아리활동 등의 프로그램 제공
- 직업재활 프로그램: 취업에 대한 동기를 강화하기 위한 취업 전 교육과 보호작업장을 운영하며 장애인 일자리 사업연계, 사업장 발굴 및 취업지원 활동 제공

(4) 자살예방 사업

자살위기 발생 시 선제적으로 개입하고 대응하여 자살위기 완화를 도모하고, 지속적인 상담과 적절한 서비스를 제공하는 사업을 말한다.

- 자살 고위험군의 발견 및 위기 개입, 사례관리: 자살 위기 발생 시 응급개입을 통해 안전을 도모한다. 지역별 담당 상담자의 상담 및 모니터링을 통해서 위기 재발을 방지하고, 일상으로의 복귀를 지원
- 생명존중 문화조성을 위한 시민참여 행사 및 교육: 게이트키퍼 양성교육을 통해 '생명사랑지킴이'를 지속적으로 양산하여, 시민들 스스로가 주변의

자살위기를 인지하고 도움을 줄 수 있는 체계 마련

- 지역자원 역량강화를 통한 안전망 구축: 인식개선과 자살예방센터 홍보 및 프로그램 운영
- 자살예방을 위한 지역사회 협력체계 마련: 응급개입 협력체계(경찰·소방·응급실 등), 유관기관 협력체계(보건·복지·상담기관 등으로 구성된 생명사랑협의체), 의약단체 협력체계(안양시 약사회·의사회·한의사회·치과의사회), 대학교 협력체계를 활용하여 자살예방을 위한 협력 사업을 전개

(5) 재난정신건강 사업

지역사회 또는 국가적 차원의 재난 발생시 심리적인 문제를 호소하는 대상자가 일상생활로 복귀할 수 있도록 상담 및 교육, 전문 의료기관 연계 등 신속하고 표준화된 재난 정신건강서비스를 지원하는 사업을 말한다.

- 재난 발생시 심리지원 계획 및 심리지원 체계 구축: 재난의 규모, 심리지원 대상자 수 등을 고려한 지원계획 수립 및 심리지원 체계를 구축
- 재난심리지원: 심리회복지원 대상자들의 정신적 충격과 불편감을 해소시키고 외상 후 스트레스 장애의 예방 및 사회적 적응을 돕기 위한 개별 접촉 및 상담을 실시합니다. 동시에 대상자의 심리충격 정도를 평가하여 고위험군 선별 및 지속상담을 실시
- 고위험군 대상 의료기관 연계 및 관리: 지속적인 상담에도 불구하고 심리적 충격이 해소되지 않고 일상생활 영위의 어려움이 있는 대상자는 전문의료기관에 연계 및 지속적인 사례관리를 실시

참고문헌

강흥구(2007). **의료사회복지실천론**. 서울: 현학사.

고수현 외(2006). **새로운 노인복지론**. 파주: 양서원.

고완자(2008). 한국 노인의 개인적 특성과 사회단체 참여가 노인복지서비스정책 인지에 미치는 영향. 경기대학교 박사학위논문.

교육부(2022). 교육복지 지원 학생 중심으로 강화합니다 – 초중등교육법 시행령 일부개정령안 국무회의 통과-. 교육부 보도자료.

권중돈(2007). **노인복지론**. 서울: 학지사.

김상균 외(2009). **사회복지개론**. 파주: 나남출판.

나항진(2003). 서울지역 노인들의 여가의식에 관한 연구. 한국노인복지학회. **노인복지연구**, 22, 35-53.

박경현, 임경선 외(2017). **학교로 간 사회복지사**. 경기: 공동체.

박의연, 유영주(1989). 노인의 소외감에 영향을 미치는 관련변인 연구. **한국가정관리학회지**, 7(2), 199-212.

보건복지부(2020). 2020년 국민기초생활보장 수급자현황.

보건복지부(2021). 대한민국 정책브리핑.

보건복지부(2021). 통계로 보는 사회보장 2020.

신현석(2013). **장애인복지론**. 경기: 공동체.

안정선, 김희영, 엄경남(2020). 학교사회복지사 수련슈퍼바이저 교육과정 개발 기초연구 -신규 및 보수 교육 과정을 중심으로-. **학교사회복지**, 51, 125-160.

여성가족부 (2020). 청소년백서 및 한국청소년상담복지개발원 상담통계.

여성가족부(2018). 2018년 한부모가족 실태조사 결과.

여성가족부(2021). 2021년 한부모가족 실태조사 결과.

여성가족부(2022). 2022년 전국 다문화가족 실태조사 연구.

여성가족부(2022). 2023년도 한부모가족지원사업 안내.

오정수 외(2021). **사회복지학개론**. 경기: 양서원.

유동철(2008). 장애인 취업알선 서비스가 고용의 질에 미치는 영향. 한국장애인고용촉진공단 고용개발원. **장애와 고용**, 18(1), 5-26.

윤상용 외(2019). **장애인복지론**. 서울: 신정.

윤철수, 노혁, 도종수, 김정진, 김미숙, 석말숙, 김혜경, 박창남, 성준모(2018). **사회복지개론**. 경기: 학지사.

이신숙(1997). 노인이 경험하는 긴장상태에 대한 사회적 지원의 완충효과 - 노인의 생활만족도를 중심으로-. **대한가정학회**, 35(4), 199-210.

이원숙(2007). **가족복지론**. 서울: 학지사.

이종익, 최웅, 서동미(2018). 한국 학교사회복지의 제도화 과정과 중요 쟁점. **학교사회복지, 41**, 29-54.

임경선(2020). **학교사회복지론**. 경기: 어가.

임정문, 현영렬, 김재경 외(2019). **최신 사회복지의 이해**. 서울: 동문사.

임정문, 현영렬, 박선태(2021). **사회복지학개론**. 서울: 동문사.

장수한(2017). **학교사회복지론**. 경기 : 공동체.

장영숙(2003). **장애인복지론**. 서울: 현학사.

정경희(2009) 안정적인 노후소득보장을 위한 정책과제. 한국보건사회연구원. **보건복지포럼, 156**, 6-14.

정경희(2017). 노인복지정책 진단과 미래 발전 방향. 한국보건사회연구원. **보건복지포럼, 254**, 18-36.

정무성, 나임순, 유용식(2019). **현대사회복지개론**. 서울: 신정.

조성상 외(2019). **의료사회복지실천론**. 서울: 신정.

조홍식 외(2021). **사회복지학개론**. 서울: 창지사.

주석진, 조성심, 라미영, 방진희, 엄경남, 이종익, 전구훈(2020). **학교사회복지론**. 경기: 양서원.

주석진, 진혜경, 조성심, 박경현(2019). 학교사회복지사의 직무능력표준 개발을 위한 탐색적 연구. **학교사회복지, 47**, 23-62.

최영준(2011). 노인복지 정책의 현황과 과제. 한국법제연구원.

최해경(2020). **노인복지론**. 서울: 학지사.

통계청(2020). 2020 고령자 통계.

한경혜 외(2019). **노년학**. 서울: 신정.

한국보건사회연구원(2020). 2020년도 노인실태조사.

한국사회복지사협회 50년사 편찬위원회(2017). **한국사회복지사협회 50년사**. 경기: 양서원.

한국사회복지사협회(2003). 미국 학교사회사업 현장소개 - 제2회 사회복지사 해외연수 보고서. 한국사회복지사협회.

한국장애인개발원(2020) 장애인가구 빈곤수준 및 장애인연금 빈곤완화 효과에 관한 연구.

한국장애인개발원(2020). 장애인의 의료이용 및 의료비 지출에 영향을 미치는 요인에 관한 연구.

한국학교사회복지사협회(2020). 2020 연차보고서.

한국학교사회복지사협회(2020). 한국학교사회복지사협회 20주년 보고서.

한국학교사회복지사협회(2021). 2021 연차보고서.

한국학교사회복지사협회(2022), 전국 학교사회복지사업 운영현황」.

허준수(2021). **초고령사회의 노인복지학**. 서울: 신정

현외성 외(2000). **한국노인복지학강론**. 서울: 유풍출판사.

Breen, L. B. (1960). The Aging Individual. In C. Tibbitts(Ed.), *Handbook of Social Gerontology*(pp.145-162). Chicago: University of Chicago Press.

International Conference of Gerontology(1950). Report on the 2nd International Conference of Gerontology.

NASW Standards for School Social Work Services(2002). Washington, D.C.: NASW.

United Nations(1991). Principles for Older Persons. New York: UN.

(사)한국희귀·난치성질환연합회(https://www.kord.or.kr)
경기도정신건강복지센터(https://www.imentalhealth.or.kr)
국가법령정보센터(https://www.law.go.kr)
국립장기조직혈액관리원(https://www.konos.go.kr)
보건복지부 홈페이지(https://www.mofa.go.kr)
안양시 가족센터 홈페이지(anyang.familynet.or.kr)
안양시정신건강복지센터(http://www.telepsy.co.kr)
위키피디아(http://ko.wikipedia.org)
한국정신건강사회복지학회(https://kamhsw.or.kr)
한국학교사회복지사협회(https://www.kassw.or.kr)
행정안전부 홈페이지(https://www.archives.go.kr)

저자약력

박용오 서정대학교 글로벌융합복지학부 조교수
현영렬 서정대학교 사회복지과 교수(평생교육부총장)
조성상 연성대학교 사회복지과 교수
이동영 가톨릭관동대학교 사회복지학과 교수
이상철 동서울대학교 사회복지과 교수
백혜영 수원대/수원여자대학교 사회복지학과 겸임교수
양유진 연성대학교 사회복지과 겸임교수

사회복지학개론

초판발행 2023년 2월 15일 **1판 1쇄 발행** | 2025년 3월 10일 **1판 2쇄 발행**

지은이 박용오 현영렬 조성상 이동영 이상철 백혜영 양유진
펴낸이 최용구 | **펴낸곳 도서출판 신정**
주소 (04316) 서울시 용산구 원효로 89길 19 (원효로1가)
전화 02)3211-4782, 0266(영업부), 3211-4783(편집부), 3211-4784(팩스)
이메일 shinjeong72@naver.com | **홈페이지** www.sjbook.co.kr
등록 2001년 5월 11일 제13-702호
기획마케팅 최용구 장만동 송대용 최충구 | **책임편집** 석기은 황가연

ISBN 978-89-5912-841-9 93330
정가 23,000원